在变幻莫测的 21 世纪，

了解欧亚大陆比以往任何时候都更加重要。

一部堪称 21 世纪版《历史的地理枢纽》的

国际关系著作，

深刻解读当今时代的麦金德预言

———

"谁统治了欧亚大陆，谁就统治全世界"。

BRUNO MAÇÃES

〔葡〕布鲁诺·玛萨艾斯　/ 著

刘晓果　/ 译

The Dawn of Eurasia: On the Trail of the New World Order
First published 2018
Copyright © Bruno Maçães, 2018
First published in Great Britain in the English language by Penguin Books Ltd.
Published under licence from Penguin Books Ltd. Penguin (in English and Chinese) and
Penguin logo are trademarks of Penguin Books Ltd.

欧

亚

大

陆

的

文

明

的

THE DAWN OF EURASIA

ON THE TRAIL OF
THE NEW WORLD ORDER

探

世

秩

寻

新

序

界

社会科学文献出版社
SOCIAL SCIENCES ACADEMIC PRESS (CHINA)

黎明时的微风有秘密

前　言 / *001*

导　语 / *007*

第一部分　地图

  第一章　分裂的神话 / *003*

  第二章　竞争性整合 / *031*

  第三章　新欧亚超级大陆 / *067*

第二部分　旅行

  第四章　寻找中心 / *091*

  第五章　中国的梦想 / *162*

  第六章　岛屿之争 / *218*

  第七章　俄罗斯战略东移 / *240*

  第八章　欧亚大陆隧道 / *310*

  第九章　欧洲半岛 / *344*

后　记 / *390*

注　释 / *400*

索　引 / *407*

前 言

2015 年底，我离开了这里，沿着欧洲和亚洲之间的历史和文化边界开始了为期 6 个月的旅程。在过去的两年里，我在葡萄牙政府工作，担任欧洲事务部部长。我经常会去一些边境地区，有时是出于个人的偏好，但更多的是出于工作的需要。当这种情况发生在这个位于欧洲最西端的国家时，它必定意味着非常重要的事情。我发现很多影响欧盟的、最紧迫的问题都与欧洲和亚洲之间的互动有关，而且管理这种互动也需要一种更大的视角。我开始怀疑，历史正在引导我们进入一个欧洲和亚洲之间没有边界的世界。书店里到处是关于俄罗斯的危险、中国的奇迹和欧盟的危机的书籍，但这些书籍却孤立地看待这三者。我决定将俄罗斯、中国和欧洲视为同一系统的一部分进行研究。有一个恰当的词可以来描述这个系统——欧亚大陆。这是一个相对较新的词，最初由奥地利地质学家爱德华·休斯（Eduard Suess）于 1885 年以名词的形式使用。在地质学界和生物学界，将欧洲和亚洲视为一个整体的概念一直处于非主流的地位。然而，欧洲和亚洲之间的边界导致了科学理解的障碍。正如伟大的德国探险家和科学家亚历山大·冯·洪堡（Alexander von Humboldt）在 1843 年所说的那样，在自然科学中，"人们必须从旧世界分裂的各部分之间的连通性出发去研究"。[1] 但为什么只有在自然科学中是这样呢？为什么历史、政治和艺术领域不这样考虑呢？这就是我最初撰写这本书时的想法。

我的欧亚之旅遵循两条简单的规则。第一，旅途允许乘坐飞机，即使只是为了连接两个地点或者是为了克服交通困难。第二，不安排任何计划。当我于 12 月 15 日抵达俄罗斯阿斯特拉罕时，我还不确定这段旅程的路线和需要的时间。我选择阿斯特拉罕作为起点是因为它是通往高加索的历史门户。在我预测的未来超级大陆的地图中，高加索地区是可能性最大的过渡区域。阿斯特拉罕曾经是一个发达的城市，现在几乎被世界其他地方所遗忘。所以从不止一个角度讲，阿斯特拉罕是一个很好的出发点。不过我还没有决定旅程的终点。

在第一个月里，我在高加索地区四处游览，最终通过传统的格鲁吉亚军用公路穿越了山脉。从格鲁吉亚出发，我去了亚美尼亚、伊朗，然后向西到达土耳其黑海沿岸。我从特拉布宗（Trabzon）出发，一路朝东到了阿塞拜疆的巴库，在那里我登上了一艘货运船，穿过里海，开始了我的中亚之旅：梅尔夫（Merv）、布哈拉（Bukhara）、撒马尔罕（Samarkand）。我首先到达了位于费尔干纳盆地的安集延市（Andijan）。这里已经非常接近中国边境，欧洲已经远在身后了。但我想试试，从另一边看这条过渡路线会是什么样子。我向北前往哈萨克斯坦和西伯利亚，途经贝加尔湖，到达符拉迪沃斯托克（即海参崴），然后从中国的最东端进入中国。随后我折回中亚，一路向西到达新的地标城市霍尔果斯（Khorgas）。两三个月前，我曾经站在哈萨克斯坦边境从远处看过这个城市。这段旅程总共花了整整六个月的时间。自2016 年 6 月 15 日我登上从伊犁飞往北京的飞机以来，第一条规则规定，即使我还在为这本书做调研，同时继续旅行，但是我的欧亚之旅实际上已经结束了。从阿斯特拉罕到霍尔果斯可能是此次旅程最长的路线。

我们正生活在旅游的黄金时代。最近的技术，如数字地图、翻译以及互联网上所有不断更新的信息，帮助人们消除了几乎所有的麻烦或危险来源；但同时，旅游的破坏性影响仍然局限于一些热门的景点，使得部分世界像是处于几个世纪以前，部分世界像是处于现代化以后，这两种状态都同样真实而重要。旅行从来没有像现在这样容易，但在一个人人都能在 24小时内到达地图上任何地方的世界里，旅行写作可能比较困难。大多数游记作家都试图通过专注于形式并创建自己的小说体裁来回避这个问题。我的这本书则有所不同，我用旅行和现实见闻来进行政治、经济和历史分析。

2017年1月，我搬到了伦敦，在那里我为对冲基金和科技公司提供政治策略方面的咨询和建议。他们所处的大环境就是本书所描述的新欧亚世界。对冲基金试图利用兼并和收购信息积极跟踪中国资本流入欧洲的情况。但是他们知道，这种操作所依据的原则与他们以往的原则截然不同，因此想要了解两种不同体系规则冲突与融合的政治动态。科技公司正在积极尝试进入非常适合它们的俄罗斯市场。但是在西方与俄罗斯之间存在地缘政治冲突的情况下，这意味着每一个动作都必须从两个相反的角度去考虑，而且有时这两个角度会制造无尽的"镜子游戏"。很明显，我们需要放眼全球，但不同之处比相似之处更有趣。企业家比政客、作家或艺术家更清楚这一点。

本书的主要目的之一是展示这个世界一直以来的奇妙和奇怪之处。如果我们睁大眼睛，就会发现，我们几乎在每一个转折点都很容易进入一个纯粹想象的世界。在那里，我们习惯性的观察和思考方式突然失效了。这就是为什么在某种程度上的反思分析是必不可少的。就像旅行可以帮助我们在现实世界中进行分析一样,我们的反思分析可以引导我们通过许多不同的方式来观察世界。没有旅行的思想是空虚的,没有概念的旅行是盲目的。

导 语

　　我们正在经历着历史上少有的时刻，因为我们的世界政治经济轴心正在发生转移。四五百年前，政治经济轴心转移到了西方，一度是一潭死水的欧洲几乎统治全球。而现在，这一轴心正在转向东方。我们知道这对亚洲意味着什么，因为我们已经看到雄伟的高楼大厦、高速的子弹列车和车站迅速取代了骆驼古道和商队旅馆。但是轴心东移对西方又意味着什么呢？面对来自东方的政治经济新风潮，曾经改变他人的"巨人"是否会被迫改变自己？东亚或南亚、俄罗斯或中东的时事突然开始影响每个欧洲人和美国人，而且影响的深刻程度超出他们的想象，尤其是对他们控制之外的某些重要方面的影响。他们的世界扩大了，但是这种扩大并不总是受欢迎的。

我们的世纪将是一个亚洲世纪。在未来短短的十年到二十年间，全球五大经济体中至少有三个将在亚洲，即中国、日本和印度。五大经济体中唯一不确定的是哪个国家将占据第五位。它会是德国、印度尼西亚、俄罗斯，还是巴西？如果我们谈论未来二十年的全球经济，我个人猜测是印度尼西亚。当亚洲的经济力量明显占统治地位时，如果认为这个世界还是差不多的老样子，那就太缺乏想象力了。

但是如果你和亚洲人谈这些，他们可能兴味索然。因为他们知道，除日本之外，中国社会当前仍然处于追求现代化的艰难阶段。而且他们在一些关键方面仍落后于西方，如创新优势、软实力，当然还有军事力量。"亚洲世界秩序"或"亚洲世纪"这种说法从根本上意味着什么？亚洲国家对此并未达成一致。[1]

正如政治学家查尔斯·库普钱（Charles Kupchan）所说，"钟摆"的新摆向将引领我们进入一个新世界，一个没有任何国家占据统治地位的世界。从某些方面讲，这是一种回归。在历史上的某些时期，权力是广布在各区域的，不同的政治秩序和愿景也可以和谐并存。例如清王朝、莫卧儿王朝、哈布斯堡王朝时期的统治者对于宗教、商业、等级制度、市场的管理是截然不同的，不过由于他们各自生活在相对独立的环境中，那些差异并不会产生太大的影响。但是我们所处的时代则是另一种情况。我们因为全球化被迫生活在一起，尽管我们对于这个共同的世界也有着不同的愿景。库普钱曾写道："未来的世界将会由不同的大国力量根据不同的秩序理念进行统治，这种方式其实并不是第一次出现。但是由于全球开始相互依存，不同的秩序将会进行紧密而持续的互动，这将是前所未有的。"[2]

所以让我们放弃高谈阔论，不妨折中一下：21世纪既不会是亚洲人的，也不会是欧洲人或美国人的，它并不会像三四百年前那样明确。这本书中，我提出了另一种可能——21世纪是"欧亚人"的，体现欧亚两极之间的新平衡。

"欧亚大陆"（Eurasia）本身是个复合词，而这个世界也日益成为一个复合体，即不同的政治秩序和愿景相互交织，被迫共存。

我在过去一年使用这个词时主要遇到两个问题。第一，我的读者或谈话对象想知道"欧亚人"一词是否代表一种特定的身份。我的回答是否定的。我使用这个复合词只是想提醒大家，我们这个时代的潜在趋势是冲突而不是和谐。例如，当代欧洲和中国的政治文化所代表的价值观念并没有明显或直接的融合路径，更不用说一致了。不同的政治理念在同一空间被迫共存并不会使它们同化。其实在个人层面，类似的事情正在发生。不同的影响交织在一起会形成新形式或保持原形式，但是无论混合文化的优点是什么，那都不是"欧亚人"所代表的理想状态。"欧亚人"是指能够从两个或多个不相容的角度来看待世界，并且往往是同时从多角度看世界。正如印度诗人拉宾德拉纳特·泰戈尔（Rabindranath Tagore）预言的那样，生活在东西方之间，就是要成为"一只反复横渡海洋的候鸟，两岸各有一个巢穴"。[3]

第二个问题是欧亚大陆是否应该专门提出？或者换句话说，与世界其他地方相比，欧亚大陆在某种程度上是特殊的吗？这个问题的回答是肯定的。地理和历史在某种程度上是非理性的力量，它们的出现使人无从反思或选择，就像粗暴的事实（至少世俗倾向的人这样表达）。欧亚大陆正好是地球上最大的陆地，是人类历史上大多数伟大文明诞生和发展的地方。在这里，人类既享有发展自治的空间，又享有地理相连的便利，因此他们发生联系并争夺权力。欧亚政治向来是大范围的政治。即便是欧洲过去几个世纪的全球霸权也是通过与亚洲国家不断联系并受到亚洲国家的激发而建立起来的。

20世纪最大的讽刺之一是地球上最强大的国家（美国）首次位于最大的大陆（欧亚大陆）之外。然而，这对后者的核心重要性没有多大影响。欧亚大陆现在就好像面对着一面反映其政治和地理现实的镜子，或者像是已经抵达的外部观察员，可以用更客观的角度去观察事态的发展。冷战期间，美国的权力达到顶峰。它所做的一切几乎都是因为考虑到欧亚大陆的未来，并试图确定欧亚大陆的最终形态。如今在特朗普时代，欧亚大陆依然是美国政治生活中的一个主要议题。美国发现其与欧洲、俄罗斯、中国的关系正在重塑中，并且他需要将这三者看作一个整体。

柏林墙只不过是分裂欧洲的一小块"铁幕"（Iron Curtain），或者更确切地讲，它是让西欧摆脱苏联控制的"铁幕"，而且很快就被复制了，出现了"竹幕"（Bamboo Curtain）。"竹幕"这种表达不太常用，它指的是亚洲共产主义国家和资本主义国家之间的分界线。根据这些分界线形成一份地图，其中欧亚超级大陆被划分为两个区域，这两个区域的划分是基于各国所选择的历史发展道路：西欧道路和另一条道路（理想道路）。欧亚大陆东端的日本、韩国等复制了西欧道路；俄罗斯和中国选择了另一条道路，但是具体措施和方式不同，定义不太明确和统一，有时仅仅是对西欧道路的否定。我们可以把冷战理解为欧洲和亚洲之间的冲突，但实际上掩盖了资本主义和共产主义意识形态的冲突。

如果从这些术语看 20 世纪的历史，那么我们就会意识到柏林墙不过是文明隔离墙的一小部分，而且是暂时的一部分，欧洲和亚洲之间有一面更大、更长久的文明隔离墙。几个世纪以来，这条精确的分界线（欧亚文明隔离墙）一直在改变，但首先从本质上讲，它是合理的。正如我们将在第一章看到的，它是基于不同的世界观以及对人类知识和人类历史的不同理解而确定的。在欧洲帝国统治全球的时代，这种划分似乎过时了，因为整个世界都在欧洲化。但事实并非如此。

冷战期间，苏联始终被欧洲、巴基斯坦、日本和韩国的资本主义桥头堡所包围和牵制。它最后一次试图从阿富汗山区的地缘政治包围中挣脱出来，但以失败告终，宣告了苏联体系的崩溃。当它最终宣布放弃其特殊的革命道路时，似乎没有什么能阻挡一个统一的超级大陆的形成。美国当时已经在为一个完整而自由的欧亚大陆部署计划和工作，期待着俄罗斯和中国最终会转变为西方模式。但是重申一下，这是不可能的。

令观察人士感到意外的不是欧亚超级大陆作为一个日益一体化的空间从冷战中崛起，而是作为许多不同且相互冲突的政治理念的舞台而崛起，其崛起并非基于西方的模式。从历史角度来看，这是一种全新的情况。在同一片空间践行不同的政治理念，就像全球化时代与旧时代不同的综合观点或宗教观点融合在一起一样。与20世纪的最后十年相同，新的世界秩序也认同相互依存和互联互通是不可避免的，但它结合了对分裂和冲突的认同。我们已经进入了全球化的第二个时代，在这个时代，边界变得越来越模糊，但文化和文明的差异依然明显，导致了异质元素的永久不稳定组合。我称之为"欧亚时代"。

关于对欧亚大陆等词语的理解，大家可以参考第一次世界大战之后，取代"欧洲"概念的"西方"概念。美国现在就是西方的突出代表。这就引出了一个问题：美国将在欧亚世界中扮演什么角色？

当美国成为欧洲文明的领导者和舵手时，它知道世界是由欧洲统治的，是按照欧洲的思想来统治的，因此它迅速将欧洲思想变成自己的思想。然而，美国作为西方价值观捍卫者的这一愿景与新共和国并不同步。在我们看来几乎是自然而不可避免的事情其实需要一场深刻的变革，需要美国放弃"山巅之城"这一早期愿景——与世界其他地区相隔两个大洋，并从根本上隔离其他国家的事务。那时，美国认为大西洋是一道屏障，而不是一座桥梁，更不会认为大西洋是自由世界的内部海洋。记者和学者沃尔特·李普曼（Walter Lippmann）等人非常热衷于谈论"大西洋高速公路"。在1917年美国参加第一次世界大战之前，沃尔特曾写道："我们不能背叛大西洋共同体而向德国屈服。文明，至少我们的文明，正处于危险之中。"[4]西方的文明是完整的。

作为启蒙运动的产物，美国奉行最普遍、最先进的原则。毫无疑问，这是一种登上历史顶峰、成为强国、最终成为地球上最强大国家的途径。美国崛起的时候，这些原则碰巧是欧洲原则。美国是全球秩序的一面镜子。这是否意味着，当欧洲价值观无法再融入全球秩序时，美国会变得不那么欧洲化？

　　这一进程并不是始于最近的"转向亚洲"战略——奥巴马政府提出的地缘政治倡议，试图将美国的战略重点重新定位到亚洲，而是始于欧洲全球收缩的第一阶段。第二次世界大战结束后，11 个欧洲国家被迫承认，它们不再是世界强国，它们在国际舞台上的角色不得不受美国的影响。从那一刻起，西方两极的命运开始出现分歧。维持世界危险和不稳定地区（从东亚到中东）秩序的负担一旦落到美国头上，欧洲和美国看待世界的关键性差异就愈加明显。这当然不是说，为了对付无赖的国家，你必须像它们一样无赖。但事实是，你需要适应它们的存在，不能像不存在类似问题的国家那样思考和行事。因此，美国被迫发展，以便应对一个不再受欧洲列强影响和控制的世界。它的领导角色注定会带来改变——开始悄无声息，随着时间的推移则产生了剧变。

　　美国可能还会将自己展现为一个塑造者。作为启蒙运动的神奇产物，美国如果确信西方自由主义原则已经被时间和经验所驳斥，那么它会毫不犹豫地抛弃那些原则。如果美国确信西方是属于过去的，它可能会让欧洲生活在过去，但它自己不会倾向于继续留在那里，尤其是当需要牺牲它最沉迷的东西——全球首要地位时。如果西方国家踌躇不前，美国希望自己变得不那么西方化。随着世界政治经济轴心逐渐从西方移开，美国也会如此。

有些人意识到，美国的普遍主义使命并不是保证西方文明的全球优势，而是通过追踪和反映全球秩序的性质和统治原则，保持其全球唯一超级大国的地位。如果美国继续停留在西方世界，那么它顶多成为欧亚新秩序西半球的领导人。事实上，美国正在试图将自己重新定位为新欧亚世界的化身。

在发展中国家中，中国的特定政治经济模式是有一定价值的。中国是一个强调国家能力的典范。中国政府相信，地方领导人提高自身制定政策的能力和输出成果的能力有助于提高国家能力。从这些地方领导人的角度来看（尽管有人认为这样具有局限性），西方模式与中国截然相反，西方认为诸多限制会从整体上削弱国家权力。毫不奇怪，他们更赞同中国模式；也不奇怪美国会因承受巨大压力而采用更灵活的方式——在欧洲人与中国人之间取得平衡。

探索未来全球经济重心可以为了解全球局势提供进一步的线索。这个重心其实就是全球经济活动在不同地理区域的平均位置。有趣的是，在1945年之后的30年里，该重心位于大西洋中部的某个地方，这反映出欧洲和北美集中了绝大多数的全球经济活动。意料之中的是，美国从经济学角度出发，将自己视为一个包括大西洋在内的国家集团的领导者。然而，到21世纪初，这一重心已经向东方转移，现在它位于欧盟边界以东。十年之内，我们应该会在欧洲和亚洲的边界上找到它。到21世纪中叶，重心很有可能会出现在印度和中国之间。大家几乎可以将美国视为一个高精度的罗盘，专门追寻世界经济重心的移动轨迹，并相应地调整其外交政策。

美国人正在观察世界上最伟大、最古老的舞台上发生的事情。他们认为，欧盟可能有时看上去比较脆弱，但它仍然是一个非常繁荣的单一市场，一个完全成熟的经济体，拥有丰富的资本和知识，以及一个倡导和促进言论自由的文明社会。欧盟远非悲观者预测的正在快速衰退和崩溃，那些为此押注的人肯定会被证明是错误的。然而，欧盟还没有准备好面对一个正在改变的世界。在这个正在发生改变的世界，它必须去面对一些竞争对手，这些竞争对手与它处于同一历史发展水平，但是它们的价值观与欧洲的截然不同。这在现代历史上是第一次。

对于中国而言，应对这种变化（全球经济重心东移）则稍微容易些。中国正从漫长的衰退之夜中走出，它没有别的办法，只能去接受一种新的大国关系模式，接受一个东西方最终会交汇的世界。我们为什么需要考虑欧亚大陆呢？其中一个原因是，欧亚大陆就是中国越来越偏向的看待世界秩序的方式。实际上，中国政府已经挖掘出将中国和欧洲联系起来的历史形象——丝绸之路，即一千多年前中国骆驼商队穿越中亚的复杂路线。而且，中国从政治经济框架的高度积极推动该路线在欧亚大陆的复兴。尽管这个想法还处于早期阶段，但它表明中国已经生活在欧亚时代。

俄罗斯也比较容易适应这种变化，尽管俄罗斯目前的状况不容乐观。它似乎迷失在欧亚时刻，反对所有的政治秩序愿景，而且被过多的竞争模式所消耗，阻碍了自己的发展。苏联政府和公众都认为俄罗斯不完全属于西方世界，并决定不再试图成为它的两极之一。这一决定与西方力量的衰落相一致，这一点在伊拉克战争的余波中得到了证明。但是，本土政治经济文化与西方原则、价值观之间的冲突也促成了这一决定。届时，俄罗斯已经失去了实现经济现代化的机会，以及通过新的信息通信技术利用全球价值链进行知识转让的机会。当然，俄罗斯对西方政治价值观进行批评之后，也没有采纳亚洲这一替代方案。本来这场全球资本主义革命可能由俄罗斯而非中国来引领，但是现在为时已晚，所有这些问题都显示出俄罗斯对当代挑战的真实反应。俄罗斯的疑虑和犹豫——过多的替代选择——预示着欧亚时代是不同政治模式之间竞争整合的新时代，因此俄罗斯可能会被证明尤其适合它。

想想过去十年里所有重要的、仍然悬而未决的国际问题：能源安全、伊斯兰激进主义、乌克兰冲突、土耳其的未来及其在全球联盟体系中的地位、难民危机。所有这些问题都指向欧洲和亚洲的边界线，它们是人口、商品、能源和知识流动的直接结果，也是因为欧亚两大洲之间的壁垒正在逐渐减少或瓦解。进一步讲，这些跨越边境的新流动是由于缺乏统一的欧亚大陆政治秩序原则导致的。

这本书通过把欧洲和亚洲视为一个统一的政治空间来挑战我们对当代世界的看法。当然，这个政治空间并不是有组织的。它有不同的项目和不同的想法，有已经积极参与组织工作的人，但没有已经涵盖欧洲和亚洲的政治秩序。的确，欧洲霸权的崩溃造成了目前的混乱局面，同时提供了一个更加统一的视角，为新的超级大陆开辟了道路。我们这个时代的问题是如何组织这个统一的空间。这必然是一个竞争的过程，是不同的政治代理人针对未来的不同看法的竞争。所有这些人都能够相互影响，而且所有人基本上一致认为，规模较小的政治秩序无法充分实现他们的目标。明确的分割已经被统一的力量取代,欧洲将融入其中,只有这样,欧洲才能留存下来,就好像分解肢体进入新的有机体,什么都没有失去,但是一切都改变了。"随着欧洲的消失,欧亚大陆凝聚在一起。"[5]

欧亚时代的新鲜之处并不是欧亚大陆之间存在联系,而是这种联系是双向的,俄罗斯和中国正在考虑如何扭转这种联系产生的影响。只有当影响是双向作用时,我们才能说这是一个整合的空间。人们必须认真考虑超级大陆上其他地方发生的事情,就像考虑本国发生的事情一样。在欧洲霸权时期没有必要这样做,因为欧洲人知道他们的生活由他们自己决定,而亚洲和其他地方的殖民地从来不期望对欧洲产生任何影响。影响力的博弈主要集中在各主要集团之间的边界,这些边界可能成为政治、经济和文化联系的稳定渠道,也可能由于破坏稳定和掌握控制权的企图而被分裂,成为有争议的地区。

至少作为交易节点,欧洲边界几乎是完全

未开发的状态，甚至没有尝试去跨越不同文化、鼓励贸易，思想交流和商品交换都较少，而这恰恰是欧亚之间相互渗透的切入点，当然可以通过鼓励和引导的方式推进这种文明进程。像伊斯坦布尔、巴库或基辅这样的城市（与俄罗斯的"基辅"相比，我更喜欢乌克兰的拼写）已经在朝着这个方向发展。但是不幸的是，这三个城市都处于不同程度的政治不稳定状态，不可避免地阻碍了它们的迅速发展。然而最终，更重要的不是确定哪些城市将承担文明交界面的重任，而是确定支持它们的政权的政治形态。这一文明交界面已经是未来的空间，决定很多重大问题的空间。为预测其未来的特点，我们建议参考取得辉煌成绩并成为欧亚新世界早期典范的两座城市：香港和新加坡。

　　香港的发展是一个相反的案例。各种环境和不同的影响塑造了香港战后的发展。1949 年中华人民共和国成立，移居香港的中国内地人士就被迫投入技能和资本去工作。在这方面，香港的反应得益于之前港英政府的统治方式，就是不去挑选胜利者或者失败者，而是集中精力减少官僚障碍，加强法治。由此，一种共生关系得以发展：英国的银行为其进入国际金融市场提供渠道，同时中国本土的企业家便于发现经济机会——可以生产什么、在哪里可以找到资源、如何更好地组织生产和找到合适的人。[6] 后来，香港企业家成为第一批在中国内地进行工业投资的成功人士，使得这种关系进一步加深。在某种程度上，这些企业家是第一批欧亚人：一只脚在亚洲，另一只脚在欧洲。他们的成功依赖于他们同时在指令性经济体（计划经济）和自由的经济体（市场经济）同时运作的能力。前者遵从的原则是中国特殊的市场经济体制，而后者则与全球经济紧密相连，在金融和市场营销方面具有独特的竞争力。[7] 它们繁荣的基础是两个不同世界之间的矛盾和互补，而不是通常说的类似全球化的、空洞的普遍主义和统一性。近几十年出现的香港身份认同感，与其说是因为植根于之前殖民生活的遗留矛盾，不如说是不同文化的综合影响。

就新加坡而言，它在许多方面都是一个更加非凡的历史实验室。作为大英帝国在东南亚的行政和经济首府，其居民来自中国、印度、马来西亚、印度尼西亚和亚洲其他地区，通晓多国语言。被隔离的殖民者和移民总是充分利用文化交流和实验的机会。1965年独立后，这个国家突然发现自己处于一个没有腹地的贸易中心的绝望境地。大英帝国不复存在，新加坡与马来西亚和印度尼西亚的关系都比较紧张，所以这两个国家都无法替代大英帝国的角色。慢慢地，新加坡出乎意料地成为一块全新的腹地。与其他亚洲国家相比，新加坡可以作为东西方的桥梁，更加紧密地联系欧洲和美国。

李光耀是这个国家最伟大的开国元勋。他在回忆录中描述了这个发现过程中的一个有趣的插曲。就在新加坡独立几周后，他的荷兰经济顾问告诉他，新加坡的成功有一个先决条件：不要拆除斯坦福·莱佛士的雕像。他很乐意听从这个建议。相对于其他的建议，这个很容易做到。如果斯坦福·莱佛士1819年没有来到新加坡，并在一个平静的小渔村建立一个新的交易站，李光耀的曾祖父也就不能从中国广东迁移到那里，摆脱清末动乱。然而，听从这个建议并不是出于对历史记忆的尊重，而是出于一种更微妙的考虑，李坦率地承认，他以前从没有考虑过这个问题。让这尊雕像留下，其实是公众接受英国遗产的标志。欧洲和美国的投资者注意到了这一点。[8]

欧亚政治已经取代了欧洲政治。一百年前，每一次重要的全球性发展都是不同欧洲列强之间相互作用的产物。世界其他国家和地区常常被卷入欧洲大国的动态竞争中，包括战争与和平这种关键问题。最重要的问题本身就是欧洲个别国家在欧洲大陆舞台上进行竞争的反映。如今，这种动态竞争表现在不同的层面，发生在欧亚大国之间。

在这本书中，"欧亚大陆"不仅仅是一个用于描述地理实体的术语，也是用于描述政治历史新时刻的特定思维方式的术语。"欧亚大陆"是新世界秩序的便利标签，因为它一个词表达了两个主要观点，而这两个观点是相互矛盾的。一方面，它传达了欧洲世界秩序已经结束的信息。这一信息经常被提到，但是也一直被规避。

欧洲国家放弃它们的帝国梦想时，依然抱着这样一种幻想：世界其他国家不再需要指导，因为它们自愿接受欧洲的规则和思想。这是一种幻觉，只是这种幻觉直到现在才被揭示出来。另一方面，关于欧洲遗产被抛弃的问题，它不会引起混淆。我们看到的是，那些更积极地用新事物取代旧世界秩序的人，正是欧洲科学和革命传统的继承者。在与欧洲模式竞争时，他们试图提出一种更现代、更理性、更能引领未来变革的替代方案。他们对现代社会的看法是全新的和另类的。

在本书的第一部分，我们必须研究欧洲和亚洲分歧的起源以及当前化解这种分歧的力量。然后，我们将从广义上探讨在旧世界秩序的废墟上建立的新超级大陆，以及它可能的发展形态。

本书的第二部分是横跨欧亚大陆的地缘政治旅行见闻，依据我漫长的陆路旅行，以及随后的许多研究访问。我介绍了一些鲜为人知的地方。因为这样或那样的原因，这些地方似乎注定要在明天的世界扮演一些主要角色。在其他情况下，它们是旧世界中不可思议的角落。未经检验的假设没有什么吸引力，但是我们可以探索新的思维方式。这本书中有大量的人物原型，几乎都是我在旅途中偶然遇到的：考古学家、武士、革命家、女巫、特工、外交部长、商人、工程师、政客、时装设计师、艺术家和各种各样的神话家。他们都用自己的语言表达。

中心章节讲述中国和俄罗斯在新超级大陆的政治和经济中所扮演的角色。每一个案例中都有两个主要的问题。第一，中国和俄罗斯政权推进的政治秩序理念是什么？这些理念与仍然处于主导地位的欧洲政治传统理念有何不同？第二，中俄两国如何看待欧亚一体化？它们会采用什么模式建立一个统一的超级大陆？以及它们如何推进自己的计划？中国已经围绕"一带一路"倡议组织了这些计划。"一带一路"倡议将欧亚超级大陆一端的欧洲与另一端的亚洲连接起来，是深刻的经济一体化战略。首先，该倡议的地域扩展看起来是无限的，因此其英文名称最近已经更改了。它现在被称为"Belt and Road"，而不是"One Belt, One Road"，以表明该倡议正在规划的实际上是许多地带、道路、走廊和基础设施项目，可能包括大西洋和太平洋之间的每个国家和地区。俄罗斯的计划与之类似，如果说有什么不同的话，那就是更加灵活和初步。不过俄罗斯的计划已经开始围绕制度和政治框架，即欧亚经济联盟（Eurasian Economic Union），达成一致。对这些项目的详细讨论必须包括可能与其兄弟——欧盟——产生联系的方式。

新欧亚世界是一个充满分歧和矛盾的世界。这迫使我们去寻找冲突的路线，并根据自己的条件去理解不同的政治概念，而不是让它们符合现有的假设或欧洲政治文化的霸权诉求。我关注的是欧洲、俄罗斯和中国正在发展和完善的不同政治理念。连同美国（海外的镜子）的政治理念，这些将仍然是新的世界秩序的主要组成部分。但整个图景还包括一些更小的部分，而且一定要花一些时间去关注它们。

你最后一次认为自己是欧亚人是什么时候？这取决于你在哪里，也许就在昨天，也许永远不会。这一想法听起来甚至有些奇怪和难以置信。但欧亚时代已经到来，我们越早意识到这一点越好。

第一部分　地图

第一章　分裂的神话

1. 大陆之争

如果一本书要描述欧洲和亚洲之间日渐趋同的现象，似乎理所当然地应该从欧亚之间的分裂开始写起，但这是一个令人望而生畏的问题。许多作家都曾尝试清晰地说明欧亚分裂的历史，但都以失败告终。或许由于这种分裂即将消失，现在回答这个问题已经变得更加容易，可以通过回顾过去来理解这种分裂。

我认为，欧亚分裂是最近才出现的。可能在四五百年以前。虽然在那之前可能就出现了一些势头，但人们真正意识到这种分裂可能是在 18 世纪中叶左右。众所周知，历史就是对过去的观念和猜测的混乱集合，即无论什么想法出现或发展起来了，都可以从过去找到它们的起源。然而，如果这些想法还没有出现，没有人会看到它们的开端。让我们尽量避免这种回顾性推测的谬误。

1453 年 5 月 29 日可能是我们能找到的最好的象征性日期，或许可以被视作欧亚分裂的起点。君士坦丁堡的沦陷和奥斯曼土耳其人的胜利标志着统一的罗马帝国的终结，并为伊斯兰教在欧洲的最终确立奠定了基础，这种确立一直延续至今。从这个意义上讲，它迫使人们对现有的世界秩序进行重新评估。威尼斯和罗马耸人听闻的记录详细描述了所有征服和洗劫那座城市的恐怖场景，有真实的，也有想象的，并且认为它预示着对整个基督教世界的威胁，因而引发巨大的恐惧。在最初的震惊渐渐消退之后，帝国议会迅速举行了三次会议，讨论十字军东征计划的可能性。在三次会议中，神圣罗马帝国皇帝的主要发言人是埃内亚·席维欧·皮科洛米尼（Enea Silvio Piccolomini），一位经验丰富的帝国外交官和锡耶纳主教，后来成为教宗庇护二世。第二次议会会议于 1454 年 10月在法兰克福举行。在那次会议上，皮科洛米尼发表了当时最杰出的演说之一《君士坦丁堡的陷落》。他说："许多世纪以来，基督教联邦从未遭受过比今天更大的耻辱。诚然，我们的祖先经常在亚洲和非洲遭遇挫折，但那是在其他地区。然而今天，我们却在欧洲本土、在我们的祖国、在我们自己的家乡，遭受了重创。"[1]

这种表述注定要引起轩然大波，它成功捕捉了当时那种局势的重要性。但是认真体会皮科洛米尼的表述就会发现，他明确区分了实体家园（欧洲）和居住在欧洲的人。他不是在呼吁欧洲人，而是在呼吁"基督教联邦"。当"欧洲"最终形成一种概念，它就取代了基督教世界。相比较而言，"欧洲"似乎是局限于地理上的概念，而不是一种世界性的宗教信仰。但是历史总是充满悖论。实际上，"欧洲"一词虽然巧妙地避开"基督教世界"，却在全球范围内扩张了基督教世界。"一个大陆的名字后来发展为一种生活方式的象征，并且证明其能像宗教信仰一样，吸引忠诚和仇恨，带来传教士和烈士。"[2]

如果"欧洲"和"基督教世界"从来都不是同义词，那或许可以在其他地方找到欧洲身份认同的起源。当我面对阿塞拜疆巴库的一群大学生，问他们认为阿塞拜疆是欧洲的一部分还是亚洲的一部分。一名年轻人回答说，阿塞拜疆当然属于欧洲，因为它曾经是罗马帝国的一部分。这当然是真实的，而且比人们想象的更有趣，因为巴库并不是叙利亚的中心城市，它实际上位于罗马帝国的最东端。巴库附近有个小村庄叫拉玛纳（Ramana），我们完全有理由相信拉玛纳是曾经到达那里的罗马军团建立的。爬到依然矗立在拉玛纳的中世纪堡垒，并且宣布我们已经到达欧洲的尽头，其实挺吸引人的，只是罗马人不会认为自己是欧洲人。他们的帝国横跨三大洲，长期以来，其支点更多地放在亚洲而不是欧洲。与此同时，埃及一直是最重要的经济中心，为统治者们提供了无穷无尽的财富。

一个观念越是根深蒂固，其起源就越是久远。关于欧洲和亚洲之间的争端，我们已经从古希腊历史学家希罗多德的作品中找到了一些戏剧性的叙述，但即使是伟大的古典历史学家希罗多德也认为他必须追溯到更久远的、波斯历史学家描述的那个时期。这些历史学家是怎么说的呢？他们承认欧亚争端是亚洲引起的。当时首次长途海航的腓尼基人在希腊阿戈斯（Argos）登陆了，但是离开时忘记带走他们美丽的依俄（Io）公主（伊那科斯国王的女儿），当时依俄公主和其他一些女人正在海滩上散步。后来，一些希伦人就航行到腓尼基的泰尔，把腓尼基国王的女儿欧罗巴（Europe）掳走了。欧罗巴的后裔都跟随了她的名字，随着时间的推移，新大陆也以她的名字命名。

似乎每一代希伦人和蛮族人都犯了类似的错误，他们总是以对方之前做过同样的事情为自己开脱。不过，"双方除了互相掳走对方国王的女儿之外，没有再发生其他事情了"，希罗多德写道。但是，当特洛伊国王普里阿摩斯（Priam）的儿子帕里斯（Paris）绑架了海伦（Helen）之后，希腊人包围并洗劫了特洛伊。根据波斯人的说法，这是欧亚两个相邻大陆之间出现重大分裂和敌意的开始。[3]

当我们试图追溯这一宿命般的分裂时，最有趣的问题是，希罗多德是从哪里看出欧洲和亚洲在世界上扮演着重要的角色的呢？著名的历史学家阿诺德·汤因比（Arnold Toynbee）认为，把欧洲和亚洲作为一对对立但互补的地理概念，是古希腊时期从爱琴海（Aegean）出海口航行至亚速海（Azov）内河的水手们创造的。他们从爱琴海出发，鼓起勇气摸索着向北航行，连续跨过三个海峡。每经过这样一个交叉点（海峡），他们就会进入一个新的内海，一个新的"爱琴海"，好似奖励一般。从爱琴海到马尔马拉海（Marmara）、黑海，再到亚速海，他们终于进入顿河（Don River），登上神话般的乌拉尔山脉（Riphean Mountains），那里终年冰雪覆盖。他们的旅程就在那里结束了。顿河一千多年以来一直是这两个大陆之间的边界线，但也许更重要的是，这条边界线只存在于这些水手之间。北方的游牧民族会觉得大陆分水岭简直难以理解。此外，到了 16 世纪，人们对俄罗斯的地理知识有了足够的了解，从而认识到，神秘的顿河不过是一条充满泥沙的普通河流，发源于莫斯科的南部，根本无法作为两大洲的边界。

2. 隐藏的密码

边界就像所有神话中的生物一样，每当我们从远处看时，它就会改变形状，变换位置，然后逃跑。寻找它可能会浪费一生的时间，但是在寻找的过程中，也可能会发现许多其他有趣的东西。欧洲和亚洲的边界是不明确的、不稳定的，而且在很大程度上是虚幻的。从欧亚边境上的俄罗斯城市叶卡捷琳堡（Yekaterinburg），到边境以东最大城市鄂木斯克（Omsk）或新西伯利亚（Novosibirsk），基本难以发现太大的变化。俄罗斯就像一个街区，到达太平洋沿岸的符拉迪沃斯托克，就像来到了一个古典的欧洲城市。自然和人文景观非常相似，都是平缓的丘陵、蔚蓝的大海、优雅的林荫大道、石头外墙的建筑。早在 18 世纪，伏尔泰就曾说，到达亚速海之后，人们再也无法分辨出哪里是欧洲哪里是亚洲了。[4] 随着伊斯坦布尔成为奥斯曼帝国的中心，黑海周围实际的航行边界也自然而然地消失了。

如果我们看文艺复兴时期之后绘制的地图，就可以发现地图制作者试图将波罗的海尽可能向东扩展，将黑海向北部扩展。所以欧洲的东部边界像地峡一样，非常狭窄，这可能有助于将欧洲划定为独立的大陆单元。但欧洲并非与亚洲相连，而是亚洲的延伸，是类似印度那样的半岛或次大陆。16 世纪广为流传的欧洲地图是一个女人的形象，其头部是伊比利亚半岛，左臂是丹麦，右臂是意大利，手里拿着西西里。这一切都是精确绘制的，但是在黑海和波罗的海之间，有一片广大的、不确定的地域，就是在她的长袍裙摆那里。[5] 几个世纪以来，欧洲和亚洲的地理边界一直在不断变化，通常随着人们对俄罗斯的了解加深，或许更为重要的是，俄罗斯自己也开始了它的欧洲化计划，欧洲和亚洲的地理边界不断向东移动。

关于欧洲地图的绘制，还有一段比较有趣的情节。在 1709 年的波尔塔瓦战役（battle of Poltava）中，一位名叫菲利普·冯·斯特拉伦伯格（Philip von Strahlenberg）的瑞典军官被俘。他不得不在俄罗斯度过 13 年，潜心研究俄罗斯的地理。后来他回到了斯德哥尔摩，并在 1730 年出版了一本书，认为乌拉尔山脉应该成为欧洲东部的边界。在大致相同的时间，俄罗斯政治家和科学家瓦西里·塔蒂什切夫（Vasily Tatishchev）试图整合一些决定性的论据，支持沿着那些山脉绘制边界，因为山脉两边河流中的鱼类不同，而且西面蟑螂泛滥，东面却没听说过蟑螂。[6]

　　当今仍然普遍接受这种观点，但不是因为任何令人信服的逻辑，不过是类似对蟑螂生活模式的依赖性而已。1935 年欧洲知名的政治地理学家们进行了一次问卷调查，寻问划定边界线的相关问题，但是基本没有达成一致意见。42 份问卷中，14 份支持以苏联西部边疆为界，12 份主张以乌拉尔山脉为界，剩下的主张以其他地方为界，或者拒绝选择任何一个地方为界。[7]历史学家马歇尔·霍奇森（Marshall Hodgson）在 1944 年时依然呼吁人们"避免使用在俄罗斯中部划界的地图，那样毫无意义"。[8]欧洲和亚洲之间的这片广阔区域事实上是一片所有的边界——无论是地理上的还是文化上的——都不确定的区域。然而，欧洲和亚洲却逐渐成为超级大陆。为什么会变成这样呢？

请允许我提出一种解释：欧洲和亚洲之间的划分不是空间上的划分，而是时间上的划分。

"亚洲"的概念不是亚洲人创造的，而是欧洲人创造的。"亚洲"就是不同文化和文明的集合概念，这些文化和文明唯一的共同点就是被欧洲排斥。把日本和阿拉伯一概而论有什么意义呢？这些地区与欧洲的历史和文化联系都比彼此之间的联系更为紧密。从历史角度和文化角度出发，很容易将亚洲进一步划分为中东、南亚、东亚、东南亚。那么，为什么不把欧洲、俄罗斯和中亚一起纳入这个超级大陆呢？正如亨利·基辛格（Henry Kissinger）指出的那样，在西方列强到来之前，亚洲的语言中并没有"亚洲"一词，亚洲大陆的人们也从未设想自己是独立大陆单元的一部分，有义务保持团结和同胞感。[9] 只是，欧洲国家在与亚洲国家的交涉过程中，强调自己内部的团结同心，并展现了

"欧洲性"，不可避免地使得亚洲国家产生了作为"亚洲"共同体的一分子的感觉。在 19 世纪末之前，亚洲国家身份认同感并未产生，但到了 20 世纪初，我们突然发现，伟大的日本作家冈仓觉三（Okakura Kakuzo）在他的一本书的开篇便断言："亚洲是一个整体。"接着他写道：

> 喜马拉雅山脉分割但是强调了两个强大的文明：中国的孔子大同主义和印度的吠陀个人主义。但即使是雪域的屏障也无法阻隔两大文明对终极的、普遍的大爱的追求，这也是亚洲民族继承的共同思想，使世界上所有伟大的宗教都能够在亚洲产生，并将亚洲民族和那些海洋民族区分开来。地中海和波罗的海地区的海洋民族更沉溺于特定的事物，喜欢寻找生存的手段，而非目的。[10]

冈仓觉三在年轻的时候曾被日本政府派往国外学习欧美的艺术史和现代艺术运动，但是归国之后，他却对亚洲艺术，尤其是日本艺术有了更深的理解。

欧亚大陆之间的分割并不是一种强加的想法，而是源于欧洲在特定历史时期出现的特定思维方式，是科学进步所带来的启蒙思想及启蒙思想逐步应用于社会秩序的历史产物。

近代欧亚帝国之间的交往对相关各方都有非常实际的意义——欧洲技术的优越性。一些亚洲思想家或辩论家，如泰戈尔或贾拉勒·艾哈迈德（Jalal Ahmad），甚至提出了一个有趣的说法，即这种交往不是亚洲人和欧洲人之间的，而是亚洲人和欧洲机器之间的。这种优越性源于对科学的一种新的理解，即自然能够被无限度（或几乎无限度）地改变。从一开始，欧洲人就清楚地意识到他们正在建立的新文明的独特之处。在整个 18 世纪，大陆间的比较作为一种意象，几乎出现在所有的图书馆或画廊。欧洲通常被描绘成一个手持地球仪、被数学和科学仪器环绕的女人。比如：在维尔茨堡宫殿（Wurzburg Residence palace）入口楼梯的天花板上，威尼斯艺术家吉亚姆巴蒂斯塔·蒂埃波罗（Giambattista Tiepolo）在壁画中间描绘了阿波罗（Apollo）和奥林匹斯山（Olympus）诸神，在两侧描绘了当时已知的四大洲。其中，亚洲的形象坐在大象上，非洲的形象坐在骆驼上，美洲的形象坐在鳄鱼上，只有欧洲的形象不是坐在动物上，而是宝座上，被人类发明的产品包围着，被艺术和科学包围着，包括艺术的集合体——绘画艺术。

欧洲人发现自己能够控制整个世界，这是科学、经济生产和政治社会中一系列革命产生的直接结果。这些革命的基本主题是系统地探索各种可能性，各种不同的、未知的方式。如果说权力就是改变现实的能力，那么欧洲人已经发现了一种前所未有的、大规模变革的方法。尽管欧洲一直以来就是世界关系的中心，但是它的军事力量仍然迅速增长，经济、文化甚至无形的国际威望也不断增长。结果，正如霍奇森所说，所有国家都必须调整它们的政府结构，以适应现代欧洲的国际秩序，必须调整经济发展模式以便与工业化的欧洲竞争，甚至需要调整它们的现代科学研究方向，因为那些研究和实践在欧洲国家进行。[11] 这一切都是科学带来的，包括机器。

现代科学被视为在逻辑水平和方法层面的决定性突破，而社会也被理解为在理性基础上进行重组的一个过程。在孟德斯鸠、亚当·斯密或黑格尔的作品中，亚洲大陆时常作为欧洲曾经摆脱的形象出现。他们认为亚洲社会自古以来就是落后的、停滞不前的，并且会一直停滞不前。黑格尔认为，欧洲是历史变革的终点和目的地，亚洲是历史变革的起点。"世界的历史是从东到西的，因为欧洲无疑是历史的终结，亚洲是历史的开始。"[12] 当中国的历史开始时，世界的历史也就开始了，因为，中国是最古老的帝国，也如黑格尔所说，是最新的帝国；曾经排斥改变、墨守陈规的地方开始改变时，那才是我们所说的真正的历史性变革。[13]

正如当代中国政治哲学家汪晖所写，欧亚之间的分裂表现出许多特点：亚洲政治帝国与欧洲国家对立；农业及游牧社会与欧洲城市社会形成对比；政治独裁与发达的法律制度与个人的自由追求相对。基于这些区别，欧亚两个大陆对科学和技术发展的作用也形成了不同的观点。在欧洲发展科技的时候，亚洲却停滞不前，似乎成为一个永恒"静止的大陆"。土耳其知名诗人、小说家阿赫梅特·哈姆迪·唐帕纳尔（Ahmet Hamdi Tanpınar）的作品《安宁》（*A Mind at Rest/Peace*）是一部关于伊斯坦布尔——一个同时坐落在欧洲和亚洲的城市——的小说，其主人公曾自言自语："东方是一个静坐和等待的地方。""欧洲"一词在 17 世纪大量出现并非偶然，而是因为欧洲社会在那时开始了迅速变革和现代化。[14] 欧洲和亚洲不再仅仅是地理概念。它们是两种不同的文明形式，代表着不同的历史时期。[15]

但是有一个比较有争议的问题。列宁曾经写道，俄罗斯无疑是一个亚洲国家。他认为，这与地理无关，而与沙皇统治下的中世纪和"可耻的落后"的历史有关。[16] 现代性、资本主义或工业化——取决于你赞同哪一种理论——最初都被视为是欧洲的，但扩张到了全球。在 19 世纪，"欧洲"一词逐渐被"西方"所取代，显然表明了现代思想的普遍吸引力及其与旧社会的二元对立。这种对立是欧洲殖民主义的重要基础，但它也为那些认为亚洲可以拥抱现代性并加入发达国家集团的人们的观点提供了理论基础。这种观点是从 19 世纪下半叶的日本开始兴起的。1885 年 3 月，日本思想家、教育家福泽谕吉（Fukuzawa Yukichi）发表了一篇文章，标题是"脱亚入欧"，其中著名的论断是，日本应该跟随西方的发展浪潮，享受同样的文明成果，以避免西方文明的冲击。

历史上的对立开辟了欧洲和亚洲、东方和西方之间的鸿沟。如今，这两者之间的分裂是史无前例的，无论这种分裂是新的科学方法带来的，还是资本主义发展带来的。现代的欧洲已经完全不同了，而亚洲社会正在经历欧洲之前的时代。这就是吉卜林（Kipling）所说的"东方是东方，西方是西方，两者永不相会"。

然而，这种分裂从一开始就是暂时性的。尽管有些人傲慢地宣称，欧洲社会比亚洲更先进，但是他们也不得不承认，亚洲通过科学和工业革命或者类似的方法和原则就能及时赶上欧洲。历史时期有一个简单而奇特的结构："先是在欧洲，然后是其他地方。"毋庸置疑，任何融合都无法反驳吉卜林的观点，因为他的观点恰恰是，当亚洲开始变得越来越像欧洲时，东方和西方才会相遇。

这些见解反映了问题的广度。我们不能再把欧洲和亚洲之间的差异仅仅看作文化形式上的差异。这两个大陆似乎存在于不同的平面上，当这些平面相交时，它们提出了关于现代生活的意义，关于我们从哪里来、要到哪里去等极其重要的问题。欧洲人对于亚洲有一种矛盾的心态。一方面，亚洲似乎代表了现代性所反对的一切，就是定义现代性时用的反面形象；另一方面，亚洲是一个神秘、充满魅力的形象。更具反思精神的人可能会将亚洲的永恒形象视为一种遗迹。如果当初进行现代化是一种错误的选择，那么亚洲就代表欧洲已经失去的真实场景。长期在北京居住的英国人朱丽叶·布雷顿（Juliet Bredon）在1922年写道，欧洲游客在中国能找到"昨日"比"今日"更神奇和迷人的地方，因为这个"昨日"没有工厂或铁路，尚未打破亚洲梦幻般的安宁。[17] 但是，人们只能悄然讨论或默默欣赏这些见解，而且很容易被另一种不同的焦虑所抵消：如果欧洲在过去的某个时候脱离了亚洲，它还会再次迷失自我吗？它会像德国哲学家卡尔·雅斯贝尔斯（Karl Jaspers）所说的那样，再次回到亚洲吗？

如果欧洲从其"亚洲母体"脱离出来，那似乎是一种大胆和解放的行为，但它也带来了两种危险。首先，欧洲人的生活与其起源脱节。其次，欧洲回归亚洲的危险持续存在。换句话说，大陆的重组变成了一个可怕的幽灵，一旦发生，欧洲的独特身份将被彻底摧毁，亚洲将超越欧洲、吞并欧洲，成为一个永恒的世界。这肯定会是过去几个世纪以来一个令人讶异的结局。另一方面，如果亚洲像欧洲曾经那样崛起，或者通过普遍发展的道路崛起，那么人类历史发展的密码便一目了然。从历史上看，大陆之间的关系是解释现代历史的密码，一旦我们理解了密码，许多潜在的东西就会暴露出来。就像雅斯贝尔斯所说："欧亚大陆是伴随整个西方历史而来的密码。"[18]

值得注意的是，两大洲之间的分裂对于我们对政治和文化的理解是那么重要，但一直未被认真审视。每个人都认为这是理所当然的，但没有人可以阐明它所依据的理由。作家赫尔曼·冯·凯泽林（Hermann von Keyserling）曾自问在多大程度上存在着欧洲这样一个东西，并且在某种"统一的风格"中找到了答案。他敏锐地意识到一种与东方不同的、崭新的欧洲风格。什么是统一的风格？事实上，欧洲的科学和技术是原始和本土经验的一部分，但它们从未被认为是一种入侵，而是被完全接受了，就像宗教在印度可以进入各个活动领域，扩展到饮食、服装、娱乐、家政和生活的所有主要场合一样。这意味着科学不仅占据了欧洲现代社会的中心舞台，而且其原始精神也不断激发并引导着每一项活动。[19]

凯泽林（1880~1946）是历史上最伟大的旅行者之一，因为他明白，旅行意味着创造新的经验世界，使人们发生超越想象的改变。他想置身于各种环境，理解环境，从而改变他所固有的理解范畴。

欧洲没有什么可以给我的了。我对欧洲

的生活太熟悉了，不需要强迫自己适应新的
发展。除此之外，欧洲的生活也比较狭隘。
整个欧洲基本上都是一种精神。我想去那些
新的地方，那些必须改变生活方式才能生存
的地方，必须彻底更新感知事物的方式才能
理解的地方，必须尽可能多地忘记目前
我所知道的一切的地方。[20]

  从欧洲过境到印度时，他经历了这样的改
变。印度思想似乎站在了西方思想的对立面，
认为任何形式的抽象都无法帮助人们获得形而
上学的知识，只有达到一种新的、更深层次的
意识状态才能步入更高的层次。然而，西方思
想是从具体概念到一般概念，从概念到思想，
再从思想到关系，从而进入越来越高的抽象层
次。印度的思想直接跨越了不同的经验。凯泽
林在印度看到的是灵魂从低级到高级形式的提
升。在西方，这种提升则是从具体描述到抽象
思想的提升。印度对西方的绝对优势取决于这
样一个基本的认识，即在真正意义上，文化不
是通过扩大广度来实现的，而是通过改变深度

来实现的。而且，文化的深化还取决于专注的程度。[21] 瑜伽体系完全是建立在专注力之上的，这似乎与抽象力是明确对立的。完美的瑜伽修行者应该将他所有的注意力集中在一点上，然后他就能知道关于那一点的一切。相比之下，抽象是将注意力分散到尽可能多的对象上，以便从中总结一些总体思想或原则。

现在的旅行者再也找不到这种感觉了。问一问你自己，当你降落在地球另一边神秘边界的某座城市，你是否还能发现一些根本性的不同？不是让你列出一串看起来不一样的东西，而是那种本质上的区别。在很大程度上，这是一项不可能完成的任务。处于不同现代化进程的国家或区域会存在一些明显的区别，但现代化本身已成为一项普遍或接近普遍的方案。

当之前被认为是神圣的、有意义的自然秩序被视为可以无限操纵和改变的时候，现代社会就出现了。这是现代科学技术的精神，它改变自然的形式和结构，带来一些新的、未预期的东西，使人类的生活更加愉快，也更接近那永恒不变的宇宙核心。科学进步依赖于对持续创新的期望，对实验创新的鼓励，以及对既定权威的否定，基于这样一种假设：创新的实验会带来创新的现实，迫使我们修正原来的知识。

现代性已经发展出自己的个性，像城市规划师一样，为新的城市创造空白的网格结构。其基本形式是空的，等待人们填充各种内容，而这些内容总是服从或衍生于网格结构的组织原则。这种形态或网格是生命对抗世界的保障，或者更准确地说，是确保生命可以在任何时候变得不同于当下，以便对抗世界的变化。环顾四周，现代生活中这种网格无处不在：现代城市的街道，摩天大楼的外墙，智能手机的像素化屏幕，电脑内部的电路，报纸和杂志的封面，商业计划和组织的电子表格，远洋的集装箱运货船。当然，这背后的原因是，网格是一个自由的空间，充满不断变化的内容。

实验是比较人性化的、科学的理想。但是相信人类有无穷的力量可以改变现实的信念已经传播到了世界的每一个角落。这种信念有一定的负面特征：试图将自己从现有的模型中解放出来，却发现这个模型已经被一组更多但仍然有限的可能性所取代，而这些可能性又需要在迭代过程中被克服，等等。也许更重要的是，每个社会都有自己的现代化道路。每个社会都从一个传统的模型开始，并从这个起点创建新的抽象形式。随着整个世界变得现代化，我们应该期待不同或多种现代化的发展道路，没必要普遍采用欧洲现代化的文化方案。该方案可能享有某种历史上的优先地位，并继续作为一个参考点，但它只是其中的一条道路。我们将在下一章讨论这个问题。

    同样，这种现代情感可能在欧洲得到充分发展，但在印度或伊朗仍未完全实现。不过当代旅行者发现，这些发展差异不如各个社会在现代化道路上的差异有趣。现代欧洲社会完善了一系列现代生活结构。从个人权利到货币经济，再到拒绝提倡一种生活方式的中立国，它们都旨在创造一种灵活和不断扩展的实验媒介。当我们前往亚洲和其他迅速现代化的社会时，我们发现了类似的机制和结构，但它们从来都不是完全相同的，它们产生的内容也与现代欧洲社会过去产生的内容不同。

总之，欧洲和亚洲之间的区别仅仅在于，几个世纪以来，欧洲是现代的，而亚洲是传统的。区别并不在于欧洲和亚洲本身，而在于两种类型的社会，或者，两种时代的观念。随着欧洲以外地区也不断进入现代化进程，这种区别注定要消失。

3. 欧亚大陆回归

对欧亚历史和政治的二分法已经不再适用，原因有很多，但所有的原因都可以追溯到日本、韩国和中国等国的快速现代化上。如果日本和韩国仍然可以被视为历史进程中的例外，甚至是美国在亚洲的桥头堡，中国过去30年的转型则已经瓦解了欧亚之间区别的传统基础，使两大洲重新回到了同一层面。在某些方面，这可以被视为回到一个更古老的时代，在欧洲现代社会崛起并导致两个完全不同的世界之前的时代。

旧的二分法的危机正在缓解，因为历史学家们发现，这些消失的区分可能一开始就不那么有力。日本修正主义历史认为，在日本现代化之前的德川时期，与其说是一个落后和停滞的时代，不如说是资本积累和技术进步的温床。在中国，一种新的历史观点是帝制国家没有压制商业，文人精英与商人合资经营，发达地区的农业生产率上升，而技术创新一直持续到18世纪。新的历史任务是致力于研究亚洲和欧洲之间的相似之处，然后再具体说明更细微的差异，但这样的更正方法接受了所有用于定义欧洲现代性的原则，不过是将日本和中国从亚洲阵营转移到欧洲阵营罢了。

像维克多·李伯曼等历史学家想得更深远一些。李伯曼建议使用更加中立和宽泛的描述标准，例如：15世纪至19世纪地方政权合并的模式，这一进程不仅局限于欧洲，也可能在其他地方得到最充分的表达。因此，西欧大约五六百个独立政体在19世纪后期已经减少到大约25个。而东南亚大约25个独立国家到1825年减少到只有3个：缅甸、暹罗和越南。从这个角度看，欧洲的发展看起来像是一般的欧亚模式的变体。[22]

随着历史知识的增长和对历史的理解不

断加深，我们不再从民族和陆地不同的角度去划分世界，而是从一种更为系统化的角度去考虑各大陆、各民族之间的关系。因此，"欧亚大陆"的概念应运而生。最有希望的实现方法是，关注欧洲和亚洲相互间的关系和影响，而不是它们所共享的文化。当哈尔福德·麦金德（Halford Mackinder）意识到欧洲概念的形成及其与亚洲的对立关系时，他就表达了这样的洞见。他在 1904 年写作时曾引用了一些帝国主义者的观点。那些帝国主义者公然辩称唯一重要的历史就是欧洲历史，因为欧洲国家已经在全世界占领了主导地位。哈尔福德·麦金德表达了他的不同意见，不是从道德角度，而是指出任何集体欧洲认同感都必须来自外部力量的压力。麦金德对于文化和观念的历史、促进文化和观念发展的其他因素有一段文学性的描述。他写道："我希望你能暂时把欧洲和欧洲的历史视为亚洲和亚洲历史的附属物，因为欧洲文明在很大程度上是对抗亚洲入侵的长期斗争的结果。"[23] 从公元 5 世纪到 15 世纪，欧洲不断遭受来自亚洲游牧民族的一系列游牧入侵。他们穿越俄罗斯南部的宽广平原，进入欧亚大陆的西部半岛。为了反抗他们的入侵，欧洲大陆逐渐形成。后来，地理大发现时代可以被视为为挣脱危险处境而进行的尝试，欧洲被夹在西部海洋和东部草原之间，后来不断地征服未知的深渊，面对不断出现的混乱。这段描述可能是对欧洲某段历史的反映，有点过于宏大。但无论如何，它都以鲜明的色彩描绘了欧洲和亚洲之间的联系，而这比任何分离的神话都更为根本。

马歇尔·霍奇森在1963年指出，如果要把欧亚大陆分成两部分，最无用的划分就是将欧洲分成一部分，亚洲分成另一部分。在有记载的历史中，我们所称的欧洲与其近邻之间的分歧在很大程度上是微乎其微的。最明显的是，希腊思想成为中东传统中不可或缺的一部分，而中东宗教——基督教——占据了欧洲生活的中心位置。最明显的分界线是中国和欧亚大陆其他国家之间的分界线，但即使在这种情况下，这种分界线最终也会被打破。佛教源于印度，后来传播到中国，最后一直到了日本，这就是证明欧亚之间连续性的最好例子。霍奇森总结道："所有地区都形成了一个伟大的历史性文化发展复合体。"[24] 欧亚大陆不仅是独立单位之间相互借鉴和影响的框架，它本身就是一个真正的单位。

如果我们最终把"欧亚超级大陆"这一新概念投射到历史中去，我们会发现它其实一直存在，就像以前"欧洲"概念的出现与发展一样。

第二章　竞争性整合

1. 第三种道路

阿莱菲·阿拉德（Arefe Arad）是德黑兰的一位艺术家。她通过将不同的面料拼凑在一起来制作形体雕塑。她的雕塑基本是人体大小，如果引发你对各种外星生物和怪物的联想，那其实是她有意为之。她告诉我她想创造神秘的、没有身份或个性的怪物纺织模型。我认识阿莱菲·阿拉德是缘于一次参观。我在德黑兰曾经待过几周，其间参观了该市北部的爱缇迈德画廊（Etemad Gallery），认识了一些当代艺术家和画廊老板，其中就包括阿莱菲·阿拉德。她的雕塑是拼凑出来的，比较灵活、黏稠，看起

来比较畸形。她说这是伊朗女性日常生活的写照。我在塔季里什广场（Tajrish Square）停留时，立刻明白了阿拉德的意思。我看到一个正在上天桥的年轻女性，戴着黑色头巾，盖住了她所有的头发。这种头巾在德黑兰北部很常见，但是她搭配了粉红色的高跟皮靴，然后整个广场上的人都转过身来看她走路。

在伊朗沙阿政权统治的最后几年，当代艺术发展起来了，这也是引入西方价值观和品位的开端。德黑兰当代艺术博物馆的创始人兼馆长在1979年曾经说，既然伊朗已经引进了西方的技术和科学，它也应该引进西方的艺术。但是这一模仿西方的项目因为国王沙阿被废黜而失败了，现在伊朗也没有人想要重新做这个项目。艺术界仍然代表着摆脱惯例、走向现代化的动力，但今天它是一种更加原始的、破坏性的力量，因为没有任何模式可供遵循。现代化不再等同于西化。与年轻的伊朗艺术家交谈时，我学到了重要的一课。尽管他们反抗过在德黑兰的生活空间受限，但他们也坚称，他们不想走欧洲人或美国人的道路。当代艺术使他们了解到，观察方式总是多种多样的，艺术必须预见其他的图景和世界。对他们来说，西方的现代性不过是另一种传统形式，未来也会被根除和克服。

在讨论今天的世界政治时，我们经常回归以下两种模式。一种是弗朗西斯·福山（Francis Fukuyama）倡导的模式，认为整个世界正在向欧洲或西方的政治框架靠拢，之后可能没有进一步的历史性发展了。每个国家或地区都以到达最终目的地所需的时间来衡量，但所有关于我们前进方向的疑虑和争论都已从根本上得到了解决。塞缪尔·亨廷顿（Samuel Huntington）对这种不可逆转的运动持怀疑态度。他支持另一种模式，该模式描绘的世界是不同文明之间几乎没有共同点或根本没有共同点的冲突，特别是在西方政治文化仍将受到地域限制的情况下。本书采用第三种模式。我同意福山的观点，即整个世界都在走向现代社会的道路上，但是通往现代社会的道路多种多样，对于现代社会的愿景自然也各有不同。

每个人都处于现代社会了，但现代社会有不同的模式。从这个事实来看，新世界秩序的

基本条款或多或少是被直接遵循的。现代和传
统之间的严格区别已经被打破，取而代之的是
一个深度融合的世界，但其最显著的特征是不
同的全球网络组织方式之间的不断竞争。

在前一章中，我们讨论了欧亚分离的逻辑
和历史，这种分离与现代历史深深融合在一起，
并服从于现代历史的节奏。在很长一段时间里，
这种分离根本就不存在，即使我们在过去发现
了一些类似的东西，那通常也不过是一种回顾投
射的形式。但学者或政界人士提出的问题很少去
挑战他们的假设和行动。欧洲和亚洲究竟有什么
区别？这种区别始于哪里？到哪里结束？

随着日本和中国以及随后的东亚和南亚的
大多数国家积极地接受现代技术和市场经济，
这种区分变得越来越模糊。之前欧洲拥抱新奇，
而亚洲则植根于传统，但是现在的情况显然已
经不同了，而且恰恰相反。在诸如大家庭的角
色或性道德等问题上，也很难发现欧亚之间的
区别了。

在本章中，我们转向当下，即欧亚超级大
陆进入历史阶段的时刻。由于不同的文明有不

同的现代观念和思想情感，欧亚大陆面对的不
是一套单一的规则，而是各种相互冲突的项目。
它们都处于现代阶段，但是拥有多种多样的现
代性。我们不再那么天真地相信一套规则和制
度可以真正地保持中立和普遍适用。我们生活
在一个动荡的新时代，关于世界秩序的看法充
满了分歧和矛盾。这种分歧和矛盾在欧亚大陆
表现得最为明显。

2. 冲突的愿景

　　如果非要挑一个动荡变得显而易见的时
刻，那就是 2013 年 11 月在维尔纽斯召开的东
部伙伴关系（Eastern Partnership）峰会。十年
来，欧盟一直在向其南部和东部邻国伸橄榄枝，
希望欧盟的规则和制度在欧盟边界之外也具有
一定的效力。其方法是确定一些先决条件，纳
入详细的行动计划，执行这些行动计划将会得
到金钱奖励、市场准入奖励或公民行动的便利。
在某些情况下，欧盟会与有关国家就宏大的政
治协定和自由贸易协定进行谈判。从国家规模
和地缘政治重要性角度讲，乌克兰是其争取到

的最重要的意向联系国成员。本来这个苏联国家——乌克兰——计划 11 月在维尔纽斯的东部伙伴关系峰会上与欧盟签署联系国协定，但是在峰会召开的前一周，一切都改变了。

2013 年 11 月 28 日晚，国家元首和政府首脑之间的官方晚宴推迟了两个小时，欧盟委员会主席若泽·曼努埃尔·杜朗·巴罗佐（José Manuel Durao Barroso）和欧洲理事会主席赫尔曼·范龙佩（Herman Van Rompuy）最后一次尝试说服乌克兰总统维克多·亚努科维奇（Viktor Yanukovych）改变主意，与欧盟签署联系国协定。领导们耐心地等待着，啜饮着格鲁吉亚的葡萄酒。葡萄酒本身就是一种利害攸关——为东部边境进行争斗——的象征。英国首相戴维·卡梅伦（David Cameron）刚刚发表了一篇文章，概述了他在移民问题上的观点，罗马尼亚总统特莱扬·伯塞斯库（Traian Băsescu）与他谈到了这一点。匈牙利总理欧尔班·维克托（Viktor Orbán）与中欧的一些同僚进行了交谈，开玩笑说几米开外荷兰首相马克·吕特（Mark Rutte）与斯堪的纳维亚半岛三位总理的交谈非常无味。这些是欧盟核心国家的永恒分歧。然后，巴罗佐主席和范龙佩主席突然从会议室出来了，手中并未拿着协定。亚努科维奇总统宣布暂停与欧盟签署联系国协定的准备工作，称："我们与俄罗斯之间有很多巨大的困难。三年来，你们一直让乌克兰独自面对俄罗斯，面对巨大的困难。"当天晚上亚努科维奇总统回到基辅时，乌克兰就发生了第一次街头抗议。两天后（2013 年 11 月 30 日），基辅独立广场（Maidan square）又聚集了一大群抗议民众。世界拳击冠军、反对派领导人维塔利·克利钦科（Vitali Klitschko）对人群说："他们掠夺了我们的梦想，掠夺了我们生活在一个正常国家的梦想。"在不到三个月的时间里，亚努科维奇被迫逃离乌克兰，而俄罗斯与乌克兰新政权开始了一场旷日持久的破坏性战争。

作为葡萄牙政府的欧洲部长，我参与了首脑会议的筹备工作，代表我的国家出席会议。直到今天，那个被严重误判和忽视的历史性时刻，我记忆犹新。在筹备会议期间，大家普遍认为乌克兰总统最终会同意签署欧盟联系国协定，所以当他突然宣布暂停协定签署的准备工作时，很多人仍然认为这是最后谈判的虚张声势。所有的拖延和犹豫都被视为一种谈判策略，目的是让欧盟在必要的改革上尽可能采取最宽容的态度。欧盟官僚制度基于一个非常简单的世界理论：国家是受特殊利益集团控制的，但如果有外部压力，它们可能会进行改革。如果真的这样做了，那一定会繁荣昌盛。

回过头看，我们可以看出当时的情况有着完全不同的历史意义。一方面，它代表着欧盟向东推进的趋势，现在看来，它其实是在扩展欧洲的边境。另一方面，这种扩张注定会使它与俄罗斯发生冲突。然而，众所周知，俄罗斯也在扩张，并且信念更加坚定。

让我们回到维尔纽斯会议之前，这样就可以更好地理解为什么那天晚上发生的事情既不可避免又令人吃惊。2009年6月9日，俄罗斯宣布与哈萨克斯坦和白俄罗斯这两个合作伙伴达成关税同盟协议，该协议于2010年1月1日生效。俄罗斯和欧盟的高级官员在开会前几天进行了会晤，但其间俄罗斯方面并没有任何迹象表明它将很快做出一个从根本上改变俄欧双边关系和区域关系的决定。突然之间，乌克兰和该地区的其他国家一样，别无选择。俄罗斯明确期望它们加入新的经济项目，加入关税同盟，排除与欧盟建立平行的自由贸易协定的可能。未来所有的贸易协议将由关税同盟而非个别国家签订。乌克兰不得不放弃早在 2007 年就已启动的谈判进程，转而寻求雄心勃勃的经济联盟协议，作为加入关税同盟的代价。而欧盟会毫不犹豫地指出，关税同盟是在两年后才建立的。

在 2013 年的一系列欧盟部长级贸易会议上，我们不得不就俄罗斯对乌克兰和摩尔多瓦采取的措施做出适当的、一致的回应。俄罗斯采取的措施是向这些国家施压，迫使它们放弃与欧盟的谈判。它们对俄罗斯的出口在边境被禁运或制止，国内经济遭受重创。作为回应，欧盟试图以更快进入欧洲市场的方式来奖励它们，但这显然不足以弥补眼下的经济损失。举个例子，我当时正在访问摩尔多瓦，有人向我解释说，由于缺乏冷冻和包装设施，出口欧洲的水果并没有按照官方宣布的配额增加。更重要的是，俄罗斯采取的措施不只是经济方面的限制，而是一种升级的、非胜即败的斗争。在那些会议上，只有一两位部长认识到这一点。

和欧盟一样，普京总统也用两三种非常简单的观念来看待世界，但这几乎与欧洲人的信仰完全相反。首先，俄罗斯领导层不相信中立、普遍的规则。在他们看来，中立只是一种旨在欺骗他人的伪装。权力总是个人的，但你可能会发现，将个人的权力隐藏在所谓中立的规则和制度背后是很便利的。也许，俄罗斯人因其苏联乌托邦的经历而有独到的理解，能够看透全球化的一些最明显的幻想。他们会说，商品、知识和文化的交流总体来讲是一件好事，但没有必要假定我们因此获得了"人类的、普遍的兄弟情谊"。全球化的效益分配不均，因为规则是由那些有权制定规则的人制定的。因此，普京认为，国际政治世界是永久竞争的竞技场。他的智囊弗拉季斯拉夫·苏尔科夫（Vladislav Surkov）曾做过一个很有启发性的类比，即主权等同于经济竞争力。如果从逻辑上进行类比，你会得出一个与当今俄罗斯流行的世界秩序愿景非常相似的结论：世界各国争夺主权和份额，就像企业争夺全球经济中的市场份额一样。在我们这个时代，主权不再以坚不可摧的堡垒的形象来表达。它对全世界是开放的，是愿意参与所有全球交流的开放心态，但并不完全是一颗开放的心，而是苏尔科夫所说的"开放的斗争"。[1]

最后，或许更重要的是，普京并不是从国家的角度思考，而是从更大的集团的角度思考，最终是从世界秩序的角度思考。这或许是导致他改变观点的一个最重要的因素。随着时间的推移，他慢慢得出的结论是：如果俄罗斯要维持自己的政治秩序，那么这个秩序需要具有某种全球性。你无法抗拒来自世界秩序的压力。因此，要么世界秩序将反映当代俄罗斯政权的某些元素，要么俄罗斯将反映自由主义的西方政治秩序。

早在 2005 年，也就是欧盟启动睦邻政策一年之后（这一政策最终在维尔纽斯峰会上达到顶峰），普京就已经将苏联的解体描述为一场

"重大的地缘政治灾难"。无论是俄罗斯领导人还是俄罗斯精英都不愿意接受一个前超级大国沦落为地区角色的形象。更重要的是，俄罗斯人认为其地位的急剧下降与西方的日益扩张和傲慢直接相关，包括西方试图通过武力或精心管理的革命来改变不友好政权的内部秩序。因此，俄罗斯得出的结论是，必须采取同样有力的手段结束西方的扩张主义，并在全球范围内投射俄罗斯的力量。[2]

维尔纽斯峰会是这两种世界观发生碰撞的时刻。实际上，无论是俄罗斯还是欧洲，都不能不考虑即将出现的整个欧亚地区的政治组织。到目前为止，双方都应该充分认识到欧亚之间的依赖程度，是这种高度依赖性塑造了欧亚共同空间。全球化是一个自下而上、从不同集团之间的冲突开始的过程，而不是从一套普遍的规则开始的过程。各国通过竞争和合作，创造了自由和主权这些规则，我称之为竞争性整合。但这里也有一个根本的区别：尽管欧盟将相互依赖视为一个创建共同机构来管理共同空间的契机，但俄罗斯将其视为可以利用的漏洞。下面我们将会看到普京是如何有意将相互依存的渠道、网络和联系武器化的。

同样在 21 世纪初期，似乎要实现全面的范式转变，中国几乎完全从一个对外直接投资目的地国家变成一个对外投资快速增长的来源国。这一过程现在正在达到高潮，引发许多关于中国资本角色的质疑。这些质疑包括担心放弃对战略技术的控制、陷入争夺自然资源的斗争，以及中国经济实力转化为政治影响力的可能性，这可以从多个例子中得到证明。时任法国总统尼古拉·萨科齐（Nicolas Sarkozy）2008 年 12 月会见达赖喇嘛（Dalai Lama）之后，中国方面做出了严正回应。中国两个贸易代表团很快就取消了他们的法国行程。时任中国总理温家宝在出访欧洲之前公开指出："我在飞机上翻开地图看了一下。确实这次没有法国。不去的原因是众所周知的。"后来在法国发表声明承认西藏是中国不可分割的一部分之后，中国一个新的贸易代表团才出访了巴黎。[3]

中国利用经济实力寻求外交政策目标的战略具有许多优势。首先，中国依赖其与世界经济的融合，必须尽量减少所有分裂的根源。直接、有力地使用国家权力将带来极大的风险，可能会破坏甚至割裂支撑中国经济增长和稳定的外部关系。相比之下，将自身经济实力植根于世界经济之中，为中国提供了高度的模糊性和可否认性。其次，经济治国方略尤其适合中国。一方面，中国市场的规模赋予它巨大的影响力。另一方面，国家对经济主体的控制使中国政府能够引导私营部门为其自身的战略目标服务。[4] 我们将在下一节看到，欧洲联盟没有这种能力，因此它的经济治国方略必须以更微妙的方式运作。

3. 监管的帝国主义

我们经常听到硬实力和软实力之间的区别，通常前者是指使用军事力量，但有些形式的权力是单方面的，即使它们与军事力量无关。它们或许应该成为我们所说的硬实力的一部分，因为它们不依赖于另一方的合作意愿。当涉及在一个或几个特定管辖区内适用的规则时，各国显然可能通过一项国际协定或条约影响其他国家的行为，而它们各自的利益是谈判和讨价还价的对象。这是一种方式。另一种是欧盟行使权力的方式，它完全独立于另一方想要做的事情，更有趣的是，它同样独立于任何类似欧洲意识的计划。

法律学者阿努·布拉德福德（Anu Bradford）用以下术语描述了这一过程。[5]这一切都源于一个无可辩驳的事实：欧盟拥有世界上最大的内部市场，这个市场的标准相当严格。如果一家外国公司想在那里开展业务，那么它需要调整自己的行为或生产流程，使之符合欧洲法律法规和欧洲监管机构制定的那些标准，否则它只能完全放弃欧盟市场。几乎所有重要的外国公司都非常不愿意这么做。

接下来会发生什么事情很容易猜到。显然，欧盟只监管自己的内部市场，但大公司往往更愿意将其生产流程标准化，而不是针对不同的司法管辖区采用不同的流程。这可能是由于规模经济与单一的全球生产过程相关，或者在许多情况下，与其运营适用的法律或技术不可分割性相关。例如，两家公司在全球合并之后符合所有司法管辖区的规定，这意味着最严格的反托拉斯管辖权。通常情况下，欧盟可以决定所有管辖区交易的命运。由于欧洲标准几乎是最严格的标准，标准化实际上就意味着遵循欧盟的规则和规定。在这一点上，这些规则已经是这些外国公司的实际规则，但不应忽视接下来会发生的事情。与那些不在欧盟经营且不受欧盟标准约束的公司相比，这些公司在国内市场将处于不利地位，因此它们有动机游说本国政府采用与欧盟相同的标准，创造一个公平的竞争环境。此时，欧洲的法律和规章已被秘密地纳入外国司法管辖范围。这一切都非常聪明，也许太聪明了。

欧洲的监管权力在整个大西洋地区确实正在发挥作用，但由于种种原因，这与政治方面并不十分相关，尽管大批律师一直忙于处理其监管权力产生的影响。欧盟监管下的格局在某些方面已经非常相似，如果能够通过谈判与美国达成一项侧重监管一致性的跨大西洋贸易协定，监管格局将更加相似。在某些情况下，美国或加拿大的标准实际上更为严格。这时，欧洲会感受到监管的力量。在其他情况下，美国公司可以专注于自己非常大的国内市场，无须关心外国的规则和标准。

当我们看到中国、俄罗斯和印度时，我们才意识到所有利害关系。这三个大型经济体与欧洲日益紧密地联系在一起。在这一领域，专业化是一股强大的力量：欧盟是一个非常大的消费市场，富裕消费者的比例很高，这使得它成为快速增长的亚洲经济体出口商的首选目的地。此外，规则和标准之间的差异往往是非常大的，而且很难避免采用哪些规则的政治问题。因此，上述机制是中国等国家采用进入欧盟市场所需的大部分立法的有力诱因，也是向欧洲公民和决策者提供了一个保证，即欧亚超级大陆在一些基本原则上会与欧盟越来越相似。

欧盟将航空业纳入其排放交易计划后，所有从欧洲机场起飞或降落的航空公司都必须购买排放许可。如果外国航空公司拒绝遵守，可能会被罚款甚至被禁止进入欧洲领空。避免购买许可证的唯一办法是，这些航空公司在其本国管辖范围内受到"等效措施"的约束。因此，关注本国航空公司竞争力的外国政府有强烈的动机改变其能源和气候政策。中国已经开始制定严格的减排机制，并要求欧盟考虑其等效性。

这个故事让人想起了所谓的"航空战争"中的另一段插曲。当时，俄罗斯航空公司或许是被自己的监管机构误导，未能利用十年的适应期使自己的机队降低噪声，以符合欧盟出台的一项新指令。当最后期限到来时，俄罗斯航空业发现自己处于一种绝望的境地，面临着被赶出对其生存至关重要的市场的威胁，并被迫在完全处于弱势的情况下与欧盟谈判，延长过渡期。所有这一切都发生在普京总统上台后的几年，据说对他来说是一个粗暴的觉醒，他开始意识到俄罗斯有成为欧洲附属国的危险。突然间，在俄罗斯人看来，欧洲单一市场与其说是一个巨大的战利品，不如说是一个威胁俄罗斯一切事物的盲目机制，它慢慢地侵入俄罗斯生活的方方面面，并加以改造。[6]

最近，在印度数据处理行业快速发展的背景下，欧洲监管扩张已成为一个棘手的政治问题。欧洲的消费者当然希望发送到印度进行后台操作的数据与他们自己管辖范围内的数据一样安全。如果印度公司想接触这些外国客户，印度的监管必须提供符合欧洲标准的保护和隐私服务。在这种情况下，使外国司法管辖区与欧洲标准保持一致的最终目标就非常明确了。欧盟委员会的相关指令规定，只有第三国或国际组织能达到适当的保护水平，个人数据才能转移到该第三国或国际组织。

这就是理论。时间和历史的正常进程将解决不同规范之间的冲突。构建一个全球自由秩序，只需让这些进程自行运转。当然，前提是它们在正确的外部环境中运行。如果理论存在缺陷，那就是假设结果是在必需的条件下得到的。如果自由规范在一个由自由规范控制的环境中运行，那么它们将击败所有竞争对手。否则，正如我们在本书后面将看到的，结果绝不是预先确定的。

4. 一个不存在的国家

如果你想了解不同政治模式之间的斗争，

那可以去德涅斯特河沿岸的分裂地区看看。它是位于德涅斯特河和乌克兰边界之间的摩尔多瓦的一个狭窄区域。一旦你过了河，伟大的戏剧就开始了。在你周围，男男女女都做着他们的日常工作，神秘地微笑着，仿佛意识到"权力是一项发明"这个秘密。权力之下，最好的选择就是以充分的讽刺和真正的娱乐来扮演我们的角色。一家老式夜总会的一位女士低声告诉我："这里是德涅斯特河沿岸，不要相信任何人说的任何话。"

德涅斯特河沿岸共和国没有获得任何国家的承认，甚至俄罗斯也不承认，但它具有充分的自主权，能够提供公共服务，尽管得到俄罗斯不成比例的支持。它发行自己的货币，组织竞争性选举，并为自己的警察、安全部门和武装部队支付费用。国家结构和商业利益如此完美地结合在一起，以至于新总统被公开地介绍为垄断公司治安官的候选人。治安官本身就是由前警察和安全官员推选的。摩尔多瓦和乌克兰两方都有过境点，在那里可以迅速有效地制作出入境通行证。我在 2016 年 12 月访问那里的时候，当地货币已经无法兑换成其他货币，这让当地人更倾向于生活在自己的世界里。有些硬币是用塑料制成的，上面刻有叶卡捷琳娜大帝（Catherine the Great）、彼得·鲁缅采夫伯爵（Pyotr Rumyantsev）和亚历山大·苏沃洛夫伯爵（Alexander Suvorov）的肖像。他们都是 18 世纪俄罗斯帝国扩张时期的伟大英雄。俄罗斯军队——大约 2000 人——在停火之后留下来，结束了新独立的摩尔多瓦和分裂地区之间的暴力冲突，使得这种超现实的治国模式成为可能。25 年来，一切都没有改变，俄罗斯继续把该地区当作地缘政治玩具。如果俄罗斯最终吞并该地区，它将在欧亚地峡创建第二个飞地，与北部的加里宁格勒（Kaliningrad）连成一线。

在前往首都蒂拉斯波尔的途中，穿过德涅斯特的铁路桥，你会看到铁栏杆上画着俄罗斯和德涅斯特河沿岸共和国的旗帜。俄罗斯军队驻扎在附近本德堡垒的山坡上，该堡垒由奥斯曼帝国苏丹苏莱曼在 1538 年征服该镇后建造，并将其变成与基督教世界接壤的驻军哨所。后来，在被俄罗斯帝国吞并后，它便矗立在俄罗斯与奥斯曼帝国的边界上。我曾向普里德内斯托维安州立大学（Pridnestrovian State University）社会科学院的尼古拉·巴比朗（Nikolay Babilunga）教授询问，土耳其人是否可能是德涅斯特身份的一部分？他捋了一下胡子。过去他声称罗马、东斯拉夫和突厥语国家的元素混合在德涅斯特河沿岸，但现在他被另一个故事所吸引，认为在苏莱曼之前德涅斯特是欧洲与大草原之间的边界，大草原是指东欧到中国边境之间的连续地理空间。

巴比朗教授是一个大忙人。他毕生的使命是发展德涅斯特河沿岸共和国的身份认同概念，以支撑当地人对于独立或被俄罗斯吞并的渴望。在独立和被吞并之间的摇摆不定有助于解释为什么过去的故事会时有变化。巴比朗教授也为学校撰写了一些插图丰富的书籍，这些书籍成为德涅斯特高中课程的核心教科书。我在当地咖啡馆遇到的一些年轻人告诉我，他们从那些教科书中学到了历史。每当我问城市建筑周围的雕像或绘画中描绘的历史人物的名字时，他们总能迅速而自信地告诉我，这应该让

巴比朗教授感到自豪。在我们的会面中，巴比
朗教授说，德涅斯特河沿岸的人们就像哥萨克
人，边防军离市中心非常远，边防军人可能会
忍不住去建立自己的社群。"诗人巴秋什科夫
（Batyushkov）19 世纪曾来到这里，说我们是他
见过的最生气勃勃的人。"主要问题始终是政治
问题，而不是种族问题。我原以为这所简朴的
大学建筑会是古老传说和神话的宝库，为创造
新的国家和身份而服务，但是没有权力，神话
也是无法生存的。巴比朗教授痴迷于政治，尤
其是关于谁有能力组织社会现实和创造强大的
政治神话的问题。在德涅斯特河沿岸，政治权
力的中心是俄罗斯，俄罗斯的世界由莫斯科
统治。

你对世界的第一印象取决于你所处的位
置，甚至"伪共和国"的名称也遵循这种逻辑。
对欧洲人来说，这片土地位于德涅斯特河的对
岸，因此称为"Transnistria"（"trans"作为英
语前缀，表示"横穿"的意思）；但对俄罗斯
人来说，它是前往德涅斯特河途经的区域，所
以把它叫作"Pridnestrovie"（在俄语中，前缀

"pri"是"走向"的意思）。在他们自称的外交部会谈时，我清楚地意识到，主要问题不是语言问题，而是一个更实际、紧迫的问题。德涅斯特河沿岸共和国外交部长维塔利·伊格纳季耶夫（Vitaly Ignatiev）告诉我，这是两种不同模式——欧洲联盟和欧亚联盟——相遇和冲突的地方。他认为"Pridnestrovie"这个名称可以起到"展示"的作用。如果德涅斯特河沿岸共和国加入欧亚联盟，成为一个成功的国家，或许就能把摩尔多瓦从欧洲的轨道上拉回来。欧亚联盟是上文讨论的俄罗斯、白俄罗斯和哈萨克斯坦之间的关税联盟发展起来的一个项目。他告诉我，"我们面对的是观念、模式的冲突，更具吸引力的模式将成为最终的赢家"。这里的人们支持俄罗斯的思想和生活方式。人们不太关心物质，更在意的是模式。那些思想最活跃、想象力最丰富的人将成为赢家。

回到摩尔多瓦首都基希讷乌，我与摩尔多瓦共和国首任总统米尔恰·扬·斯涅古尔（Mircea Snegur）在乔利阿龙酒店（Jolly Alon）的一间私人房间共进午餐。他递给我一本厚厚的回忆录，讲述了独立后最初两年的关键时期的历史，包括德涅斯特河沿岸的军事冲突，并谨慎地告诉我俄罗斯对这个分裂地区的最终目标。斯涅古尔将其视为一面镜子，反映俄罗斯灵魂在道德和政治上的腐败等全部真相。在德涅斯特河沿岸地区，当代俄罗斯政权的两面性清晰可见：依赖洗钱的寡头政治体系，以及为一场更大范围的冲突制订永久性计划的军方——在这场冲突中，被占领地区可能充当先头部队。斯涅古尔仍希望摩尔多瓦拥有欧洲的未来，但欧洲并不存在于真空中，它是一个与有形的、危险的选择相对的另一种选择。在我准备离开的时候，他对我说，即使是中国的长城，也没有俄罗斯人心灵的墙壁那么高，那么不可逾越。

2003 年，弗拉基米尔·普京的亲密盟友德米特里·科扎克（Dmitry Kozak）提出了摩尔多瓦联邦共和国宪法草案，旨在解决德涅斯特河沿岸地区的问题，实际上是确保俄罗斯对摩尔多瓦政治的控制。新的联邦将包括一个联邦领土和两个联邦主体：德涅斯特河沿岸和加告兹（Gagauzia）。加告兹是摩尔多瓦的一个自治区，具有鲜明的民族构成。至关重要的是，该提案在联邦和两个联邦共和国之间设置了大量共同的权限。所有的法律都必须在更高的立法院或参议院通过，投票将不成比例地偏向德涅斯特河州和加戈齐亚州，这两个州的参议员加起来占总数的一半。与欧盟的一体化进程很容易被德涅斯特河沿岸地区所阻碍，也很容易被俄罗斯所阻碍。

摩尔多瓦总统沃罗宁（Voronin）最初支持这一提案，但全国各地，特别是基希讷乌的广泛抗议，加上美国和欧盟的公开反对，使他犹豫不决，最终改变了主意。普京原定于12月下旬访问摩尔多瓦，当时已经确定届时将签署科扎克的提案。但是后来访问取消了。一个特别的症结是俄罗斯是否会保持其军事部署，这对俄罗斯和德涅斯特河沿岸共和国都是不可谈判的，但对摩尔多瓦更广泛的民意来讲，这似乎不是解决问题的办法。当时，米尔恰·斯涅古尔公开表示，拟议的两院制议会制度将使摩尔多瓦成为一个失败的国家。

科扎克备忘录，即"实现国家统一框架基

础原则备忘录"特别重要，因为它为后来在乌克兰发生的冲突提供了模板。2015 年 2 月，双方达成了一项非常不稳定和有限的停火协议，双方最后商定的协议中谈到了乌克兰东部两个分裂主义共和国未来的特殊地位，俄罗斯特勤局和常规部队一直驻扎在那里，现在仍驻扎在那里。《明斯克协议》第十一条规定，乌克兰应通过一项法律，为被占领的领土提供特殊地位。摩尔多瓦局势和乌克兰局势的明显不同之处在于，乌克兰的冲突继续造成每周，往往是每天的伤亡，并可能变得更加激烈，包括可能越过冲突线，但是几乎或根本不会引起注意。在我的任期内，我注意到这样一种模式，即停火之后可能很快就会出现威胁，促使克里姆林宫向柏林、巴黎和布鲁塞尔发出呼吁，要求基辅必须给予被占领地区政治自治权，否则将承担后果。这些呼吁随后被报告给乌克兰总统，要求其屈服的压力越来越大。

欧洲和俄罗斯的边境地区越来越像黑暗和混乱的地区，这并非巧合。这些领域仍然在两种政治秩序概念之间保持平衡，而这种平衡之所以能保持就是因为没有纳入任何一种概念，从而在政治上保持无定形。俄罗斯当然只从这些方面来看待自己的任务，并试图制造一块空白的画布，作为其重绘蓝图的第一步。从一种政治秩序概念到另一种政治秩序概念，任何一条道路都要先经过一种混乱状态。

5. 新的战争

在过去，竞争与冲突会明确表现为战争状态或者和平状态，但是现在这种明显的区分已经不复存在。我们这个时代的冲突源于深度的融合。各方因为政治、经济和技术联系太紧密，以至于无法划定明确的边界，在某种程度上，每个人都在敌营内部，并试图从内部削弱其力量。冲突的形象不再是战士之间的战斗，而是物种之间为同一个生态系统而竞争，相互竞争的各种力量同时也是整个生态系统的一部分。而武器往往是潜伏的，就像物种在竞争时，错误的信号、模仿、欺骗、毒药、物竞天择，通过直接进入对方重要的流动组织或破坏其神经组织来消耗其能量。如果行为人是同一系统的一部分，而且他们相互依赖、相互影响，那么与其采用更具破坏性的冲突形式公开对抗其他行为人，不如操纵和削弱其他行为人，让他们以某种方式行事，这样或许能获得更多利益。

实现政治和战略目标的非军事手段的作用越来越大，在许多情况下，它们的效力实际上超过了武器的威力。其中大多数都是经过考验的老办法，但经济全球化和深入全球网络的发展使它们具有更大的相关性和效力。现在可以利用信息技术和互联网开辟新的冲突前线，网络攻击或黑客入侵信息系统以搜集和传播信息。其他非军事手段包括在其他国家购买基础设施、贿赂或敲诈外国官员，以及操纵能源流动或能源价格，所有这些都在全球经济一体化中被放大。在 2016 年 12 月一次罕见的演讲中，英国秘密情报局（MI6）局长提出了一个基本观点，他认为"处于全球化核心的互联互通可能被怀有敌意的国家利用，从而进一步实现其不被认可的目标"。他们通过网络攻击、宣传或颠覆民主进程等多种手段来达到目的。

几个月前，在难民危机最严重的时候，美国

及北约联合部队驻欧洲最高指挥官菲利普·布里德洛夫（Philip Breedlove）做出了不同寻常的声明，称俄罗斯正在煽动大批难民逃离叙利亚，以此作为对抗欧盟的武器。2016年3月，他在华盛顿的一次参议院会议上表示，俄罗斯故意将移民武器化，企图颠覆欧洲的结构。这项指控已经私下流传了将近一年。由于全球化已经侵蚀了国家间的固定边界，公开这一事实似乎标志着人们对于安全问题的认识已经发生了深刻的变化。快速的通信使许多事实集中浮出水面：难民流动激增、欧洲联盟倡导的"普世"人权文化、俄罗斯重新发现去海外部署军事力量的能力。在全球化的世界中，互动水平的提高使得从内部削弱对手变得更加容易和有效。在这种情况下，即使某个目标只是次要的，俄罗斯也可以利用对叙利亚平民居住区的大规模轰炸来增加难民流动，造成欧洲国家之间的分裂，削弱德国的领导力。当然，这样做的目的是让欧洲更难抵制俄罗斯在边境地区（尤其是乌克兰）的不断扩张。欧洲人突然意识到，动摇欧盟的系统性危机可能是由其他国家煽动的。

我们过去习惯于将卷入冲突的独立国家与发展深层融合的国家进行对比，现在我们认识到这两种模式正在合并为一种模式。一体化是不可避免的，但是它可以根据不同的交互模式进行。它本质上具有竞争力，需要被接受。

不仅仅是欧洲处于孤立主义和普遍主义两个极端之间，孤立主义和普遍主义是自然趋势，同样适用于俄罗斯和中国。毕竟，如果人们不能按照自己的想法塑造整个世界，他们可能会选择塑造一个有边界的范围。但这两种趋势都无法实现，它们都与政治现实相冲突。欧洲人曾相信，以单一模式组织整个世界是大势所趋，现在看来，这种观点对欧洲人来说是难以置信的。相反地，俄罗斯和中国曾有条不紊地奉行闭关锁国政策，追求独自发展的国家模式，但现在这种模式对俄罗斯和中国也没有吸引力了。这就是为什么"欧亚大陆"不是一个地理名词，而是一个政治名词，它指明了摆脱困境的道路。它在代理和结构之间进行了折中。该词的两个组成部分（Eur 和 asia）指向欧洲和亚洲两个主体，而这两个主体的综合体（Eurasia）使欧洲和亚洲意识到，他们必须在欧亚大陆这个大的外部环境中活动，并不断尝试以各自的理念塑造共享的框架。

当俄罗斯和中国各自开发新的、庞大的一体化项目时，它们有一个基本目标，就是向欧洲人展示，欧洲几十年来的一体化项目只是众多一体化项目中的一个，并非受益于特殊的渴望，而是普遍的追求。但是，如果这一基本目标成功实现了，并且超出了最乐观的预期，那是因为欧盟已经，而且在很大程度上是主动地在其边界内撤退了。欧元区危机或许是其撤退的一个良好信号。它不仅迫使欧洲人将目光转向国内，将几乎所有注意力集中在改革欧元区规则和机构上，还极大地削弱了欧洲的威望和软实力，因为它建立在经济繁荣、高效的协调和决策的基础之上。

因此，俄罗斯和中国都为各自下一个阶段的计划做好了准备。现在的目标不再仅仅是消除欧洲大厦庇护下的、普遍的自命不凡，而是为自己的项目树立这种自命不凡。以俄罗斯为例，如果你和莫斯科的决策者交谈，他们会告诉你，知道世界政治如何运作的是俄罗斯，而不是欧洲。欧洲人生活在他们自己想象的世界里，俄罗斯人生活在真实的世界里。欧洲人狭隘，俄罗斯人或多或少遵守强权政治的普遍规则。

在北京，对普遍性的主张同样引人注目。政策制定者告诉我，中国想要把过去 30 年来获得的东西回馈给这个世界。从学界那里，我听说中国正在积极发展能够吸引每一个人的价值观；就是关于人类发展和福祉的某个版本的理念，但是很容易被地球上的每一个国家所理解和吸收，这是人权和民主理念所做不到的。

原则上，欧盟将自己视为一个全球行动者，尤其擅长处理全球化的挑战。在全球化中，多边主义和国际准则的合法性已成为外交政策的主要工具。由于它代表了第一个和最雄心勃勃的战后一体化项目，它也往往怀有一种最危险的误解，即认为国际一体化只有一种模式，因此世界任何地方的任何此类项目基本上都追求相同的目标。通过国际一体化的语言表达地缘政治倡议，俄罗斯和中国的反应必然与欧盟的预期一致。这些倡议与欧盟自身的一体化逻辑一致，甚至完全相同，因此从未与欧盟的地缘政治利益发生冲突。最近一篇关于欧亚一体化的论文建议欧洲去尝试借鉴其他倡议，以发展自己的市场流程和技术专长。"中国和俄罗斯只是在为广泛的多边一体化而努力，所以选择在欧盟的地盘上展开竞争。欧洲政策制定者不必担心与这些倡议开展合作。"[7]这里的信念是，只有欧洲模式才能玩一体化游戏。

相反的趋势也很强大，而且同样具有误导性。欧洲人越来越相信，外部世界是他们所有问题的根源，因此，能够将欧盟政治从这些外部干扰中孤立出来的战略是确保长期稳定的唯一途径。以金融危机为例，许多人仍将其视为美国独有的现象。事实上，中国贸易顺差和相应的储蓄过剩的影响可能更为重要——中国扩大生产导致了巨额贸易和经常性的账户赤字，因此美国的经济增长不得不通过信贷泡沫来维持。大西洋两岸的金融一体化程度如此之高，以至于信贷泡沫破裂时，欧洲不可避免地遭受损失。如果欧盟对全球金融流动实施某种形式的控制，这场危机最严重的时刻是否可以避免？后来在乌克兰问题上再次提出了同样的观点。许多欧洲人认为，乌克兰与雄心勃勃的欧盟外交政策过度纠缠在一起。更明显的是，叙利亚难民的激增被归咎于欧盟无力控制自己的边境。最后的两个例子似乎证明，放松欧洲和亚洲之间传统上牢固的分离是愚蠢的，因为亚洲与过去几个世纪一样，仍然是导致巨大不稳定和动荡的根源。

这显然是有一定道理的，但并非人们起初认为的那么绝对。如果欧盟的目标是管理边界人员流动，那么就不能将边界视为封闭的限制。边界是过渡点，需要从人员流动的出发地，也就是欧盟以外的领土，进行管理。国内外政治之间往往存在着一种时间关系。在这种关系中，积极的外交政策没有解决的危机和挑战随后会在国内出现。如果欧盟近年来从稳定因素的出口国转变为不稳定因素的进口国，那很可能是因为它没有认真对待前一个角色。即使欧洲想要重复冷战时期的遏制模式，它也不再适用于一个联系日益紧密的世界。当前，边界不再是国家行动的障碍，成功的国家完全能够在全球几乎任何地方投射自己的力量。

第三章　新欧亚超级大陆

1. 综上所得观点

欧亚棋盘包括三个主要棋手，分别位于棋盘的西部、东部和中部。是否可以孤立地理解这三个关键角色？答案显然是否定的。让我们从中部的俄罗斯开始吧。讨论俄罗斯时，我们不得不考虑它在欧洲和亚洲两极之间摇摆的强大动力，就像它的国徽上的双头帝国鹰同时朝相反的方向看一样。俄罗斯会被纳入不断扩张的欧洲轨道吗？在苏联解体后的某一时刻，这看起来或多或少是不可避免的。现在，这在现实中可能已经成为不可能。政治学家谢尔盖·卡拉加诺夫（Sergey Karaganov）在谈到可能的文明转变时表示:"在俄罗斯人的心目中,亚洲一直与落后、贫穷和无法无天联系在一起,如今亚洲正成为成功的象征。"[1]这与之前的观点截然不同。1856~1862年担任高加索地区总督的巴里亚京斯基(Baryatinsky)陆军元帅向沙皇传达的观点是:"众所周知,俄罗斯与亚洲的关系就像欧洲与俄罗斯的关系一样,俄罗斯是文明的辐射源。"[2]在今天的莫斯科,这个想法会引来笑声。

所以这些棋手开始行动、交涉。[3]

莫斯科提出的一个论点是,威胁俄罗斯和欧洲的不稳定弧线不再是局部地区,而是从阿富汗延伸至北非整个区域。这些地区几十年来动荡不安,安全威胁层出不穷,需要建立新的安全架构。这个架构不再局限于欧洲或亚洲,而是跨越欧亚两大洲。正如卡拉加诺夫所说:"如果在给定的环境中无法解决问题,那就需要超越这个环境。"[4]

这条弧形的领土与伊斯兰世界的核心区域大体一致。伊斯兰世界在18、19世纪衰落,引发了英国和俄罗斯就亚洲地区霸权的长期争吵。

政治上的无政府状态和丰富的能源已经成为破坏稳定的流动源，横跨欧亚大陆并向各个方向延伸。能源供养着这个超级大陆东西海岸的重工业区，也导致各地区为获取和控制能源进行激烈的地缘政治竞争。极具破坏性的内战和外国的干预使数百万新难民涌向约旦、黎巴嫩、土耳其和欧盟。最后，伊斯兰各个强大的政治派别将自己置身于一场不顾国界、视欧洲为主要目标的全球大火之中。

因此，欧亚棋盘是由三个主要参与者和一个流动地区组成的。这个流动地区是它们用来巩固各自的权力并破坏其他参与者的稳定的区域。然而，欧亚一体化对中国、俄罗斯和欧盟有着不同的意义。俄罗斯对于建立大欧亚的系列计划更加开放和明确。2016 年 6 月，弗拉基米尔·普京又回到了这些计划上，在俄罗斯举行的一次经济会议上概述了一个"大欧亚"愿景。该愿景旨在团结亚洲主要国家，但也明确表示向欧洲开放。俄罗斯认为，其最大的战略挑战是避免成为地缘政治思想家、前美国外交官兹比格涅夫·布热津斯基（Zbigniew

Brzezinski）所称的欧洲和中国之间的"黑洞"。[5]
任何弥合两极之间物质和意识形态距离的尝试，
都将迫使它们向俄罗斯靠拢。莫斯科尤其感兴
趣的是，如果欧盟更容易受到东方的政治和意
识形态的影响，那么未来对于欧洲价值观的僵
化解读可能被淡化。如果欧盟拒绝进一步推进
欧亚一体化，该项目可能仍会继续进行，包括
那些非欧盟成员国的欧洲国家。

说到欧洲，情况可能会有所不同。毕竟，
欧洲国家几十年来一直致力于自己的一体化项
目。这是否意味着欧洲政治的基本尺度是欧洲
本身？

并非如此。每当我们对欧盟采取严格的欧
洲方法时，该项目就会面临压力。不同国家之
间的差异就会显得太大，对共同办法的需要就
会显得太弱。可以说，只有当我们扩大领域范
围时，欧洲的计划才能实现。难道不是苏联平
等地威胁着欧洲各国人民，从而使他们的争吵
显得琐碎而做作吗？为什么我们最终必须以一
个更大的政治和经济单位来取代旧的欧洲国家？
因为作为民族国家，它们无法在欧亚棋盘上与

规模远远超过它们的其他关键国家竞争。我们越是朝着一个由大国组成的多极世界迈进，欧洲国家就越必须认识到，它们根本不可能与中国和印度等国家平等相处。欧洲只是由一些小国组成，其中一些国家非常清楚这一点，另一些国家尚未完全接受这一事实。法国社会学家雷蒙·阿隆（Raymond Aron）在1945年之后不久就写道，如果西欧想成为20世纪的巨人，那么至少从大西洋到易北河的国家或地区需要整合为一体。[6] 他还指出纳粹德国采用的就是越大越好这种理论。正如阿隆所承认的，这种理论有一定的道理。事实上，纳粹党人已经转变成欧亚地缘政治的一种形式，这激发了他们殖民俄国广袤土地和大草原的梦想。他们也许相信，只有一个超级大陆规模的帝国才能在技术时代生存下来，但实验的恐怖和失败表明，任何这样的项目都不可能也不应该在国家或民族的基础上进行尝试。[7]

当然，欧亚大陆成为一个一体化空间的主要原因之一是新兴大国的崛起，它们雄心勃勃的利益远远超出国界，并以日益复杂的模式交织在一起。中国的崛起伴随着俄罗斯日益增长的野心，以及欧洲政治联盟运动的停滞。在这个复杂的体系中，我们必须加上南亚的印度。在 21 世纪晚些时候印度必然崛起为一个大国，成为第四个关键角色。同时不要忘记日本的作用，以及伊朗日益增强的向外投射力量的能力。在这个超级大陆的一端发生的事情现在会对另一端产生直接影响。

当今，如果只有把欧亚大陆看作一个整体时，才能把俄罗斯和欧洲联系起来，那么中国似乎也是如此，尽管是以一种不同的、微妙的方式进行联系。随着中国的不断崛起——大多数中国人更喜欢说"复兴"——中美两国在国际实力的各个方面逐渐接近平等。这种中美共治的世界形象有一个明显的推论：中国必须成为欧亚大陆的主导力量核心，对这个超级大陆施加一种软霸权，以抗衡美国的影响力，或许有一天会取代美国的影响力。[8]

我们向来把欧洲和亚洲视为两个独立的实体，但是不出 20 年，这种习惯就会被不可避免的现实取而代之——我们会把欧亚大陆视为一个单一的政治经济空间。我无法预测的是，这个欧亚超级大陆将会是什么样子——因为它在政治决策和行动上仍然具有开放性。欧亚统一的倡议是东方提出的，还是西方提出的？它会是一个更大版本（至少在某些基本方面）的欧盟吗？或者欧盟是否会发生巨大的变化以适应新兴的政治抽象概念和普世价值观念？也就是俄罗斯和中国都在积极发展和宣传的那些新概念和价值观。欧洲人应该保持警惕，不要以为历史永远站在自己这边，不要像奥斯曼帝国那样，把"永恒国家"的口号太当真，没有意识到现代欧洲社会的优越活力及其崛起。当前是一个关键时刻，构造板块已经开始移动。我们需要利用一切资源来平衡这一运动，使这些板块尽可能平稳地结合在一起。

此外，这三个关键角色几乎都是由于其独特的抽象政治概念而被迫寻求尽可能广泛的概念应用。诚然，这种新的普适精神不是哲学家、作家或艺术家的精神，但它仍然是一种普适精神，现在从里斯本到上海都共享了这种精神。正是经济学精神、技术和技术进步把我们推向越来越大的规模和越来越客观的规则，实际上打破了所有的物理距离感。

每一个主要行动者在新世界秩序的塑造中都发挥着具体的作用。俄罗斯似乎受益于其悠久的传统，擅长对欧洲和亚洲之间的旧分歧以及如何克服这种分歧进行理性反思。毫无疑问，中国在减少或消除欧亚大陆进一步一体化的有形障碍方面发挥了最大的作用。至于欧洲，其作用仍不明确。一方面，几个世纪以来，它一直是全球化的驱动轮。另一方面，它深深信奉这样一种世界观，即欧洲大陆得益于特权地位，并且它倾向于抵制一切淡化其与超级大陆其他地区之间界限的企图，虽然这种界限是人为的、深刻的。

在2010年的一次会议上，时任俄罗斯总理的普京呼吁建立从里斯本到符拉迪沃斯托克的经济共同体，实现经济的真正和谐统一，包括先进的一体化形式和共同的产业政策。不出所料，欧盟很快就误解了这一想法。时至今日，人们仍能听到许多欧盟理事会会议上表达的对建立欧洲大陆自由贸易区的旧提议的渴望。按照这一提议，普京的呼吁应该最接近欧盟的理想、方法和目标。在布鲁塞尔，这一想法被视为向欧洲价值观的微妙转变。

当然，事实恰恰相反。毕竟，正是在这次演讲中，普京发表了非同寻常的言论，称俄罗斯的南北天然气管道将使欧洲"获得一个多样化、灵活的天然气供应系统"。就像许多欧洲国家几年前才了解到的那样，来自俄罗斯的天然气供应既不安全也不多样化，而这些新管道，尤其是如果它们结合起来的话，看起来就像一对准备挤压欧洲的巨型钳子。通过捍卫从里斯本到符拉迪沃斯托克的经济共同体，普京只是为传统的俄罗斯地缘政治及其青睐的理论提供了形式。根据克里姆林宫的理论，只有当欧洲和亚洲被视为一体时，俄罗斯才能扩大其对整个欧洲和亚洲的影响力。俄罗斯对亚洲来说永远太欧洲化，对欧洲来说永远太亚洲化，但在欧亚大陆，它可以感到宾至如归。

最近，俄罗斯外交部决定做出一些改变。在其战略计划和官方声明中，俄罗斯故意用上海甚至雅加达替代符拉迪沃斯托克，作为新超级大陆的最东端城市。中国本身也越来越接受欧亚一体化，主要是通过一项振兴旧丝绸之路的计划。这对北京至关重要。只有在保证原材料供应、获得资本投资新渠道、鼓励中西部地区发展的前提下，中国的经济发展才能有坚实的基础。这三个战略目标都将通过向中亚和欧洲的经济延伸来实现。这个过程才刚刚开始。

在这片广袤的大陆上，欧洲不过是一个外围半岛。毫无疑问，这是俄罗斯和中国进行计算的基础。他们在一个至关重要的方面是正确的：在全球化大背景下，欧洲和亚洲是无法被人为地分离的。现代地缘政治学之父哈尔福德·麦金德在 1919 年指出，即便是撒哈拉沙漠和喜马拉雅山脉这种天然边疆，也无法阻挡亚洲与欧洲的融合。非常有趣的是，他还提出，我们之所以从来不认为亚洲和欧洲是一个大陆，是因为水手们无法环绕它航行。[9]

2. 两个大洋的传说

麦金德说北极的冰冻水域帮助我们形成了一些最基本的地理直觉，他说的很对。欧洲和亚洲之间的现代贸易和文化联系是在非洲南端建立起来的，这一事实加深了两大洲之间心理上的分歧，而环绕地球航行比环绕欧亚大陆航行更容易的事实仍然具有重大影响。就连这个残酷的地理事实也可能即将发生改变，因此这是引人深思的。

世界大多数地区可能都把全球变暖视为终极生存威胁，但在北极地区，人们公开讨论这一问题，认为这是一个机会，可以将这片冰冻的水域转变成一条连接欧洲和亚洲的充满活力的新航道。很少有其他转变能如此彻底和壮观。想象一下，50 年后去北极，发现那里是一大片人口稠密的大城市，连接着世界上最繁忙的海上航线。也许到处都是海滨度假村和游客，夏季的海滩上还可以全天候享受日光浴。北部海上航线比经由苏伊士运河的南部航线短 37%，即 7400 公里，因此，至少在理论上，它是目前主导全球贸易航线的一个非常诱人的替代选择。

2017 年，"克里斯托夫·德马尔热里号"（Christophe de Margerie）成为有史以来第一艘破冰的液化天然气运输船。该船可在没有任何破冰支援的情况下独立破冰，从亚马尔半岛出发沿北海航线航行，穿过白令海峡，向南至日本和中国，成功输送了液化天然气。早在2010年，"蒙切戈尔斯克号"（Monchegorsk）就已经成为第一艘在没有破冰船协助的情况下独立完成全程航行的货船。我们可能正在接近这样一个点，即在商船破冰性能方面的额外投资比提供破冰船护航服务更具成本效益。到那时，航运将只是全球变暖带来的新商机之一。不属于任何国家管辖的北极中心地区（260万平方公里）或将成为地球上未经开发的主要渔业地区。

2011年，普京在白海港口城市阿尔汉格尔斯克（Arkhangelsk）的一次会议上告诉与会者，俄罗斯将大力投资北极地区，勇敢挑战传统的贸易航线。也许不同的国家和城市将很快开始竞争，以吸引投资和人员关注新的贸易航线。北极会有首都吗？在《超级版图：全球供应链、超级城市与新商业文明的崛起》（Connectography: Mapping the Global Network Revolution）一书中，作者帕拉格·

康纳（Parag Khanna）认为挪威的希尔克内斯（Kirkenes）可能是这一角色的最佳选择，但是俄罗斯的摩尔曼斯克（Murmansk）也有着相当大的优势。摩尔曼斯克位于东南部200公里处，始建于1916年，它是迄今为止北极圈内最大的定居点。2016年，该港口处理的货物超过3000万吨，比2015年增加了50%。

当然，目前连接欧亚超级大陆的大洋是印度洋。在我们这个时代，许多最重要的问题将在这条人口稠密的海岸线和繁忙的航道上得到解决：伊斯兰教与其欧洲和亚洲邻国之间的关系、全球贸易的增长和能源安全的斗争、印度和中国就21世纪经济成就最令人瞩目的国家的竞争。在西方，苏伊士运河传统上被视为通往欧洲的海上大门，东部的马六甲海峡可以打开或关闭通往中国和日本的航线。尽管印度洋迅速成为世界上最重要的水体，但它也日益成为不同行为体之间竞争的焦点，虽然没有一个行为体能够发挥霸权作用。

作为一个海上强国，印度可以成为这个新超级大陆两端之间的中心节点。考虑到两国的规模和邻近性,中国和印度必定会发展全球最大的贸易关系,这必须基于印度洋沿岸的巨大基础设施规划。同样,如果在未来几十年,中美之间发生海上冲突,由于其更重要的战略意义,冲突更有可能集中在印度洋而不是太平洋。在这种情况下,印度和印度海军将是一个决定性因素。

大西洋或太平洋从北到南就像宽阔的公路一样,印度洋则有所不同。印度洋的特点是三面环陆,形成了许多咽喉要道,对国际贸易和能源安全至关重要。印度海事学说认识到,这些咽喉点是潜在破坏的源头,也是控制的杠杆。在马六甲海峡东部,巽他海峡和龙目海峡形成了一道天然屏障,抵御中国的海上力量。在马六甲海峡西部,最繁忙的海上通道穿过霍尔木兹海峡,进入波斯湾及其沿海地区。波斯湾是印度石油和天然气供应的主要来源,居住着大约 700 万移居海外的印度人。有分析人士将安达曼－尼科巴群岛(由 244 个岛屿构成)描述为可以封锁马六甲海峡西部出口的"铁链"。观察人士预测,未来将会出现关于印度洋控制权的竞争，而印度洋是欧亚大陆北部的镜像。对他们来说，印度正在发展其整体能力，以实施"东进""西出""南下"战略。"东进"即挺进中国南海和太平洋；"西出"即穿过红海和苏伊士运河进入地中海；"南下"即向南延伸至好望角和大西洋。[10] 2016 年的新闻报道称，印度和日本秘密计划在尼科巴群岛的英迪拉点和苏门答腊岛北端的班达亚齐之间的海堤安装水听器，旨在跟踪水下运动，并有效堵住中国潜艇进入印度洋的通道。

我们应该如何认真地看待印度洋是新欧亚超级大陆的镜像这一说法？罗伯特·卡普兰（Robert Kaplan）写了一本书，书中提到印度洋的出现是一个统一的超级大陆的早期预兆，这要归功于季风及其推动的快速海上航线。在这个大陆上，文化影响传播广泛，可以在最意想不到的地方发现。例如，阿曼马斯喀特的露天市场上有来自拉贾斯坦邦和海德拉巴的印度教社区；葡萄牙有两座古老的堡垒，让人想起葡萄牙统治海洋的时代；男士的刺绣帽子其实是受到了桑给巴尔和俾路支省的影响；中国瓷器随处可见；面包师有来自也门的，也有来自伊朗的；在海滩上放风筝的女人穿着罩袍，就像在阿富汗一样。正如卡普兰所说："海洋构成了一张贸易航线网，与我们今天的世界似乎有些相像。今天的世界是一张商业与文化互联的网络。"[11] 这个互通互联的印度洋世界的最好形象，一定是蒙古人时期的一个港口。在那里，挂着大三角帆的独桅帆船从红海驶来，快速帆船从马来西亚和印度尼西亚驶来，巨大的中国平底帆船并排停泊。随后葡萄牙的轻快帆船来了。

到了 9 世纪，波斯湾和中国广东之间已经建立了贸易通道。在葡萄牙地理大发现之前，它一直是常规使用的最长的海上航线。阿拉伯商人穿过海洋，到达印度南部马拉巴尔海岸的奎隆港，然后绕过印度次大陆的南端，前往马六甲海峡和北边的中国。从地理事实上也许可以猜到，南印度海岸是两个不同世界的交界处。西南部的马拉巴尔与中东有着特殊的亲缘关系。穆斯林的影响力很强，许多当地商人都遵从阿拉伯文化，使用阿拉伯语。东部的科罗曼德尔的主流宗教是印度教，同时也受到佛教和中国文化的影响。从9世纪或更早之前开始，奎隆港就是阿拉伯船只的停靠港，但随着时间的推移，它也成了中国商人的重要目的地。伊拉克萨马拉市的星期五清真寺是一座宏伟的建筑，但是华人社区并不是无足轻重的。有一次当地人还帮助了遭遇海难的中国朝廷使节。往北不远是卡利卡特，当地的水手是中国移民的后裔，他们被称为"中国之子"。[12]

从15世纪初开始，我们目睹了全球化的独特节奏，欧洲、伊斯兰国家和中国开始将自己视为同一个世界的一部分。

> 就像大草原上的骑士会在脑海中记录无尽的草原，沙漠中赶骆驼的人知道绿洲之间最安全的路线，航海家也记得方向、关键的引航标志，以及其他对安全返回至关重要的细节。[13]

这些关于路线的交流实际上比文化或民族交流更为基本。如果说超级大陆遥远角落的个别文化在不同时期得到非常高水平的发展和完善，那是文化交流、竞争和模仿的结果，同时利用了三个相互联系的地理因素。在南部，主要是利用海洋和季风；在北部，大草原是连接中国东北地区和匈牙利平原的一条天然的、不间断的公路，全长近 1 万公里。途经山脉和沙漠，道路会比较曲折，不时有休息站和补给站，为商队、小城镇和像奥特拉尔或撒马尔罕这样的大型贸易大都市提供补给。

3. 地图和领土

整体只是相对于部分的一个整体，部分只是相对于整体的部分。谈到世界政治，这意味着我们对整体的看法将永远影响我们对各个部分的理解。如果你对全球秩序的看法是欧洲处于中心地位，那么世界其他地区将以该中心的辐射距离来组织。甚至连旅行者也只会发现始发地的遥远回声和苍白映射，不可能产生任何对不同地区和文化的真正理解。我们的目标不应该是从一个部分的角度看整体，而应该从整体的角度看每个部分。这种心理习惯源于地图集和地图的研究。地图集和地图上的每个点都是通过参考所有其他点来确定和定位的，我们必须以一个外部的、更超然的、更客观的视角去考量。同时，我们只有从地图描绘的地方返回、理解每个细节背后的完整含义，并在平面上投射记忆中的图像之后，才能完成一张地图。

历史表明，世界体系的各个部分没有自然的组织方式。这个体系既没有任何内在的保持静止的倾向，也没有任何部分以特定模式稳定下来的倾向。过去许多时候，权力的钟摆在这一体系的两极之间是完全平衡的，没有内在的历史必然性决定某个国家会获得霸权地位。欧洲在 16 世纪取得了胜利，取代中东成为世界体系的核心，但这一事实不能用来说明只有欧洲文化和制度才能取得成功。事实上，正如一位历史学家所指出的那样，欧洲甚至不需要发明这种体系也能取得成功。因为早在 13 世纪，该体系必要的基础就已经建立起来了，而那时的欧洲人还生活在遥远的边缘地区。[14] 后来里斯本、阿姆斯特丹和伦敦相继成为该体系的基石，这其实是一种偶然，本来也很可能是开罗、大不里士或杭州。

本书的第二部分将以新超级大陆的主要政治因素为主题进行研究。这个更有针对性的观点将有助于我们理解本章中提出的一些一般性观点。如果没有理解这些一般性观点和上面的观点，那就无法理解接下来的观点。每一段旅程都是螺旋式的：从你已经拥有的知识开始，用它来解释你在旅途中发现的东西，但在你前进的过程中，也要同样开放地更正或完善你的知识。从这个意义上说，每一段旅程都是无止境的。

读者可能想知道，当代世界是否像本书中所描述的那样充满了矛盾和差异。我相信是这样的。如果从过去的角度来看，那么世界就是历史和故事的总和，每一个故事都按照自己的逻辑向前发展，就像独立的小说或史诗一样。如果从未来的角度考虑这个问题，还是一样的。没有哪个社会愿意把自己看作复制品。如果可以，我们都希望在地球上开辟自己的道路，这一真理同样适用于个人和政治社会。如果差异不存在，或者已经消失，那么它会被重新创造出来。

事实上，我们完全有理由认为，后来截然不同的地中海文明和中国古代文明都起源于美索不达米亚世界。这显然是一个趋异的历史案例，与我们的趋同信念背道而驰。也许有一天，人类将试验各种可能性，并具备完整的知识，但这一天还在遥远的未来。

让我们开始这段旅程吧，在此期间，我们将有机会重温本书第一部分中讨论的许多想法。旅程的起点不应是超级大陆的任何一端，即欧洲或亚洲，而应尽可能在其中间，在媒体报道中，在许多事情的中间。

第二部分　旅行

第四章　寻找中心

1. 遗失的阿塞拜疆部落

20 多年前，我在巴库的邻居在卡拉巴赫进行了战斗，那是在阿塞拜疆和亚美尼亚公开发生冲突的最后几个月，目的是争夺卡拉巴赫省的控制权。尽管在斯大林时期，卡拉巴赫省属于阿塞拜疆苏维埃社会主义共和国，但是该省人口中绝大多数是亚美尼亚人。两国都将卡拉巴赫视为其国家历史的核心。在苏联衰落的日子里，亚美尼亚人意识到有机会从阿塞拜疆当局手中夺取该省的控制权，因此战争变得不可避免。

我在阿塞拜疆的首都巴库住了几个星期，

鲁斯塔姆（Rustam）就住在我隔壁的公寓里。最近几天，他不断接到一些老战友的电话，这些人此时正在叙利亚为阿萨德政权作战，以换取丰厚的津贴。但是鲁斯塔姆和哈尔科夫的一位乌克兰人结婚了，还有了一个女儿，他非常热爱现在的生活，并不想考虑老战友的提议。一天晚上，也许是在这些电话的提示下，他慢慢地回忆起在美丽但危险的山丘上进行的近距离战斗的恐怖细节，然后他给我讲了一个故事，他一定认为这个故事概括了所有的恐怖。当时在山上逮捕了三名亚美尼亚士兵——一位父亲和他的两个儿子。指挥官说他可以对他们随心所欲地做任何事情。他主动提出可以让其中一名士兵走，只要他们三个都同意让那一名士兵走。两兄弟选择了他们的父亲，但父亲无法选择任何一个儿子，更不用说拯救自己了。

"你觉得我做了什么？"

我想，鲁斯塔姆是想让我明白，即使在最糟糕的时候，人类也能生存下来，所以我回答说，他一定是决定释放这三个人。

鲁斯塔姆看了我一会儿，笑了。

"我的朋友，旅行之后你得去看医生。亚美尼亚人杀了我的兄弟和朋友，我会让他们离开吗？"

1993 年底，由于在军事方面屡屡挫败，新当选的阿塞拜疆总统海达尔·阿利耶夫（Heydar Aliyev）下令征召数万名没有军事经验的青少年，其中包括鲁斯塔姆。在达成停火之前，1994 年 12 月至 1995 年 5 月间有数千人丧生。直到今天，周期性的小规模冲突继续造成致命的伤亡，最近又出现了重新开战的威胁。2016 年 4 月有 200 多名士兵丧生，这是自 1994 年停火以来最严重的战斗。

"你释放了两个儿子？"

"不，我杀了他们三个。我给了他们一个选择的机会，但他们没有抓住机会。"

这就是阿塞拜疆。这个地方充满了令人不寒而栗的战争故事，即屠杀亚美尼亚少数民族的记忆。反过来，从亚美尼亚逃亡出来的阿塞拜疆难民也讲述了同胞被谋杀和强奸的悲惨故事。在阿塞拜疆，恐怖已经升华为歌曲和诗歌，被社会各阶层广泛传唱。某天晚上，我在一场爵士音乐会上看到了暴力与诗歌的结合，当时歌手塞芙达·伊莱伯扎得（Sevda Elekberzade）正在悲伤地唱着一首关于在拉钦失去爱人的歌曲。从歌词大意看，那也许是一首浪漫的歌曲，但是拉钦也是亚美尼亚在 1992 年占领的城市，所以当塞芙达唱到她是如何把自己的心留在拉钦时，观众感受到了非常真实的痛苦，无论是从个人层面讲，还是从政治层面讲。歌词中失去爱情是寓意失去的领土吗？或者，对于失去的城市的爱是为了掩盖更危险、更禁忌的事情吗？那天晚上，我在巴库最亲密的朋友告诉我，阿塞拜疆所有的歌曲都是关于两件事情：爱和土地。

阅读阿塞拜疆的历史，你会觉得它是世界历史的主要舞台，每个民族和每种文明都在这里短暂出现过，只是很快就消失了，如米底亚人、波斯人、马其顿人、罗马人、萨珊人、塞尔柱人、蒙古人、萨法维人、奥斯曼人、俄罗斯人。他们是阿塞拜疆历史的一部分，还是阿塞拜疆是他们历史的一部分？在阿塞拜疆，每个人都是某个失落世界的遥远的继承者，他的任务是保存那个世界的苍白形象。阿塞拜疆整个国家就像一个博物馆，每一件展品都代表着一个被遗忘的国家。

一天早上，我乘坐一辆公共小巴去了北方的库巴。尽管库巴是一个重要的城镇，但是大多数乘客是前往萨穆尔的边境，目的地是俄罗斯的达吉斯坦。在一个小公共汽车站，我上了一辆离我最近的出租车，说了两个词，很像密码：Qirmizi Qesebe（齐尔米兹齐斯贝村庄）。出租车司机会意地笑了笑，开过了一座横跨库底亚克河（Qudiyalcay River）的现代桥梁。几分钟后，他把我送到了齐尔米兹齐斯贝村庄的一个犹太教堂门口。

齐尔米兹齐斯贝村庄的特别之处并不在于它有一座犹太教堂（仅首都巴库就有三座犹太教堂。阿塞拜疆通过设立这些教堂，实现了与犹太教社区的融合，这是它引以为傲的事情，因为阿塞拜疆是一个什叶派穆斯林占多数的国家），而在于它是以色列之外唯一的犹太村庄。这里几乎每个人都是犹太人，仅有几户阿塞拜疆家庭。因为一些犹太村民在苏联放宽移民政策后去了以色列，所以随后迁入了一些阿塞拜疆家庭。村子里没有清真寺，几乎每家每户都自豪地展示着"大卫之星"（Star of David）。就像在俄罗斯帝国时期犹太人可以合法居住的旧的栅栏区（Pale of Settlement）的成百上千个村庄，齐尔米兹齐斯贝村庄从过去到现在依然是犹太人的村庄。所有其他村庄都消失了，但是齐尔米兹齐斯贝却幸存了下来。

攀登到足以俯瞰整个村庄的陡峭山坡上，就能看到犹太人的墓地。通过他们的墓地，你可以清楚完整地了解犹太人的历史。有些埋葬在这里的男人和女人活到了20世纪，但也有一些坟墓没有标明年代，而且看起来更古老。当我在村子里询问犹太人什么时候到达库巴时，得到的答案是三四个世纪以前。"我们先是在山上生活，后来我们下山来到了村庄里。"

这里的犹太人原先都是山地人。他们的腰部系着一把剑和一把手枪，胸前挂着弹药带。登山习惯或许比文化同化更能解释为什么在进入犹太教堂的那一刻，我觉得自己仿佛置身于一座清真寺：地上铺满了地毯，上面写着"进

屋前必须脱鞋"的禁令。正如巴库戈尔斯基
（Gorsky）犹太教堂的拉比后来跟我解释的那
样，你肯定不想穿着沾满泥浆的靴子进来。后
来禁令在巴库撤销了，但地毯仍然留在了那里，
作为社区的礼物。

我是在安息日到达齐尔米兹齐斯贝村庄的，
所以能看到那里的妇女穿着奢华的、传统的高
加索服装：一件衬裙，外面套着被称为戈巴
（goba）的华丽蓝色长袍，腰部很紧，两边袖子
从肘部以下是开口的。即使在平日，她们也会
戴头巾。

男人们聚集在村里的茶馆里，玩一种叫作
"纳德"（nard）的西洋双陆棋。墙上有一幅拼
贴画，画的是过去的拉比，可以追溯到大约两
个世纪以前。旁边是一张老照片，照片中是连
接两个社区的第一座桥梁，建于 1854 年。这一
定是一个重要的时刻，穆斯林和犹太人从此不
再因为强大的库底亚克河而被隔开。

但是村子里人烟稀少，如我所料。从 20
世纪 70 年代勃列日涅夫时期开始，就有一部
分人开始离开阿塞拜疆。1991 年阿塞拜疆独

立后，大批人都离开阿塞拜疆去了莫斯科或以色列，在那里他们可以找到好工作。有些人确实在国外发了财，在齐尔米兹齐斯贝建了豪宅，夏天时会回来住几个月。以色列的资金不断涌入，于是重建了最古老的犹太教堂（后来成为一座博物馆），并建造了一个宽敞的舍希塔（shechita）屠宰场。我在那里遇到了一群逃学的十几岁的男孩，他们试图躲避长辈，但是我没有看到或者根本不可能看到青壮年。在早晨的阳光下，这个村庄看起来平静而美丽，甚至几年后可能会快速中产阶级化，因为会有海外资金不断涌入。就像是风暴过后，大家终于能重整旗鼓、振作起来。在苏联时代之前，这个村庄至少有13座犹太教堂。现在只有两座教堂，但这两座比以往任何时候都更大，更富有。

阿塞拜疆是现代石油工业的诞生地，是一个埋藏着宝藏的国家。在这里，被遗忘的东西或许有更大的机会被保存下来。这些秘密大多是在日常交谈中暴露出来的。一天晚上，在老巴库的一家酒吧里，有人告诉了我另一个失落的部落的信息，说它就在一个叫作尼基（Nij）

的小村庄里，距离省会卡巴拉（Qabala）只有一小段车程。尼基村是世界上唯一的尤迪人（Udi）定居点。我开车去了那里，下车之后关上车门，我就被村中茶馆的一群人叫了过去，让我加入他们。即使以高加索地区的标准来衡量，他们的热情好客也是令人惊叹的。我来自一个古老的基督教国家，这或许有些帮助，因为尤迪人信仰基督教。大仲马在19世纪拜访过他们，称他们是地球上最神秘的人。尤迪人已经在尼基村居住了至少三千年了。在近几个世纪，尼基人的数量似乎一直保持在3000人左右。如同齐尔米兹齐斯贝一样，这里没有过去的痕迹。尼基村很大，因为村民的房子和三座基督教教堂一样，松散分布在方圆数英里的地方。尤迪人以饲养牛和猪（从当地屠户的一个大招牌上可以得知这里养猪），以及园艺为生。他们用葡萄或者黑加仑酿造葡萄酒。当然，他们也有自己的语言。高加索地区的一个村庄拥有一种独特的语言并不罕见，但是尤迪人的语言似乎与高加索地区其他现存语言没有任何联系，所以他们的语言应该是与过去有关。

我参观了村中三座教堂：乔塔里教堂（Jotari）、布伦教堂（Bulun）、盖伊教堂（Gey）。乔塔里教堂被修复得很漂亮，还有宗教绘画和书籍。布伦教堂比较靠近墓地，矗立在一片废墟中，有着高高的穹顶，依然是一座宏伟、高贵的建筑。当我回到村里的茶馆，给大家看我的照片时，一位老人指出了大天使米迦勒的壁画曾经在的地方，现在那些壁画已不为外人所知了。在祭坛的右边有一小块壁画，描绘的是一个蓄着胡须的先知。大门上方的牌匾是用古亚美尼亚文字写的，上面有一个亚美尼亚十字架，让人回想起俄罗斯东正教会

（Russian Orthodox Synod）任命亚美尼亚教会负责所有尤迪人教会的时代。最后我去参观了盖伊教堂。盖伊教堂的位置离村子中心最远。这座教堂也需要翻新。它旁边是一所学校，为当地儿童提供尤迪人语言和文化教学指导。

布伦教堂的庭院里经常有牛在吃草。教堂的门是关着的，但没有锁，所以可以进去。原先放祭坛的地方现在放着两个小沙箱，沙箱之间有一些蜡烛和火柴，沙箱上面用俄文写着点燃蜡烛的位置。左边的沙箱上面写着"为了生者的健康"，右边的沙箱写着"为了死者的安宁"。

阿塞拜疆的形状通常被描述为一只鹰，阿普歇伦半岛（Absheron Peninsula）伸到海里，就像鹰的喙。首都巴库就位于阿普歇伦半岛。在阿塞拜疆，阿普歇伦半岛在宗教信仰方面最为现代。我在两个大学生的带领下游览了阿普歇伦半岛。这两位大学生是一对姐妹，但她们在信仰上截然不同。其中一位是虔诚的什叶派教徒，能背诵所有的圣伊玛目的故事。另一位自称是无神论者，似乎从宗教学校毕业，却没有丝毫虔诚或受教的迹象。我们首先参观了半岛东端的布佐夫纳（Buzovna）。这里既有阿塞拜疆最奢华的海滩，也有最传统、最虔诚的社区，比如纳尔达兰（Nardaran）。纳尔达兰的妇女都穿着罩袍，可见伊朗的影响力越来越大。夏天时，在沙滩上穿着比基尼的当地寡头政治家的女儿们必须小心，海滩以西不能走得太远。因为再往内陆就到萨姆加伊特（Sumgayit）了，那里的逊尼派萨拉菲斯特最近已发展为一股新势力。

当你前往布佐夫纳的海边，穿过迷宫般的狭窄小巷，就进入一个名叫尼亚扎兰利（Nyazaranly）的区域，即拿撒勒区（Nazarene quarter）。拿撒勒人在犹太人和早期基督徒之间建立了联系，早期基督徒是耶稣的追随者，他们仍然非常接近犹太教。我的向导带我走到一座古老的寺庙，那里只剩下两个拱门。村民们至今仍在讲述如何在这里发现了一个基督教十字架，当时那十字架隐藏在一个不起眼的石膏盖里。这是一座早期的基督教寺庙，可以追溯到犹太人和基督徒在某种程度上仍然重叠的时期。当我们快到达塔尔萨皮尔（Tarsa Pir）寺庙时，我注意到地面上布满了破碎瓶子的玻璃碴。墙上钉满了钉子，钉子上挂着朝圣者留下的衣服。我还看到两名老妇人和一名茫然的小女孩绕着寺庙转了七圈，应该是这里的传统。所有这些仪式都是为了治愈一个人内心深处的恐惧。我在其他地方也见过类似的仪式，但我相信，将如此多的仪式叠加起来，只有在阿塞拜疆才能看到。在诸多冲突帝国之间迷失的阿塞拜疆人早就学会了不去追求线性的、进步的历史。一切都应该留给后来人，永远不要试图从过去学到过去未知的东西。然后，失去的一切最终都可以挽回。例如，在纳尔达兰，经历了如此多的战争、征服、石油勘探、城市重建和暴力的宗教政治浪潮之后，1301 年的旧堡垒仍然完好无损，被遗弃在一个角落里，没有人注意到它。在阿塞拜疆，在这片破碎的地带，每一刻都在持续，每一刻都还在。

塔尔萨皮尔的负责人递给我一个玻璃瓶。我应该把它砸在寺庙中心的岩石上，这比我想象的要难一些。我第一次扔的时候太小心了，

没有打碎那个结实的苏打水瓶，第二次瓶子又只是蹭到了石头。临时安排的女祭司用阿塞拜疆语说，我的恐惧一定是太强烈了。我在第三次投掷时终于把瓶子砸成了小碎片，洒落在了塔尔萨皮尔教堂的碎玻璃山上。

在欧洲，历史和进步已经向前推进了半个世纪。如果现在和过去之间有界限的话，那界限就太简洁、精确了。在亚洲，直到最近才摆脱所有历史运动的影响，关于过去的概念是刚刚才建立起来的，而且主要用于未来的范畴。但在高加索地区，过去是现在的一部分。不断涌现的新民族、新宗教和新信仰创造了一个类似地质沉积物的人类景观，在那里，较低的岩层有时会以突然而令人惊讶的方式浮出水面，你永远无法确定自己是否已经到达了底部。

当地建筑师皮鲁兹·坎尔欧（Pirouz Khanlou）认为："巴库也许是世界地图中唯一的、真正的欧亚城市，不仅在于其地理位置，而且在于其独特的能力，即可以融合欧洲和亚洲的建筑风格，实际上是可以实现欧亚文化和社会领域的精神融合。"[1] 如果你沿着穆尔图扎

·穆赫塔罗夫（Murtuza Mukhtarov）大街走，你可能会明白他的意思。街道一端是建于 1899 年的古利耶夫故居。阿迦·巴拉·古利耶夫（Agha Bala Guliyev）是一家面粉厂的老板，也是世界上第一条石油管道的管理者。他似乎一直对欧洲口味不感兴趣。他指示波兰建筑师欧根纽什斯·斯基宾斯基（Eugeniusz Skibinski）设计的是一种东方风格的建筑，外墙装饰着钟乳石图案，还有一个豪华的楼梯间，楼梯间里有让人联想起东方生活的画作：集市、庭院、宣礼塔、锥形的清真寺穹顶、骆驼，以及波斯和阿拉伯诗歌中的场景。如果你走到街的另一端，会发现石油大王穆尔图扎·穆赫塔罗夫的幸福宫殿。该宫殿建于 1911 年，是典型的法国哥特式建筑。当年穆赫塔罗夫和他年轻的妻子一起去欧洲旅行时，妻子看到法国哥特式教堂后非常喜欢。于是穆赫塔罗夫就在阿塞拜疆建造了类似风格的宫殿，完工后穆赫塔罗夫用马车把妻子带到幸福宫殿，告诉妻子这是他们的新家。

此外，这条街上还有石油大亨哈吉·泽纳拉布丁·塔吉耶夫（Haji Zeynalabdin Taghiyev）

建造的非常特别的豪宅，它占据了里海海岸附近的一整块区域。宅邸两侧有两个大型宴会厅，有高高的玻璃窗和巨大的枝形吊灯。一个宴会厅被称为东方宴会厅，另一个则被称为欧洲宴会厅。正如它们各自的名字所暗示的那样，它们是装饰华丽的两个不同的世界，永远处于对立之中。

最具讽刺意味的是，尽管阿塞拜疆位于欧亚超级大陆的中心，但它却尽可能地远离每一个中心。阿塞拜疆是不同文明的十字路口（并且最终将是欧洲和亚洲之间巨大文明鸿沟的十字路口），因此它总是受到来自外部的多种影响，无法形成自己的总体叙事或宏大的历史理论。这就是为什么这里的历史时间以一种特殊的形式存在，不同的过去并存，永远不会被遗忘。在这一点上，它有点类似新德里。新德里也是帝国之间的一个破碎地带，作家威廉·达尔林普尔（William Dalrymple）将其描述为一个"所有不同时代的人居住在一起"的城市，也是"多个千年共存"的城市。[2]

2. 高加索的诱惑

欧洲的自然边界包括北部的北冰洋、西部的大西洋和南部的地中海。

欧洲东部的边界穿过俄罗斯，沿着乌拉尔山脉，穿过里海和外高加索。一些学者认为高加索山脉以南地区属于亚洲，而另一些学者则从文化演变角度看，认为外高加索应该被视为欧洲的一部分。因此，外高加索到底属于进步的欧洲，还是属于保守的亚洲，到现在仍未达成一致，有待未来解决。

1937年库尔班·塞德（Kurban Said）的小说《阿里与尼诺》（*Ali and Nino*）出版了。第一个场景就是俄罗斯外高加索省巴库的俄罗斯帝国人文主义高中，那里有40名男生在上一堂关于外高加索非凡的地理位置的课。老师说他们不仅生活在两大洲之间，而且通过文化转型，他们可以跨越高加索山脉的高山屏障，进入梦寐以求的欧洲。一个男生举手说："先生，求求您，我们宁愿留在亚洲。"他无法解释原因，但小说的叙述者和主人公阿里·汗·舍瓦希尔（Ali Khan Shirvanshir）挺身而出帮助了他。他喜欢亚洲，却爱上了"世界上最漂亮的女孩"尼诺·基比阿尼（Nino Kipiani）。当他告诉尼诺他和年迈的地理老师的争辩时，尼诺不以为然："阿里·汗，你真是个傻瓜。你应该感谢上帝。如果我们在亚洲，那我很小的时候就得开始戴面纱，你就看不到我了。"

尼诺说得有一定道理。

小说以这种调皮的口吻展开，在意想不到的地方出现了不同的讽刺。这是一部关于欧洲和亚洲的小说，欧亚的结合以格鲁吉亚的基督徒尼诺和巴库的穆斯林阿里的爱情故事为象征，欧亚的分裂和分离像人类灵魂一样深刻。

他们的婚姻生活在欧洲和亚洲两极之间摇摆不定。俄国在击败南部的两个穆斯林帝国之后，终于可以完全拥有高加索地区。阿里和尼诺逃到德黑兰，但尼诺在德黑兰的生活很悲惨，她被隔离在后宫，由一个太监看守着。她不戴面纱就不能上街，也不能与外国人交谈。后来阿里和尼诺回到巴库时，巴库刚刚获得解放，成为一个新国家的首都。俄罗斯的威胁再次出现时，他们有机会去巴黎开始新的生活，但阿里解释说，他会像尼诺在波斯一样不开心。在巴黎，他会像她在德黑兰一样，感到自己不断地暴露在一股邪恶的力量之下。所以他们待在巴库似乎是合适的，那里是亚洲和欧洲的交界处，是他们出生的地方，也是他们的爱情开始的地方。小说的结尾是这座城市被渴望石油的苏联入侵。阿里被杀，阿塞拜疆这个新国家很快就消失了。

高加索位于黑海和里海之间，每一段国家历史和每一种民族都被压缩在最小的空间里。山上没有居住多少人，而山谷里居住的人往往是没有联系的不同种族，每个种族都骄傲地使用自己的语言。连绵的山脉、深邃的峡谷、白雪皑皑的山峰，以及悬崖上的城堡和村庄，旅行者的眼睛仿佛失去了对距离的感知，感觉至少需要在这里生活很多年，像最偏远的村庄里最年长的居民一样，才能理解眼前的一切。可能是因为山脉连绵起伏，山峰把村庄和山谷分开，因此增加了距离。这也是缘于一个不同寻常的事实——几个世纪以来，高加索一直是三个帝国，或更确切地说是三个文明的交汇点。它

从这三个文明中获益，并且同时向不同的方向
发展。现代的高加索从未真正成为俄罗斯、伊
朗或土耳其的一部分，却深受这三个国家的影
响。山脉仍然是文明和野蛮之间的屏障，即使
这些强大的力量已经交换了几次立场。

　　高加索地区是一片童话般的土地。我记得，
在弗拉季高加索（Vladikavkaz）——通往格鲁
吉亚的山路边缘的俄罗斯城市——亚历山德罗
夫斯基酒店（Hotel Alexandrovsky）对面的书

店里，我找到了一本旧书，书中提到了达格夫斯谷（Dargavs Valley）的一个死亡之村。我的司机似乎对这个地区比较熟悉，所以我打算碰碰运气，去一探究竟。我们沿着城市南部的山脉行驶，这条路又窄又弯，在1月初很难穿过，但一旦你从另一边下来，就会进入一个有一条小河的长山谷。那里只有几所房子。司机停了下来，问是否有人知道死亡之村的情况。一个人指着东边，但实际上我们已经能看到远处斜坡上的一片黄色的墓穴，顶部是脊状的，向一边倾斜着，看起来像一个村庄。只是这里的村民是一堆保存完好的白骨，可能是我们不知道的遥远时代的游客。当我们驱车返回时，经过被雪覆盖的峭壁和被毁的中世纪塔楼，那些骨架的景象变得越发不真实。高加索到底隐藏了多少这样的地方？

对于那些来自俄罗斯的人来说，高加索地区就是典型的边境形象：异国情调、与众不同、从未被完全征服或吸收，是南北方以及东西方之间的分界线。我从伏尔加格勒（Volgograd）来到克拉斯诺达尔（Krasnodar），第一次感到自己已经不适应俄罗斯了。那时的气候比较温和，随着天气转暖，一切都开始发生变化：突然间街道上人来人往，广场也成为真正的公共空间。傍晚时，从里斯本漫步到伊斯坦布尔已成为人们文化仪式的一部分，而非遥远的想象。如果俄罗斯能够将其黑海沿岸开发为国际旅游目的地，那么克拉斯诺达尔可能成为主要的抵达点，从而再次成为一个边境哨所，但这与它最初建立时的意义有所不同。① 对于一个梦想着在南方建立一个新首都、沐浴在温暖的海洋里的国家，一个建造了敖德萨，并认为注定要征服君士坦丁堡的国家，克拉斯诺达尔可能就是遗留下来的南方梦想。

在时尚的克拉斯纳亚大街（Krasnaya Street）上，服装店、咖啡馆和国际民族餐馆竞相吸引着来来往往的快乐的年轻人。在其中一家商店里，时装设计师苏珊娜·马克罗娃（Susanna

---

① 1792 年 7 月 30 日，叶卡捷琳娜二世将库班河流域的土地赐予了黑海哥萨克人，用以保卫俄罗斯帝国与奥斯曼帝国争议的切尔卡西亚地区。1793 年哥萨克人开始修建叶卡捷琳诺达尔（原意为：叶卡捷琳娜赐予的礼物，克拉斯诺达尔），初为兵营，后扩大为要塞。——译者注

Makerova）正在推出她的新系列。一小群人怀着节日的心情聚集在一起。三位高大的俄罗斯模特展示了该系列中一些最出色的作品。她们穿着难以置信的高跟鞋，几乎无法移动，只有她们不能喝普罗塞科葡萄酒（prosecco）。

苏珊娜·马克罗娃告诉我："这些是新式民族服装，大多是切尔克斯民族服装。"从苏珊娜的所有作品可以看出，她一直在努力将传统民族服饰与最现代的时尚潮流结合起来。令人惊讶的是，她成功了，至少在我看来是这样。她是通过一种极简主义来实现的。新系列既没有非常明显的民族风格，也没有明显的现当代风格，但是无论说它是民族风格还是现代风格，都不会觉得突兀。苏珊娜告诉我，女性的美并不专属于东方或西方，而是东西方共有的品质。新系列结合了传统的切尔克斯民族服饰风格（切尔克斯连衣裙又长又直，让女性看起来总是像在地板上滑行一样）、俄罗斯古典芭蕾美学和当代美国艺术家贾巴格·卡加多（Ja'bagh Kaghado）的摄影艺术。

你听说过切尔克斯吗？大约在 19 世纪中

叶，切尔克斯曾是欧洲和美洲的一种呼声。当时俄国军队从北方开始猛攻高加索西北部地区，当地的土著正在进行最后的挣扎。西方国家的首都发生了一系列外交抗议和公开抗议，尽管这些抗议有时更多地与地缘政治方面的担忧有关，即俄国实力增强，随后对英属印度构成直接威胁。但是没有人能阻止俄国，因为俄国认为黑海海岸比东部山区更容易占领，而且可以更迅速、更长久地占领。在法国和奥斯曼帝国都认同库班河（Kuban River）以南地区属于俄国之后，俄国对切尔克斯人进行了最后的、彻底的毁灭。切尔克斯人流离失所，或重新定居，或被驱逐到奥斯曼帝国，在许多情况下，切尔克斯人被集体杀害或饿死。从那时起，切尔克斯人分散在十几个国家，在土耳其的人数很可能超过了在俄国的人数。许多流离失所的切尔克斯人的社区保留了传统的生活方式，不过切尔克斯人也与其他族群的人通婚。

大规模的迁徙使他们的古老文化得以保留，但现在这种文化已经与其源头分离，变得支离破碎了，并且准备以一种奇怪的新方式被吸收。

当我看到那些身材高大的俄罗斯模特时，这些想法不可避免地浮现在我的脑海中。她们穿着现代的切尔克斯民族服装，就像握着战争的奖杯。衣服上挂着价格标签，莫斯科以外的地方会认为这些衣服贵得离谱。

苏珊娜·马克罗娃必须在发布会后立即回到她的家乡迈科普（Maykop），所以我只能和她的经纪人赛达·帕内什（Saida Panesh）聊天。赛达是一位语言学博士，所以在预订俄罗斯和欧洲时装秀以外的时间，她会在库班州立大学（Kuban State University）讲授语言学、历史和神话课程。

我问她的名字，她说："我是切尔克斯人。"

"苏珊娜也是切尔克斯人吗？"

"是的。"

在附近的学生咖啡馆喝咖啡时，我们深入讨论了欧洲和亚洲的不同含义，以及它们之间的差异。

帕内什认为这种差异是真实存在的。切尔克斯种族非常接近欧洲民族，甚至是欧洲民族的一部分。帕内什是这样跟我说的，但实际上他们的生活方式更接近亚洲人。他们植根于传统文化，遵循或遵守荣誉准则（对于男士和女士的要求可能有所不同），而且，最重要的是，他们非常看重家庭，认为家庭的责任胜过一切。我提到，散居海外的切尔克斯人非常不幸地卷入了叙利亚或巴尔干半岛等地区的战乱中。她解释说，这根本不是偶然的。切尔克斯人是战士，所以他们最终会留在重视他们自身品质的地方。帕内什显然对"切尔克斯人的战士特质是否具有永久性""切尔克斯人的战士特质是否能够与现代世界相容"的问题很感兴趣。

我已经习惯了这种对比，所以我重申了自己的观点：这种区别与一个社会的现代化程度或传统程度有关，而与它是欧洲的还是亚洲的无关。我在餐巾纸上画了一张图，上面有两条进化线。一旦两个社会实现完全现代化，这两条线会相交吗？它们之间的区别是因为处于两条线上的不同位置吗？问题不在于两条线上的两点是否不同，因为我们总能找到两个这样的点，而在于这两条线本身是否不同。

帕内什开始变得非常严肃。她低头看了看日记，然后又抬头看了看我。我想她明白我的意思，但有一个想法让她立刻反感。我怎么能说进化线，好像现代社会比传统社会更先进？在她看来，欧洲社会并没有更先进。最重要的是，他们缺乏精神力量。欧洲人空虚、单调、没有深度。帕内什准备为意大利人或更广泛的南欧人破例，她认为这些人可能源自高加索民族，但如今欧洲的统治思想归根结底是将生命和精神简化为僵硬的骨架。我要问的问题是：为何减少富足和使世界变得贫穷的观点会变得如此强大？

她解释说："欧洲人只能告诉我，我不是什么。他们可以告诉我，我不是切尔克斯人，我不是一个女人，我不应该满足于只做一个切尔克斯女人。甚至，也许有一天他们会告诉我，我没有真正地活着、呼吸着，我不应该满足于仅仅作为一个生物。所以他们总是告诉我，我不是什么，但他们从来没有告诉我，我是什么。"

帕内什的观点是对的，我所说的进化路

线终究是荒谬的。如果想知道一个文明或一个国家比其他文明或国家更先进，以及如果想知道一种特定的文化处于何种位置，那么就需要知道人类文化进步的起点和终点。但是如果没有预先设定进化线，我们就没办法知道所谓的起点和终点。因而我们进入了一个死循环。

有些时候，你可以清楚地看到过去，好像它就在你面前一样，突然唤醒你不知什么时候记住的东西。记忆比较新的时候，这种效果会更强烈，尤其是第一次想起过去的某些事情时。当然，有些时候，你似乎对未来充满信心，就好像是你自己在创造未来。但是对我来说，所有这些经历都有一定的模式，我在克拉斯诺达尔与帕内什的谈话清楚地说明了这一点。帕内什代表了所有这些模式中的运动。她渴望生活在一个现代社会，在那里一个人可以选择做任何事，同时过许多种生活。但是她已经想到，在实现梦想的那一刻，她会感到非常空虚。那些能成为一切的人是没有任何依恋的。然而，她在渴望离开当前生活的时候，就已经开始怀旧了。欧洲世界和亚洲世界已经被压缩成一体了。

3. 世界的中心

我很难入睡，所以在日出前不久，我离开冰窖一般的卧室，从厨房里拿了一整条面包，走到桥上。我们差不多是在里海中部，靠近有争议的卡帕兹油田（Kapaz oilfield）。我们离开阿利亚特（Alyat）时是暴风雨天，这预示着今天会是晴朗的一天。清晨的阳光反射在平静的水面上，呈现出不同寻常的色彩，与我记忆中的在德尔本特（Derbent）和布佐夫纳的波涛汹涌的景象截然不同。里海曾经是大海，现在变成了湖泊，它多种层次的颜色就是关于这一转变的记忆。想象一片开阔的大海，四周没有陆地，但是它的水并不像海水一样干净和无色，而是随着地平线上云层的角度和光线的变化，不断变换着颜色。

从地图上看，你可能会认为里海是一个重要的交通枢纽，是连接中亚东部和欧洲西部、俄罗斯北部和伊朗以及中东南部的十字路口。

事实上，与其说它是一座桥梁，不如说它是一道屏障。我环顾四周，看到了空荡荡的大海。我独自一人站在地球上最大陆地上的最大的湖泊中央，只能随意地想到一些旧书中的相关描述。我想到了斯捷潘·拉辛（Stepan Razin），既是一个哥萨克人，同时又是一个加勒比海盗。他在里海展开了冒险和掠夺，无休止地折磨着北岸的俄罗斯人和南方的波斯人，直到1671年，他在莫斯科红场被残忍地处决。在他最臭名昭著的一次突袭中，他捕获了两艘载有纯种波斯马的商船，是沙阿（波斯皇帝头衔）打算送给沙皇亚历克西斯（Czar Alexis）的礼物。我向东望去，想到了穆罕默德（花剌子模的沙阿），是他改变了历史的进程。他处决了成吉思汗的密使，并诱导这位伟大的征服者将注意力转向西方，导致撒马尔罕、布哈拉（Bukhara）、奥特拉尔（Otrar）等传奇城市被彻底摧毁。在接下来的几个月里，我也会参观这些城市。穆罕默德在生前最后几天摆脱了部队的追击，逃到了里海的一个岛上，最终死于胸膜炎。

　　由于没有客船通过里海，你唯一的选择就

是买一张货船的票。大多数货船会捎带少数乘客赚点外快，但这种货船没有固定的发船时间。货船只有装满了货物才会开船，你必须耐心等待。幸运的是，航运公司的一位乐于助人的俄罗斯女士给了我她的电话号码。然而，我每次打电话时得到的答案都一样：今天没有船，明天可能也没有，如果有船的话，它们会载着石油，所以不允许载客。

这是阿塞拜疆国有公司。土库曼斯坦有一艘名为"Berkarar"的船，这艘船只在一条运输路线上作业。有人告诉我，它更现代化，能为乘客提供更好的便利，但没人知道它在哪里，或者什么时候离开，而且该公司在巴库也没有办公室。

我开始对穿越里海感到绝望了。然后，我突然收到了那位乐于助人的俄罗斯女士维卡（Vika）的一条消息：一些货物刚刚送到，所以一艘船将在两三个小时后离开。我冲到卖票的巴库港，但这艘船实际上是从阿利亚特出发的，向南开了一个小时，途经戈布斯坦（Gobustan），那里的岩画可以追溯到数万年前。

其他乘客让我搭了他们的顺风车。他们是回家的土库曼年轻人，恰巧去超市买了很多酒。感觉晚上会和船员一起美餐一顿，我就只挑了一袋葡萄干作为餐后甜点。

如果想通过铁路运输将集装箱运到欧洲、中亚及中国等目的地，那么他们会在新港阿利亚特港中转，而不是在旧的巴库港中转。未来几年，随着第一阶段的港口扩建工程的完工，所有的联运业务都可以在这里完成。阿利亚特处于有利位置，将成为里海最大、最现代化的港口。

令人惊讶的是，这里的出入境检查非常快，所以节省了一些时间，我们在船出发前，将船舱整理了一下。这是你能想象到的最简陋的船舱：双层床，旧床垫，没有毯子。气温很快会降到零度以下，然而船上没有暖气，所以这将会是一个漫长的不眠之夜。船员们都不见了，我们也吃不上热乎的晚餐了。太阳落山前不久，船开始摇晃，我们就出发了。

离开阿利亚特一两个小时后，我看到了纳弗特达施拉里（Neft Dashlari）的灯光。这是在里海上面建造的第一座城市，令人难以置信。纳弗特达施拉里是一座完整的海上城市，数百公里的道路建在成堆的垃圾填埋场上，连接着不同的石油平台、公寓大楼、学校、电影院、酒店，甚至还有一个绿树成荫的公园。它是第一个海上石油平台，由七艘沉船充当坚固的基石，其中包括世界上第一艘油轮——于1878年在巴库下水的"琐罗亚斯德号"（Zoroaster）。苏联的一枚旧邮票将这个定居点描绘成人类征服自然的象征：一条蜿蜒的道路建在水面上，一直延伸到地平线上的一轮明亮的红日。

我喜欢这里首次发现石油的故事。当时还没有识别海上油田的技术，但是数十年甚至几个世纪以来，水手之间流传着一个常识，就是凭借嗅觉可以避开危险的浅滩和岩石，暴风雨期间的油气味便是一个危险的迹象。我们驶离纳弗特达施拉里后，看到附近一些平台的灯光，都是阿塞拜疆石油帝国的中转港：奇拉格（Chirag）、东阿采里（East Azeri）、久涅什利深水油井（Deepwater Guneshli）、沙阿德尼兹（Shah Deniz）。

我们行驶在巴库和土库曼巴什（Turkmenbashi）之间的直线航道上，未来这条航道可能会成为中亚向欧洲输送石油和天然气的能源路线。早在20年前就有人提议修建一条横跨里海，连接东西海岸的管道，但是当时只是进行了一般的可行性研究和初步谈判，并没有深入下去。不过欧盟现在将其纳入至关重要的战略利益项目之中，最近的一次是2016年发布的"南部天然气走廊"最新计划。

如果阿塞拜疆不仅想成为能源生产国，而且想成为全球能源中心，那么它需要这一至关重要的基础设施。对土库曼斯坦来说，与西方建立供应联系将是一条受欢迎的能源多元化道路，因为当前该国的能源供应完全依赖中国。目前，土库曼斯坦有两条输气管道：一条通往中国，目前的输气能力为每年550亿立方米；另一条通往俄罗斯，目前的输气能力为800亿立方米。土库曼斯坦—中国天然气管道在奥罗特（Olot）进入乌兹别克斯坦，穿过乌兹别克斯坦中部和哈萨克斯坦南部，到达中国边境的霍尔果斯。根据英国石油公司的数据，土库曼斯坦的天然气储量在世界上排名第四。然而，土库曼斯坦面临着许多让其天然气储备无法进入全球市场的障碍。自 2016 年初以来，由于价格分歧，俄罗斯已完全停止进口土库曼斯坦的天然气。同年晚些时候，土库曼斯坦与伊朗发生价格争端，由此中国成为土库曼斯坦唯一的出口市场。

预料之内的是，伊朗和俄罗斯已经批判了跨里海项目，这个项目将大大削弱它们对欧洲的影响力。例如，2011 年，当有关推进管道建设的谈判变得更加严肃时，俄罗斯表示，该项目是一种"干预"，将加剧该地区的紧张局势。2012 年，伊朗警告称，如果修建这条管道，里海的另一个名字——和平与友谊之海——将会改变。这条管道将从土库曼巴什通往巴库，连接到南高加索天然气管道、跨安纳托利亚管道，然后在希腊连接欧洲的天然气管道网络。这很可能是欧洲确保其在不依赖伊朗或俄罗斯的情况下获得中亚能源的唯一途径。

里海的地质经历了过山车式的转变，从与海洋隔绝，到广阔的内陆盆地，再分裂成更小的内陆水域，比如咸海和黑海。它的地缘政治同样动荡不安。在苏联解体之前，里海只归属苏联和伊朗两个国家。一百年前，它基本上是一个俄罗斯湖泊，波斯北部在很大程度上处于俄罗斯的控制之下。如今，俄罗斯和伊朗几乎毫不掩饰对其三个新邻国——阿塞拜疆、土库曼斯坦和哈萨克斯坦——的蔑视，这增加了该地区地缘政治的复杂性。

事实上，欧亚管道政治是一门神秘的科学。管道项目曾被多次宣布和取消。以最近的"土耳其溪"（Turk Stream）管道项目为例，该项目寻求通过黑海将俄罗斯和土耳其连接起来，并有可能取代之前计划的跨里海管道。"土耳其溪"是欧盟阻止"南流"（South Stream）天然气管道项目之后首要考虑的管道项目。"南流"管道项目旨在将俄罗斯天然气从克拉斯诺达尔地区经黑海输送到保加利亚，然后再输送到中欧和西欧国家。当时，土耳其在外交上表现得非常机敏和理性。它设法与俄罗斯谈判达成谅解，同时温和地敦促俄罗斯放弃"南流"项目，从而赢得了欧盟的赞扬。但是后来，由于俄罗斯和土耳其两国关系恶化，土耳其空军于2015年底击落了一架俄罗斯轰炸机，"土耳其溪"项目陷入困境，最终也被放弃。

最近，"土耳其溪"项目重新浮出水面。2016年10月10日，在伊斯坦布尔举行的一次会晤期间，土耳其总统埃尔多安（Erdogǎn）和俄罗斯总统普京就"土耳其溪"项目签署了协议。毫无疑问，技术和财政方面的挑战依然存在。在2015年访问保加利亚外交部长期间，有人告诉我，俄罗斯因为受制裁，无法从欧洲或美国采购那种在黑海基床上输送天然气所需的压缩机，只能考虑从日本购买。通常来讲，如果不能保证天然气在欧洲和土耳其顺利出售，考虑到这条新航线的投资十分巨大，该项目的费用可能会高得令人无法接受。但是很难得到这种保证，因为导致"南流"项目流产的欧盟竞争规则依然没有改变。不过，如果认为这些项目永远不会完成，那就大错特错了。世界需要石油和天然气，各国政府和跨国公司会竞相破坏彼此，或者用投资者信心这把利器来影响未来的管道项目，最终会产生赢家。油气管道项目是战争的另一种延续。

这是一个相互依存和相互竞争的世界，这片内海就是最好的象征。里海拥有世界上最大的化石能源储备，但这里尚未建立明确的政治游戏规则。处于世界的中心，既是一种诅咒，也是一种幸运。里海的能源对欧洲、中国和俄罗斯都很有吸引力，但如何把它们运到目的地国家，或者运到公海，仍然是一个极其复杂的问题。我认为里海是竞争性整合的一个很好的例子。它将五个沿海国家紧密地联系在一起，创造了无数相互依赖的变量，并迫使它们进行合作，同时将竞争推向高潮，甚至为这种日益激烈的竞争搭建了平台。它扮演着连接和分裂的角色。

那么这五个国家正在建设它们的里海海军也就不足为奇了。它们预计在未来的一段时间里就资源的竞争会越来越激烈，或许还会模仿一款带有奇怪缺陷的电脑游戏，迫使玩家在内陆海域聚集越来越多的船只。2015 年 10 月，一艘俄罗斯里海舰队护卫舰和三艘驱逐舰向叙利亚的 11 个目标发射了 26 枚"口径"巡航导弹

（Kalibr 3M-14T）。这 26 枚导弹先飞越伊朗领空，然后进入伊拉克领空，飞行了 1600 多公里，最终袭击了叙利亚拉卡省（Raqqa）、阿勒颇省（Aleppo）和伊德利卜省的目标位置。这生动地说明了里海确实处于一个中心战略地位，也表明，现代海军的行动范围不一定局限于其行动区域；最后，这是向里海其他国家发出的一个信息，即俄罗斯在该地区享有相当大的优势，能够任意选择目标而不受惩罚。这是俄罗斯干预叙利亚的开始，其里海舰队继续在冲突中发挥着战略作用。俄罗斯部署在里海的装配有"口径"导弹的导弹艇曾多次帮助其航空航天防御部队。

我们应该是在中午前后看到了第二座想象中的城市——阿瓦扎（Avaza）。起初，阿瓦扎看起来像一个岛屿，因为高耸的大理石白色建筑依然四面环水。这个岛屿是用来做什么的呢？这些建筑看起来完美无瑕，不太像一个工业石油平台，它与黑色城市纳弗特达施拉里形成了鲜明对比。当我们的船——"阿塞拜疆号"，1985 年由前南斯拉夫的普拉造船厂生产——向南转弯穿越最后一段时，白岛突然消失了。我几乎以为这是海市蜃楼了，也许是里海周围像外海一样的沙漠触发的。

当我们驶向土库曼巴什时，这座白色城市重新出现了。它不再是一个岛屿，但它的建筑仍然使一般城市的建筑相形见绌，包括我住的大酒店。土库曼巴什是一个风景如画的城市，坐落在大海和低缓多岩的山脉之间，很大程度上仍然保留着俄国时期的风格。它是跨里海铁路线上的第一站，连接着古老的丝绸之路，直通费尔干纳盆地（Fergana Valley）的安集延市（Andijan），而且它还是征服者巴布尔大帝（conqueror Babur）的出生地。参观了当地的小博物馆，听到了一系列当前和很久以前的故事。比如，土库曼工厂的工人乘坐一个独木舟从土库曼巴什出发，到达阿斯特拉罕（Astrakhan），继续沿着伏尔加河向上；或昔日的沙漠部落的人总是在自己的圆顶帐篷旁边种一棵树，以便下一代人有木头，可以建造自己的圆顶帐篷。两天后，我要乘坐晚上的火车去土库曼斯坦的首都阿什哈巴德（Ashgabat），但是现在需要先通过海关入境检查，大概要三到四个小时，即使我是那天或者那个月唯一抵达土库曼巴什的外国人。我还看到了我们船上一直运输的货物：用过的油管。船员也终于露面了，他们告诉我这些油管来自美国佐治亚州（Georgia）。

在阿什哈巴德之外，外国人必须有官方导游陪同。这也是有好处的，因为我很快就询问到北方的相关情况。

第二天我们参观了白色城市阿瓦扎。阿瓦扎是世界上最不可思议的旅游胜地。它由三四十家酒店、一个游艇俱乐部和一个国会大厅组成，全部用洁白无瑕的大理石建造。眼前没有游艇，当然也没有国会活动。那天整个度假村一个人也没有。土库曼斯坦每年审批通过的签证不足 1000 份，而当地居民还生活在赤贫之中。我的导游指出，在旅游旺季，一些酒店会客满，因为免费住宿是对全国最敬业的公务员的奖励，其他酒店是病人的疗养院。如果有一天游艇俱乐部被禁止出境，那么它或许会欢迎精英人士加入。总统库尔班古力·别尔德穆哈梅多夫（Gurbanguly Berdymukhamedov）有时确实会来到阿瓦扎，在他的游艇上摆好

姿势拍照。他的游艇以巨大的加尔基内什（Galkynysh）气田命名。2015 年，当俄罗斯切断与埃及和土耳其的关系时，有传言称，阿瓦扎可能取代沙姆沙伊赫（Sharm El Sheikh）和马尔马里斯（Marmaris）成为俄罗斯游客的目的地。当我听说这里的一间平房每晚要花 500 欧元时，感觉贵得太离谱了。

那么建设阿瓦扎的目的是什么呢？如果没有人来，为什么要建造它？这当然是为了表明土库曼斯坦也可以有一个世界级的海滨度假胜地。如果里海是一个石油坑，那么它很可能变成一个有游艇俱乐部的坑，从西方海岸来的游客可能会认为他们根本就没有离开过欧洲。同时，将石油收入重新分配给精英阶层，并将其中一部分转移到国外也是一个复杂的机制。最重要的是，阿瓦扎是一座拥抱新事物的纪念碑。

为什么土库曼斯坦所有重要的新建筑都要用白色大理石建造？在阿什哈巴德，白色建筑物的数量现在应该接近 1000 座了，展现了柏拉图式的崇高与和谐。唯一不是用白色大理石建造的东西是前总统和现任总统的金像。我的向导告诉我，大理石已经成为一个时代的标志。白色大理石之前和之后是两个时代。20 年前，这些建筑象征着一个纯洁和繁荣的新时代。在过去，一个家庭一般会有两个圆顶帐篷。一个帐篷会因为烹饪和壁炉的烟雾而变成黑色，而另一个帐篷则会闲置，以保持原来的白色，供客人或新婚夫妇使用。在新婚夫妇的子女出生之前，白色的帐篷会一直被称为"白色房屋"（aq oy），即使毡层不再是白色的了。[3]《科尔库特之书》（Book of Dede Korkut）在讲土库曼人作为中亚统治者的丰功伟绩时描述了这个传统。当时的一位可汗——贝因蒂尔可汗——举行宴会招待贵族时，在三个地方分别支起了白色帐篷、红色帐篷、黑色帐篷。黑色帐篷是为那些既没有儿子也没有女儿的贵族们准备的。这些贵族睡觉时身下会铺黑色的毛毡，吃的肉是炖黑羊肉。"有儿子的贵族住在白帐篷里，有女儿的贵族住在红帐篷里。无儿无女的人是至高无上的神对他的羞辱，我们也要羞辱他。"

越南北部的石矿为新建的白色城市提供了绝大多数的大理石。土库曼斯坦建筑部门每年消耗 100 万平方米的大理石，仅大理石覆盖层每年就花费该国 1.2 亿美元左右。据报道，土库曼斯坦 1 平方米越南大理石的价格在 50~70 美元之间。因此，平均而言，一栋 12 层的建筑，其外部面积约为 1.4 万平方米，仅大理石覆盖层的成本就高达 70 万 ~98 万美元。该国最重要的政府大楼用的是昂贵的意大利大理石。其他大理石供应商还包括西班牙、土耳其和中国。白色大理石建筑主要集中在阿什哈巴德，这里是大理石新道路的中心。经济全球化似乎已经实现了土库曼人的传统梦想：把黑色变成白色，把石油变成大理石——这或许是世界各地发生的类似转变中最简单、最明显的例子。

那天早晨，在里海的中央，我们感觉好像从欧洲来到了亚洲，有这样的感觉是情有可原的，但我本意并不是寻找边界。我已经假设不存在这样的边界，而只是想进行一次不那么虚幻的探索。旧世界的中心在哪里？人们在哪里会觉得自己与欧洲和亚洲的关系同样密切？更重要的是，那个属于每一种文明但不完全属于任何一种文明的神奇点在哪里？在《丝绸之路》一书中，历史学家彼得·弗兰科潘（Peter Frankopan）让人想起了一个古老的神话：众神之父宙斯放飞了世界尽头的两只鹰，命令它们飞向对方，一块神圣的石头就放在它们相遇的地方。弗兰科潘承认，他过去常常花很多时间盯着卧室墙上的地图，试图计算出那个点的位置。[4]这是一种我可以理解的痴迷。

我猜想，如果找到了这个中心，我就能够免受所有特定地理区域的特定视角的影响。这个中心的视角既非欧洲视角，也非亚洲视角。因为我已经知道，欧洲和亚洲本身包含着一个巨大的悖论：它们是被共同的地理分隔开的两个世界。东方和西方一定会在某个点相遇。我们需要做的就是找到那个点。

从里海的中部，向西可以看到阿塞拜疆和格鲁吉亚，这是我最近从土耳其的特拉布松（Trabzon）过来的路线。在北岸，沿着伏尔加河一直航行可以很容易地到达波罗的海，数千年前人们就发现了这条路线，许多商人和征服者都曾使用过这条路线。向东，离开土库曼巴什后，我们乘火车沿着沙漠边缘走，那里的

骆驼喜欢沿着铁轨觅食，每隔一段距离就会看到坍塌的泥土建筑，表明丝绸之路上的旧瞭望塔曾经矗立在那里。在阿什哈巴德城外，我参观了西伊特 – 贾马尔阿丁清真寺（Seyit Jamal-ad-Din Mosque）。自 1948 年地震以来，这座清真寺的部分建筑已经坍塌了。它的入口处曾描绘着两条马赛克式的龙，守卫着中心的拱门。当地有一个关于这些龙的传说，但这其实是受到中国文化的影响。我们的政治地理欺骗了我们。从里海到中国边境的距离，或者甚至到新疆喀什的距离，都抵不上喀什到上海一半的距离。所有这些地理区域都属于同一个乌古斯（Oghuz）世界——当代土耳其、高加索和中亚国家的祖先。这仍然是代代相传的古老传说，后来写到了《科尔库特之书》中。如果我们向南走，就会在伊朗海岸的现代化海滨小镇上岸，再开一小段车就会到达德黑兰，然后到达伊斯法罕和印度洋。里海就像一个指南针，这里的四个基点指引你到达旧世界的四个角落。

古代地理学家和天文学家托勒密（Ptolemy）在他关于世界纵向维度的讨论中谈到了欧洲和中国之间贸易路线上的一个中间点，他称之为石塔。他提到了一个富有冒险精神的希腊商人，这个商人一路来到了石塔，在那里他要么遇见了来自中国的商人，要么派他自己的代理人来到了中国的首都"丝国大都市"（metropolis of the Seres）[5]。从他的叙述中可以清楚地看出，没有人会走完全程，但仍然可以整合不同的距离，计算出已知世界范围内从大西洋到中国的距离。在一个便利的中心点，以相反方向行进的商人可以相遇并交换货物。

我们要做的就是找到石塔的位置。我到处都找遍了。在乌兹别克斯坦和阿富汗的边境上，一位农民带我参观了一座大型佛寺。在寺庙里面，一座较大的佛塔内还有一座较小的佛塔，佛塔上面刻着神秘的铭文。从塔什干（Tashkent）到费尔干纳盆地的路上，你会发现一片肥沃的平原隐藏在世界上某些最高的山脉之间，需要穿过重兵守卫的关卡——卡尔齐克（Kalmchik），它也是分开两个世界的山口。在边境另一边的奥什（Osh），有一座名为苏莱曼（Sulaiman）的神圣的山峰，这是一座很容易辨认的永久性地标。一些人认为它符合商人会面地点的必要标准。另一些人，比如旅行者和考古学家奥雷尔·斯坦（Aurel Stein），认为托勒密的石塔应该坐落在吉尔吉斯斯坦阿拉伊盆地（Alai Valley）的达罗特-戈尔贡（Daroot-Korgon），因为它向外延伸了很长一段距离，并且拥有丰富的放牧资源，是非常适合商队的交通路线。

我并不是太相信上面提到的那些可能

性，相比之下，我觉得中国新疆的塔什库尔干（Tashkurgan）更有可能是所谓的"石塔"。这边的路况很差。随着中国继续与巴基斯坦及其瓜达尔港（port of Gwadar）建立战略联系，路况应该会有所改善，但是目前从喀喇昆仑公路驶向红其拉甫口岸仍然比较困难。因为中国境内的巨型石头工程正在进行收尾工作，现在走这条路更麻烦些。距离边境还有两三个小时的旅程时，我们看到了坐落在宽阔的山谷里的塔什库尔干小镇，许多旅行者在这里过夜，以便在白天进入巴基斯坦。古老的堡垒矗立在峭壁之上，在周围高大的山峰的衬托下显得有些渺小。从峭壁可以走到山谷，那里覆盖着茂密的草地，当地人称之为"金草滩"，并且在那里牧牛。草地灌溉非常充分，不宜行走，所以必须在草地上面用木头搭建复杂的、迷宫般的人行道。这里有一条路直接通往巴基斯坦的罕萨山谷（Hunza Valley），同时塔什库尔干的一条路还通往瓦罕走廊（Wakhan corridor），这条走廊是 1895 年英国和俄国划定的英（英属印度）俄隔离带、缓冲区，也是马可·波罗曾经走过

的路线。穿过走廊就能到达阿富汗北部著名的贸易大都市巴尔赫。即使在各国边防加强的时代，塔什库尔干也是一个可以供印度、中亚和中国的商人与旅客休憩、交易的地方。

第一个从印度经由陆路到达中国的欧洲人是来自亚速尔群岛的葡萄牙耶稣会会士鄂本笃（Bento de Góis）。从他的叙述中我们知道，他在1603年从拉合尔（Lahore）出发，穿过了塔什库尔干。关于当地居民的外貌，他注意到他们与"低地国家的人民"比较相像。[6] 参观古堡时，我遇到了一对姐妹，她们皮肤白皙，金发碧眼，自称是当地的塔吉克族。

帕米尔山脉给人无限小而非无限大的体验。当你望向下一个路口时，熟悉的东西已经慢慢地消失在未知的地方，地球的辽阔在你的脑海里也渐渐成型。像欧洲和亚洲这样的概念让人觉得荒谬，因为你周围的一切都是由小的层次构成的，旅行的过程比较缓慢，仍然需要骑在马背上，穿越世界上一些最困难的山口。但是，如果认为大陆的高度统一会在这里显现出来，那就错了。事实上，对于古丝绸之路上的商人们来说，他们只是沿途交易货物，随即返乡。他们离家从来不会超过几个星期。帕米尔高原的生活要素是山脉间的土壤和塔吉克及吉尔吉斯帐篷内燃烧的火焰。感受不到欧亚区别的地方是里海中部的那一片空间，也就是我最初开始寻找中心的地方。

4. 欧亚大酒店

在北京有一种流行的观点，即中国把精力和注意力集中在沿海地区，是西方和日本海上帝国强加给中国的一种关系模式的结果。如果中国按照自己的方向自然发展，应该会关注并推进西部发展，将其影响力扩大到文明交汇的超级大陆的中心点，以及古老的丝绸之路的发祥地。据北京大学王缉思教授说，其中一个问题是西方，西方热衷于将中国定性为东亚国家，"这反过来又很容易让中国限制自己的发展前景"。[7]

我在这一章写了关于寻找中心的内容。中国相当敏锐地听到了中心的召唤，并且想要移除阻碍它向中心前进的枷锁。中国愿成为名副其实的"中间国家"，将东方与西方、北方与南方连接起来。或许现在会想起欧文·拉铁摩尔（Owen Lattimore）曾经对新疆这个"西部地区"的描述，他认为新疆是"一个新的世界重心"。在18世纪，当俄国和英国开始向中亚扩张时，中国（清王朝）也开始经略新疆。拉铁摩尔写道，"这一过程标志着现代世界历史的融合"，所有的主要力量都集中在重心上。[8] 19世纪晚期，北京出现了一场争论，争论的焦点是被削弱的清王朝是否应该花费有限的资源，从阿古柏（Yakub Beg）及其叛乱集团手中收复这片土地。对于一些人来说，新疆是一片贫瘠的荒地，每年需要中央财政补助，没有任何战略或军事价值。但是，著名的左宗棠将军认为，对中国来说，保卫新疆比建造更多的船只或保卫沿海地区，抵御来自西方或日本的任何形式的入侵都更为重要。左宗棠认为，英国和俄罗斯从欧亚大陆核心地区开始入侵将带来更大的威胁。他成功说服了其他人。[9]

今天，新疆呈现出了"一带一路"最引人注目的早期愿景。如果你从吐鲁番出发，开车经博格达山脉（Bogda range）的斜坡到乌鲁木齐，你会看到高速公路与高铁的高架桥平行，货运铁路则更靠近山脉。

在边境另一边的哈萨克斯坦，2016 年我到访时，哈萨克斯坦政府正在应对最近一项土地改革法案引发的大规模民众抗议。事实上，这项改革法案只不过是将土地的最长租期从当时的 10 年延长到 25 年。哈萨克斯坦拥有极其丰富的农田，会吸引大量的外国投资，在能源价格走低引发的经济衰退期间，立即为当地经济提供动力，同时实现经济多样化，减少对石油和天然气的依赖。如果哈萨克斯坦公众无法接受延长土地最长租期，那么在"一带一路"背景下承诺开发新的跨境"价值链"的雄心勃勃的计划又有什么希望呢？

作为一个历史悠久的游牧民族，哈萨克人与他们的土地保持着非常亲密的关系。列昂尼德·勃列日涅夫在一本小册子中回忆说，在他的战时岁月里，哈萨克士兵和军官们会悲伤地歌唱，但是歌唱的内容不是关于抛下的妻子或女友，而是关于家乡的草原，与乌克兰草原截然不同的那片草原。十年后，勃列日涅夫担任了哈萨克苏维埃共和国共产党总书记，负责在这片广袤的土地上发展农业生产力。令人难以置信的是，他追随战友们唤起的记忆，声称"当地人民拥有智慧和勇气，在开拓处女地的过程中是最积极、最英勇的角色。哈萨克人民团结奋斗，满足了历史的需求。他们了解全国人民的需要，表现出革命的、国际主义的品质"。在阿拉木图中央委员会办公室里，勃列日涅夫在墙上挂了一张很大的哈萨克斯坦地图。

> 就像过去在前线时，我常常标出部队的位置、作战区和攻击线一样，现在我要在地图上标记数百个农场和作业中心的部署情况。圆圈表示发起进攻的主要基地，即距离耕种区、驻扎区和居民点最近但迷失在无边无际的大草原中的城镇。[10]

在传统的游牧文化中，每个部落夏天控制一片区域，冬天控制另一片区域。如果你读过哈萨克斯坦经典小说《寂静的草原》(The

Silent Steppe），你就会发现书中几乎没有提到土地是如何被利用的。土地是游牧民族生活的世界，它从游牧人民出生的那一刻起就从四面八方围绕着他们，并一直延伸到他们祖先在牧场间迁徙时留下的足迹，或者是那些为了赶走入侵者而洒下鲜血的勇士们的纪念碑。农场实际上是苏联政府的一项发明，旨在从游牧民族那里获取粮食。游牧民族以不同的眼光看待土地："夏天时，绿色的草原如同地毯一般延伸在我们面前，野花香气四溢、五彩斑斓，令人流连忘返，还有从白雪皑皑的山峰吹来的清新的微风。"[11] 在这些区域，无法用其他地方的任何参照物来衡量距离。大草原上没有山丘和树木，无法把我们与大地联系在一起。我们的目光不可抗拒地看向上方那深邃而无边的天空。

我们有时可能会发现通往文化宇宙遥远部分的后门，就像所谓的黑洞一样：也许游牧生活和现代生活就是这样一个例子，因为现代文化显然也具有遥远的游牧先祖的特性，即无根性。游牧民族的气质渗透在哈萨克人的生活中，但当它与现代生活相结合的时候，产生了一种对被限制在一定范围内的奇妙抵抗。哈萨克人自古以来就习惯了自由的生活和开阔空间的新鲜空气，所以哈萨克人对明确的地理身份认同不感兴趣，这也不足为奇。欧亚之所以具有吸引力，是因为它被视为不同文明的结合体。在首都阿斯塔纳和阿拉木图随处可见欧亚银行、欧亚大酒店、欧亚媒体论坛、欧亚国立大学这样的名称。游牧文化似乎是人类古代史的关键，古代史的重建使所有文明都被视为与原始相关。

5. 两个朋友

在 1990 年首次出版的一本书中，亚历山大·索尔仁尼琴（Alexander Solzhenitsyn）认为，土库曼斯坦、乌兹别克斯坦、吉尔吉斯斯坦和塔吉克斯坦这四个中亚共和国可以毫不含糊、不可逆转地"分离"，但哈萨克斯坦的情况则完全不同。他写道："哈萨克斯坦目前的大片领土完全是以一种非常随意的方式拼凑起来的：凡是每年牛群迁徙经过的地方，都被称为哈萨克斯坦。"他说，哈萨克人聚集在他们祖传的土地上，主要分布在南部的弧形地带，从中国边境几乎一直到里海。索尔仁尼琴最后总结道："这里的人口确实主要是哈萨克人。如果他们想要分开，他们就必须在这样的界限内分开。"[12]俄罗斯现任领导人也有同感，普京有时暗示，在苏联解体之前，哈萨克斯坦从来就不是一个国家。

对于那些质疑哈萨克斯坦是否应该成为一个独立国家的人，一位名叫玛丽亚（Maria）的哈萨克年轻人告诉我："哈萨克斯坦已经独立了近30年。我们做得很好。我们想要独立。我们为什么要失去独立呢？"

在阿拉木图市中心的一家时尚咖啡馆（就在古典歌剧院大楼后面），我遇见了玛丽亚·沃罗尼娜（Maria Voronina）和她的朋友莱拉·特乌列巴耶娃（Leila Tyulebayeva）。我立刻被她们之间的反差震撼了。玛丽亚是个斯拉夫人。三四代人之前，她的家人从乌克兰搬到了哈萨克斯坦南部的一个城市——肯套（Kentau）。莱拉一半是哈萨克人，一半是鞑靼人。她出生在阿拉木图。她们都快30岁了，玛丽亚稍微大一点。

肯套离传统的图尔克斯坦市（Turkistan）只有20分钟的路程，那里是令人难以忘怀的、尚未完工的艾哈迈德·亚萨维陵墓的所在地，它是征服者帖木儿在伊斯兰教一位伟大精神领袖的坟墓上建造的。即使在今天，中亚地区的许多人仍然认为，三次参拜艾哈迈德·亚萨维陵墓就相当于去麦加朝圣。我去过图尔克斯坦，那里深厚的宗教信仰和传统的生活方式给我留下了深刻的印象，但图尔克斯坦和肯套截然不同。肯套是一座比较新的城市，主要居民是移民和被驱逐者。它是由第二次世界大战期间被驱逐出黑海海岸的希腊人建立的，其早期的人口包括希腊人、乌克兰人、朝鲜人、德国人和犹太人，其中许多是被苏联压迫的民族。1937年，朝鲜人首次来到了哈萨克斯坦，因为当时斯大林认为朝鲜人是安全威胁，将朝鲜人从符拉迪沃斯托克驱逐了出来。他们说着一种早已从朝鲜半岛消失的朝鲜语，夹杂着一些俄语词汇，在某些情况下，他们还向当地的哈萨克人传授农业知识，而哈萨克人当时仍然是游牧民族。至于德国人，18世纪下半叶，第一批德国殖民者来到了富饶的伏尔加草原。1941年德国袭击苏联之后，斯大林决定将德国人驱逐到北极、西伯利亚，幸运一点的人被驱逐到哈萨克斯坦。那时在俄罗斯可能总共有将近200万德国人。

肯套坐落在卡拉套群山脚下，这里有许多传说，还有许多神秘的地方，比如，找到这里的人可能会长生不老，也可能会繁衍很多后代。但是肯套是一个现代化的城镇，是现代世界的工业和采矿中心。当然，苏联有很多类似肯套这样的地方，但在人口稀少的哈萨克斯坦，他们能够更深刻地塑造民族文化。

玛丽亚解释说："在图尔克斯坦，每个人都说哈萨克语，甚至俄罗斯人也是。在图尔克斯坦，人们希望你说哈萨克语。图尔克斯坦是一个宗教圣地，陵墓是一个神圣的地方。但肯套是与众不同的。它是一个多民族的工业城镇。在我的学校里可能有十个不同的民族。"

现在情况已经改变了。玛丽亚告诉我，现在基本上没有人用"国际社会"这个词了，她觉得用这个词描述被驱逐出境者建造的城镇有点好笑。她最初的记忆是从 1992 年开始的。她家房子外面有一家面包店，从窗口她可以看到一长串排队买面包的人，长达数百米。肯套曾经绿意盎然，号称"小瑞士"，现在它正变成一个弥漫着绝望气息的小镇。"房子里太冷了，大家都用叫作'burzhuika'的大肚子炉子烧火，到晚上整座城市都弥漫着浓烟。"肯套各个方面和苏联都很像。这些年来，社会已经分成了两组人：一组人是用尽一切合法或不合法的方法努力赚钱；另一组人是等待国家解决一切问题，而当时国家几乎已经自顾不暇了。

玛丽亚家里没有这样的炉子，因为她的祖母认为炉子会把屋子弄脏。清洁是她所知道的唯一的控制方式，提供干净的房子和食物是她所理解的唯一的爱的方式。当玛丽亚被发现喝酒或抽烟时，她的母亲或祖母会扇她耳光、骂她，但实际上只有那些时刻才是她们唯一真正亲密的时刻，"以一种非常扭曲的方式分享情感和感受"。

玛丽亚和莱拉从小到大都曾交往过不同种族的男朋友。玛丽亚与鞑靼人、哈萨克人和俄罗斯人都约会过。她约会的那个俄罗斯人实际上是德国人，确切地说是伏尔加德意志人。伏尔加德意志人被斯大林驱逐出境后，最终来到了哈萨克斯坦。至于莱拉，她的家人从来没有对她约会的男孩表现出任何偏爱。如果她的父母不是特别虔诚的穆斯林，她的祖父母显然就更不是了。毕竟，如果回溯到三四代人以前，你不是处于某原始的传统之中，而是在苏维埃的革命热情中。由于俄语是莱拉的第一语言，一些人可能会认为她是"沙拉哈萨克人"，这是一个贬义词，意思是"一半哈萨克人"。她不再认为自己是穆斯林，事实上，她花了一些时间学习摩门教，并曾考虑成为一名摩门教徒。

玛丽亚的哈萨克语说得更好些，尽管作为一个斯拉夫人，人们并不指望她会说哈萨克语。我想知道，她们是否依然受几十年前或几个世纪前的故事影响。随着时间的推移，被放逐的斯拉夫人变得更加亚洲化，改变生活方式的土耳其人或哈萨克人逐渐褪去了原始世界的一切痕迹。我看着我面前的两个朋友，就像两个故事在向相反的方向移动，偶然相交，就像她们那样。

她们在大学的第一天就认识了，从那以后一直是最好的朋友，但是她们的兴趣却截然不同。她们以最高的考试成绩被大学录取，甚至在第一天之前就认识了对方，可能是竞争对手，但也是好奇的对象。玛丽亚是乌克兰人，但她似乎对欧洲和欧洲文化没有兴趣。"我曾经读过一些德国哲学家的著作，比如尼采，但仅此而已。我希望有一天能去欧洲，当然，看看一些建筑，但在内心里，欧洲对我并没有什么吸引力。中国、日本和土耳其对我的吸引力更大些。我甚至更想去乌兹别克斯坦、伊朗、伊拉克，而不是欧洲。欧洲对于我是一个舒适圈，没有足够的挑战性。"

与之相反，莱拉对欧洲有着明显的兴趣。她告诉我，她想在欧洲生活一段时间，一个接一个地参观欧洲所有的地方。当我问她们最喜欢住在哪个城市或国家时，她们的回答与各自的性格相符。玛丽亚想住在土耳其或者泰国。莱拉选择了阿姆斯特丹和加利福尼亚——忙于创新和打破常规的地方。她们选择的地方的唯一的共同点是玛丽亚不经意间透露的："当然，应该是一个有海的国家。"

莱拉曾经认为哈萨克斯坦是一个亚洲国家，有时她仍然这样说，但在韩国生活了一年之后，她就不再这样认为了。现在，即使是去邻国乌兹别克斯坦，她也觉得自己置身于一个完全不同的世界，"充满异国情调"，和自己的祖国完全不一样。在每个大国都想向超级大陆中心靠近的时候，哈萨克斯坦很幸运地发现自己已经在那里了。

我问她们，哈萨克斯坦和哪个国家最亲密，俄罗斯、土耳其、中国、欧洲还是美国？哈萨克人的心脏在哪里？玛丽亚和莱拉都告诉我，哈萨克人理所当然地认为，他们处于而且将永远处于中间位置。也许哈萨克斯坦的心脏在海边，在遥远的海洋。仿佛是为了验证我的理论，那天晚上我去阿拉木图歌剧院看乔治·比才（Georges Bizet）的《采珠人》（*The Pearl Fishers*），歌剧的情节发生在锡兰的海滩上，主角是一位名叫莱拉（Leila）的婆罗门女祭司。

第五章　中国的梦想

1. 高科技的东方主义

"但在语言识别方面，应该需要一个英语算法和一个汉语算法吧，这样机器才会有自己的国家身份。"

和我谈话的人笑了笑："不。这个算法是普遍适用的。"

"您这话怎么讲？"

"它可以通过学习识别各种语言。只要给它输入数据，它就会学习拉丁语或梵语。有些算法甚至发明了自己的语言。"

我来到北京海淀区百度科技园，会见了百度深度学习实验室主任林元庆。该实验室包括五栋独立的建筑，由廊桥连接，中央有一个小植物园，园里有潺潺小溪和新种的树木，中心处露出一个太空舱。在这里很容易迷路。海淀区拥有许多科技园，每个科技园都有数十家或数百家成熟的企业和初创企业，当前规模或许仅相当于硅谷的一半，但很快就会接近硅谷的规模。这种对比驱使我来参观百度。我先来到了花园，与百度的人员互致问候，然后来到了大厅，大厅有几部大型的自动扶梯，连接着楼上各层，也就是全球快节奏互联网公司的象征。

深度学习实验室是中国搜索巨头百度保持创新领先的方式之一，尤其是确保最新技术

进步能够迅速应用于其不同的业务，包括核心搜索算法。深度学习是人工智能领域的一个古老概念，许多人认为，这是我们构建软件的最大希望，它将使我们非常接近——甚至在某些情况下超越——人类的能力。深度学习基于两个想法。首先，智能机器必须能够自己学习如何执行复杂的任务。如果我们有足够的数据和计算能力，就可以向一台机器输入来自现实世界的输入和输出对，并让它开发出一个最佳方程式，可以通过一方数据得出另一方数据。举个例子，如果有大量的狗的照片，电脑就能找出识别狗的最可靠的特征。这就引出了第二个主要的想法：如果要模拟现实世界中比较复杂的对象，就需要组织复杂的结构化数据。术语"深度学习"指的是每个计算单元以更抽象和一般化的模式从以前的计算单元接收输入的方式。底层的每个单元接收外部数据（例如图像中的像素），然后将这些信息分布到第二层的一些或所有单元。第二层中的每个单元整合收到的第一层的信息，然后将结果传递给第三层。最终，顶层生成输出，也就是上面提到的完成狗的识别。在这个过程中，机器智能的工作方式类似于人脑中大量神经元的工作方式。

语音和图像识别是深度学习最直接的应用。元庆向我讲解了百度是如何开发出绝对可靠的语音识别应用程序的。识别程序的可靠之处在于，即使用户只是对着自己的设备窃窃私语，而非平常说话，他们的程序也能识别出来。目前，他们正集中精力研究如何将深度学习应用到自动驾驶中。将深度学习应用到预测系统还需要很长的时间，但距离未来实现的那一天越来越近了。

我问他："你认为中国应用技术的方式有什么不同？不仅局限于你们实验室技术的应用，也包括外面的其他技术的应用。"

"社会交往的强度。中国人从集体的角度看待自己。"

元庆曾在美国工作多年。回到中国以后，在文化方面需要调整的主要是对待隐私的方式。例如，在加州，如果一个人没有提前预约就打电话给他，那是不可想象的；但是在中国，每个人都随时在未提前告知的情况下打电话给他。

　　在讨论技术时提出这个问题似乎有些奇怪，但实际上，这个问题非常相关，也非常有启发性。从实验室中科学家的团队合作到不同技术在整个社会中传播的方式，技术都依赖于社会交往。不同的解决方案需要针对所有可用的替代方案进行测试。这是一个社会过程。最终，即使是最终消费者之间关于新产品的交流方式，也取决于这些交流模式在特定社会环境中的深度和多样性。我们当然有理由认为，紧密的社会交往方式促进了中国更为有效的技术发展和传播。尽管如此，这一点依然有助于说明两个科学文明之间可能存在巨大差异。科学文化所决定的模式和规则仍然依赖于人们的日常生活环境。

　　当今，如果你来到中国的任何一个城市，你会发现深度学习被应用于各个方面。语音识别软件是如此可靠，以至于现在许多年轻人都是口述他们的大学论文。如果你对某个物品感兴趣，拍了一张照片，特殊的软件就可以根据照片直接跳转到一个出售该物品的网站上。如果发生交通事故，人们可以很方便地拿出智能手机，拍张现场照片，用图像识别来确定损害程度，并提出保险索赔。成都一名大学讲师使用人脸识别技术，不仅可以记录学生出勤率，还可以帮助确定学生对于课程的厌倦程度。翻译应用程序可以让当地人和游客很容易地用自己的语言进行长时间的对话。百度开发的一款应用程序利用计算机视觉为盲人提供帮助，告诉他们面前是什么，既可以识别简单但重要的信息，如纸币的面额，也可以识别比较复杂的信息，如对话者的年龄，等等。百度还与一家全球连锁食品公司合作，在北京开设了一家新的智能餐厅。这家餐厅利用面部识别技术，根据顾客的年龄、性别和面部表情等因素，对他们可能点什么菜提出建议。安装在这家餐厅的图像识别设备会扫描顾客的面部，尝试推测他们的情绪，并猜测其他信息，包括性别和年龄，以便为他们推荐菜品。

　　中国似乎已进入互联网发展的新阶段，数字世界和实体世界的联系更加紧密了。在中国，移动设备首先是实体世界的一个链接和索引。对此有一些合理的解释，比如中国人口密度较高，或者中国大多数人的第一款计算设备是智能手机，而不是笔记本电脑。智能手机是便于移动的，而且始终保持连接的状态。然而，我怀疑主要原因是中国人对于互联网的一种不同的哲学态度。中国人把互联网视为一种在世界上进行活动的工具，甚至可能是改变世界的工具，而不是解读世界的方式。互联网最具创新性的用途不是由互联网公司开发的，而是由房地产开发商、银行和保险公司以及大型工业农场开发的。中国企业率先将互联网引入了实体经济中最不起眼的领域。

像微信这样的移动消息传送应用程序还可以用来支付租金、到商店购买咖啡、寻找停车位、获取路线、会议结束后交换联系方式、从传统的出租车公司叫出租车、预约医生、向慈善机构捐赠、转账给朋友和家人、观看大学讲座直播。两年前，该服务推出了一项"红包"功能，用户可以通过发送数字货币给朋友和家人来庆祝中国新年，而不是按照惯例把现金装在红色信封里给朋友和家人。2017年的一项用户行为调查发现，87.7%的微信用户将该应用程序用于日常工作交流。手机、短信和传真机的使用率为 59.5%，电子邮件的使用率为 22.6%。甚至扒窃行为也发生了数字化转变：骗子在原件上粘贴自己的二维码，欺骗用户付款或窃取个人信息。元庆所说的中国自我形象的集体性在这一切中都有所体现。脸书（Facebook）页面的文件和签名模式都很整齐，而微信则有所不同。微信群是未经组织的，其所有的信息都平等地流入到一个大背景下，好像是由一个作者写出来的一样。

在访问中国之后回到欧洲，感觉就像回到了过去，回到一个仍然使用现金、电子邮件和名片的世界。欧洲人已经习惯了新形式的社交和技术保守主义，这种对变革的普遍抵制在世界各地抬头，通常是因为受到严厉的监管调查，而亚洲似乎沉迷于变革，往往是为了自身利益。东亚的情况尤其如此，在那里，对技术的迷恋似乎有自己的逻辑，脱离了技术的实际用途。到日本旅游的人可能会发现，对于技术的迷恋是它最独特的特点，比在京都保留的一些谨慎的礼仪和仪式更明显。欧洲或美国似乎是不允许科技发展得太骄傲或太自负的。在日本没有这种限制，所以人们可以享受一些不那么有用的、过度的技术应用，如自动打开的出租车门、配备多种功能的马桶座圈，或接近小型飞机巡航速度的电梯。2001 年，科幻作家威廉·吉布森（William Gibson）试图解释他对日本的迷恋。他给出的答案是，日本已经成为"全球想象的对于未来的默认设置"。日本人似乎生活在"一个镜像世界，一个我们可以真正与之做生意的外星星球，一个未来世界"。[1]

为什么会出现这种情况呢？英国记者兼学者马丁·雅克（Martin Jacques）认为，关键因素是转型的速度。因为东亚社会被迫在短时间内赶上西方，他们经历了一种改变，这种改变在结构上与欧洲或美国的改变不同。[2] 在美国或者欧洲，个人经历已经有点脱离了历史性的巨变。事实上，在某些情况下，人一生都不会看到巨大的改变。但是在日本、韩国和现在的中国，历史的变迁几乎与个人生活的节奏同步。十年之后再来到北京，我们就真切地感受到了北京的巨变，因为现在的北京与我们记忆中的北京几乎毫无共同之处。

在过去，追赶西方的尝试似乎总是缺少一些关键的东西。有时那些尝试几乎是立即以失败告终，因为它们被限制在西方最新的产品或发明浪潮（通常在军事领域）中，忘记了只有采取某些行为或实践，才能使用那些产品或发明。即使现代化的改革深入到社会有机体，但是依然会与社会上其他一些未改革的因素发生冲突，或者只是复制了西方之前的一个发展阶段，很快就会被下一个发展阶段取代。但是过去几十年以来，日本、韩国和中国等国家似乎与上述情况产生了结构性的区别，因为它们以更直接的方式捕捉到了现代社会和现代技术的精神。我们不禁好奇，它们是否已经内化了这一精神，比西方的局限性更小？当中国觉得自己终于赶上欧洲和美国时，它会停下来吗？还是会继续推动新技术的发展，从而产生强大的社会、政治影响？目前，中国的制造商正计划以前所未有的规模引进机器人和自动化技术，希望建立"黑暗工厂"，即可以关灯的工厂，因为那里只有机器。这样会对社会习惯和结构造成显而易见的破坏，但许多人认为这是中国首次领导的技术革命，为德国或美国提供了它们所缺乏的动力，这些国家已经在聚光灯下发展了一段时间。

欧洲和亚洲之间的巨大鸿沟是基于这样一种观念，即欧洲已经进入了一个不同的历史时代，这个时代以进步和不断变化为标志，而亚洲仍然是传统的囚徒，在传统中如果发生了变化，那也不过是循环往复的运动。欧洲人会前往伊朗、印度或中国，寻找他们认为与自己过去有关的那种异国情调，并在那里发现一种无声的警告，即如果他们放弃现代社会的价值观，他们可能会倒退到眼前这个世界。值得注意的是，这种看待世界的方式——全世界都应该适应欧洲历史发展模式——已经发生了翻天覆地的变化。亚洲不再是一块永远停滞不前的土地，它现在似乎对未来有着特殊的要求。如果有一个城市似乎实现了《银翼杀手》电影中的美学，既黑暗又闪闪发亮，那么这个城市一定是北京。这表明，西方看待中国的角度仍然比较扭曲，却与之前相反。如今，关于追求完全现代化，欧洲可能比任何其他国家或地区都更焦虑。在这个过程中，欧洲人发现亚洲社会不是活在过去，而是活在科幻小说的世界里。在这个世界里，没有什么东西是真实存在很长时间的。亚洲社会已经从发展缓慢的社会转变为发展迅速的社会。

由此，欧洲和亚洲之间的鸿沟消失了。

2. 西方问题

自16、17世纪现代欧洲崛起以来，世界体系一直保持着同样的基本形式。欧洲核心以外的国家面临着两种选择，或是接受欧洲的思想和实践，或是被欧洲文明所淹没。代表性的模式是以经济和技术手段确定无与伦比的军事霸权，并针对所有传统的思维方式进行意识形态启蒙。日本、土耳其和俄罗斯等国在解决这一困境中脱颖而出。俄罗斯的解决方案是——共产主义。作为一种意识形态，马克思主义或西方共产主义与"西方问题"的内在动力联系如此紧密，以至于人们合理地认为，除此之外，马克思主义没有发挥任何其他的历史作用。

20 世纪极权主义是对"西方问题"的最好回应，尽管极权主义各学派之间存在分歧和复杂性。德国正在向着西方蹒跚前进，虽然充满曲折；日本认为必须应对西方思想的专横优势。西方思想以英国的商业贸易和法国的自由理论为代表，后来在大陆范围内被美国思想所取代。一方面，这些都是外国思想，日本和苏联几乎本能地认为这些思想是低劣和腐朽的。另一方面，日本和其他一些国家的力量是不可否认的，它们有能力生产最先进的机器，增加工业生产，从而供养大型国家机构，对于阻碍它们前进的国家或个人形成威胁。法西斯主义的解决方案是，从西方社会中只提取与这种权力要素直接相关的要素，也就是一种权力崇拜形式。极权主义社会就建立在这种权力崇拜之上。正如墨索里尼在其 1932 年的法西斯主义学说中所说："法西斯国家表达了行使权力和命令的意愿。"

这一点在日本近代小说家谷崎润一郎（Junichiro Tani-zaki）1924 年写的小说《痴人的爱》（Naomi）中得到了很好的体现。小说的男主人公河合让治迷恋西方，在小说中少女娜奥米就是西方的象征。当然，娜奥米是日本人，河合让治也是日本人，但是娜奥米的名字和容貌都带有明显的西方特征，正如河合让治所追求的西方形象一样。他们见面后不久，他对她说："你看起来像玛丽·毕克馥（Mary Pickford）。""大家都说我像欧亚人。"她回答。在故事的关键时刻，河合让治突然意识到他的爱没有任何精神上的东西。正如他所说，他终于意识到娜奥米并不像他所希望的那么聪明，她永远不可能成为他心目中完美、成熟的女人。坏教养就是坏教养。那么他对她的迷恋消失了吗？一点都没有。虽然她的头脑对他不再有任何吸引力，但她的身体却更加有力地吸引着他。她的皮肤、牙齿、嘴唇、头发和眼睛都深深地吸引着他，但是精神上对他没有任何吸引力。她的思想辜负了他的期望，但她的身体已经超越了他的理想。

毫不奇怪，从这一刻起，故事开始向坏的方向发展。正如谷崎担心日本政坛会因为受西方物质权力的致命吸引，忽略生活方式更深刻的含义，从而发生危险的转变。他认为，如果日本正在建立一个精神空虚的社会，那是因为它试图以非常局限的方式复制西方的物质，即物质力量。

对俄国民族主义者来说，共产主义的意识形态工具提供了许多优势或可能性。在一个已经受西方影响长达两个世纪的文化世界中，任何本土意识形态都不可能被认真地视为对西方的挑战。另一方面，共产主义是来自西方的舶来品，它承载了西方产品的权威和声望。同时，它也不是西方意识形态国家机器的一部分。共产主义作为一种旨在推翻当前西方社会的革命意识形态，很容易被俄国民族主义者在全球范围内用于反对西方的斗争。这样的模仿永远不会奏效，但如果你模仿你的模仿对象，压制自己的情绪，也许你可以侥幸成功。或许你会在模仿的同时克服缺点。这看起来似乎是两全其美的方法。

俄国民族主义者清楚地认识到，西方的霸权是建立在科学世界观的基础上的，是一套连贯的思想和技术体系，单凭西方的技术是无法抗拒的。共产主义与西方自由主义同属一个层面，具有相同的宣传价值。无论如何，共产主义提供了另一个强大的优势。它是一种意识形态，强调社会物质和经济方面优先于其他各方面。因此，俄国可以利用这种意识形态把精力集中在它需要赶上西方的那个领域。1928 年，斯大林在一次演讲中说：

> 我们必须超越发达资本主义国家的先进技术。在建立新的政治制度，即苏联制度方面，我们已经超越了先进的资本主义国家。这很好，但是还不够。为确保我国取得社会主义的最后胜利，我们还必须在技术上和经济上超越这些国家。要么我们做这件事，要么我们将被迫走投无路。[3]

他深信彼得大帝为消除俄国的落后所做的一切努力——狂热地建造工厂来供给军队——注定要失败。这种落后只能通过无产阶级和全新的体制才能克服。"只有我们布尔什维克才能做到。"这是一个强大的意识和潜意识动机，但是依然非常悲惨和荒谬，因为列宁强烈反抗西方

霸权时，四处探索适合俄国的意识形态，最
终找到的唯一的意识形态源自德国哲学家马
克思。[4]

3．中国通往欧洲的桥梁

世界上失落的城市都被发掘出来了。现代
的人们渴望像古时候那样，生活在不为人知的
地方。类似地，新发掘的城市就是最近才建立
的、几乎没有人听说过的城市。

中国小城霍尔果斯位于中国和哈萨克斯坦
的交界处，大多数地图上其实都找不到这个小
城。它是 2015 年新建设的小城，从零开始新建
了宽阔的大道，组成了不规则的道路网络，给
人一种加州小镇的感觉。绿树成荫的街道上有
宽阔而质朴的人行道。建筑工人正忙于工作。
从远处看——从哈萨克斯坦边境看更好——这里
有一排新建的摩天大楼。大多数交通灯尚未投
入使用，但一些街角的大屏幕上显示着计划连
接欧亚大陆的新基础设施的地图，明亮的箭头
像彗星一样纵横交错地穿过大草原。随着各种
城市设施的建设和完工，目前小城人口已经达

中 国 的 梦 想

到 20 万左右。

中国人将霍尔果斯视为一个连接东西方的城市，并且是其"一带一路"倡议下的首个试验项目。"一带一路"倡议旨在通过便捷的交通基础设施、贸易、金融和文化交流，将中国与中亚、欧洲连接起来。来自中国新疆及更远的地方的年轻人纷纷涌向这里。在一条商业小巷里，一家出售格鲁吉亚葡萄酒的商店的招牌上使用了五种不同的语言文字：汉语、西里尔语、罗马语、格鲁吉亚语和阿拉伯语。

我想这一定是一项世界纪录。我在当地的福芸（Fuyun）餐厅吃了饭，那是一个繁忙的新餐馆，供应昂贵的鱼和海鲜菜品。当一个中国城市有了第一家海鲜餐厅，你就知道它正在起飞。工作人员利用我来吃饭的机会学习了一些新的英语单词，而我通过点击电子菜单上的图片点餐。这个地方非常热闹，这也反映了这个城市的情况。我在福芸餐厅遇到了博士皓电子（Boshihao electronics）的一名员工。博士皓电子是在南方城市深圳注册的一家公司，它计划在霍尔果斯开设机器人生产车间，预计 2017 年开始向欧洲出口服务机器人。这里每个人都忙着赚钱，无暇顾及过于严格的规则：或许这里永远都不会打开交通灯。这座中国最年轻的城市充满了雄心壮志。对于许多从中国东部大城市涌入霍尔果斯的年轻人来说，这里简直就是新兴的狂野西部。

当你越过边界进入哈萨克斯坦时，整体的感觉就会变得缓和。哈萨克斯坦边境的小城（也叫霍尔果斯，但发音有所不同）仍然和过去差不多的样子：几十栋老房子聚集在一座漂亮的清真寺周围，还有一条通往边境哨所的路。但你可不要被愚弄了。我从新阿腾克里火车站下夜班火车后，找回了狂野西部的感觉。二三十个乘客很快都离开了，在荒凉的沙丘中，只剩下我一个人和一群正在吃草的羊。这确实是一个荒无人烟的地方，但为什么这里有一个崭新壮观的火车站？为什么有两条车道的高速公路正在最后的建设阶段？

在驶出车站的路上拐了个弯后，我突然看到了三辆黄色的大吊车，在清晨的阳光下闪闪发光。这是新的霍尔果斯港，这是一个雄心勃

欧亚大陆的黎明：探寻世界新秩序

勃的新项目，旨在建造世界上最大的港口之一，这个港口可能是地球上离海洋最远的地方。这就是对于全球化的讽刺。霍尔果斯项目的首席执行官卡尔·盖桑（Karl Gheysen）接待了我，我们围坐在一张桌子大小的地图旁，思考着这里正在发生的变革。

中国和欧盟已经是世界上仅次于美国的两个经济体，预计它们之间的贸易将继续增长和多元化。假设在两者之间的中途点建设一个港口，货运列车在那里集合，卸下集装箱，然后根据目的地重新组合货物，装入新的列车后很快离开（我看到巨型起重机仅用 47 分钟就在各列车间组好了货物）。不过，这仅仅是个开始。一旦港口完全投入运营，同时利用新基础设施、低劳动力成本和不同经济区域日益精细的产业分工等优势，其贸易路线沿线可能会出现新的工业区和城市。特别是中国制造商肯定会被吸引，因为如果他们在哈萨克斯坦建立工厂，那么进入俄罗斯市场可能不用缴纳任何关税，因为俄罗斯和哈萨克斯坦都是欧亚经济联盟（关税同盟）的成员。连接东西方的古代丝绸之路可能会强势归来。

盖桑来到这里之前曾在迪拜工作过，他对霍尔果斯的愿景深受迪拜有关港口和经济区的概念的启发。经济区的发展会促进港口的发展，而港口的发展也能推动经济区的发展。当你想要从无到有地创造大的东西时，这种交互是必要的。

盖桑告诉我，与任何物流障碍相比，更需要注意的是心理障碍。这里的每个人都在帮助消除这种心理障碍，即东西方、欧洲和亚洲之间的心理障碍，政府和企业组织活动的障碍。如果丰田想要从日本或中国工厂交付汽车到哈萨克斯坦，它的欧洲子公司会负责物流；其鹿特丹或布鲁塞尔的人员考虑的最短物流不是从日本或者中国到哈萨克斯坦，而是从荷兰到哈萨克斯坦。很难想象这些差别会有多大，它们会在多大程度上干扰我们所说的高效物流。在某一时刻，这道屏障会坍塌，从而改变这一切。以后不再一边是欧洲，另一边是亚洲，而是一个相互联系日益紧密的欧亚大陆。

从中国港口到欧洲港口的海运需要一个多

月的时间，而这些新的铁路货运可能只需 10 天就能从中国到达西欧。从一个港口到另一个港口的运费总是比较便宜的，但是货物不是在港口生产的，人们也不住在港口。事实上，随着中国工厂迁往内陆，以应对沿海地区的环境拥堵，并寻求更低的劳动力成本，从海上向世界各地运输货物可能不再有任何意义。以重庆为例，那里的产业一直在集聚。如果运输路线需要从重庆到中国海岸，再从鹿特丹到基辅这样的城市，其实路程非常遥远。如果你只选择这段路程的陆地部分，那么两座城市之间的陆地距离就比较近了。

从表面上看，通过铁路、公路、能源和数字基础设施组成的新网络是连接欧洲和中国的最短、最直接的路线。"一带一路"倡议的目标是打造世界上最长的经济走廊，连接欧亚大陆东端的亚太经济区和西端的欧洲地区。霍尔果斯是一个鼓舞人心的想法，因为它正迅速成为中国和欧洲之间的边界。毕竟，哈萨克斯坦是一个欧洲国家，其部分领土位于欧洲地理边界之内，这一标准经过了充分的检验。

从物流方面开始，很快就会发现还需要处理一些更棘手的问题。该项目虽然还处于初期，但它也带来了相当大的地缘政治风险。2016 年末，与美国人侵伊拉克有关的军事安全公司黑水国际（Blackwater）的创始人宣布，他计划在新疆建立一个新的运营基地，以支持巴基斯坦、哈萨克斯坦、乌兹别克斯坦和阿富汗的"一带一路"建设。在哈萨克斯坦，该项目引发了人们对中国影响力增强的担忧。在巴基斯坦，将中国边境与印度洋瓜达尔港连接起来的经济走廊需要通过军事手段来确保安全。巴基斯坦已经建立了一支由 15000 名军事预备役人员和警察组成的专职安全部队，致力于新的基础设施项目建设。在俄罗斯，该项目正受到越来越多的关注。

2017 年 5 月，中国首届"一带一路"国际合作高峰论坛聚集了约 30 位国家领导人。该峰会旨在通过电视节目和采访、全面的报纸报道、音乐短片，甚至是儿童睡前故事向海外宣传推广"一带一路"倡议。"一带一路"首次成为大多数国际媒体的头条新闻，许多欧美媒体也首次引入了这一概念。

中国国家发展和改革委员会与中国国家开发银行编制的一份文件，清楚地表明了"一带一路"倡议在巴基斯坦的计划。根据该倡议，中国对巴基斯坦的计划主要集中在农业和低技术产业，推进专业化模式。该计划概述了在巴基斯坦建立整个农业价值链的计划，包括提供种子和杀虫剂。受欢迎的指导机制是信贷，中国政府和国家开发银行将向那些对农业领域感兴趣的企业提供帮助。

该计划还显示出对纺织业的兴趣，但其重点是纱线和粗布。有人提出，中国的部分过剩劳动力可能会转移到巴基斯坦；建立国际价值链被描述为"引进外国资本，建立国内联系，进行东西方交流"。最后，中国和巴基斯坦之间的光纤连接将为传播中国文化的新型数字电视服务和确保项目安全的电子监控系统奠定基础。

中国已经开始了一项巨大的工程。该工程的回报可能非常可观，但风险也是巨大的，它将影响到所有人。这就提出了一个问题：为什么欧盟迄今一直被晾在一边？有人会认为，在恢复欧洲和亚洲之间陆路的历史性项目上，欧洲应该发挥积极的作用。

虽然"一带一路"最初的重点是在中国周边，但欧洲是其最终目标和主要理由。多次提到丝绸之路，让我们联想到连接大西洋和太平洋的旧的贸易网络。在提出这一点的人当中，中国人民大学的教授王义桅是突出的代表。他认为，"一带一路"对欧洲和中国同样重要，为应对挑战提供了一个及时的机会，否则，欧洲可能会长期受到这些挑战的困扰。有两个例子很明显。首先，随着乌克兰危机让欧洲措手不及，王写道，"似乎为了加强欧洲一体化，不能再局限于当前欧盟的行动"。在此背景下，他还提到叙利亚，这再次提醒人们，如果欧洲要生存和繁荣，就必须把目光投向东方。其次，"一带一路"为欧盟提供了一个明显的机会，让欧盟有机会实施自己的"重返亚洲"战略。美国正在迫切地将其战略重点转移到亚洲。[5]

最近，一些历史学家指出，古丝绸之路与其说是关于商品贸易，不如说是关于文化、思想、宗教和人民的交流。前者的规模总是有限的，而且大多是地方性的。后者则多次改变了世界历史的进程。[6]

最终，"一带一路"也将如此。从基础设施和贸易到政治、文化和安全，各方面的溢出效应并不是该项目的缺陷，而是其最基本的特征。在习近平的领导下，中国意识到它正冒着成为新加坡的风险，即通过贸易与世界其他国家联系起来的经济强国，但在政治上却成为孤岛，无法向外部世界表达自己对普遍文化和普遍价值观的看法，最终只能依赖其他国家创造的、无法控制的全球体系。很多人预测，中国将成为世界上最大的经济体，它觉得自己的政治和文化影响力需要按比例增长，从东南亚和中亚的外围国家开始。我在北京与中国的学生交谈时，他们都反复强调，中国希望把改革开放近40年来所得到的一切回报给世界。

在过去，中亚大草原是新文明诞生的地方，旧文明有时也会在这里消亡。霍尔果斯有很丰富的历史，但它没有过去的痕迹，没有废墟，没有麻扎（中国新疆地区的穆斯林中实行的一种特殊墓葬制度）或古老的宣礼塔。你将看到的是它的未来。

4. 实践检验真理

"我们已经了解了您的观点，但是我们并不认同。"

我刚刚在中国人民大学重阳金融研究院就"一带一路"做了简短的报告，但这家颇具影响力的智库的执行院长王文解释说，他已经非常了解我的想法。前一天晚上，我在北京大学的一个研讨会上阐述了我的看法，之后，各领域的专家都在他们常用的即时通信应用上对我的看法进行了讨论，或者更确切地说，进行了全面的批评和驳斥。

"您认为地缘政治是最重要的。请问您是否阅读了'一带一路'的官方文件呢？官方文件里有地缘政治这个词吗？"

王文指的是 2015 年 3 月中国政府发布的《推动共建丝绸之路经济带和 21 世纪海上丝绸之路的愿景与行动》（以下简称《愿景与行动》）这一文件。丝绸之路经济带致力于把中国、中亚、俄罗斯和欧洲通过欧亚大陆连接起来。陆上部分被称为"经济带"并非巧合：路只是两点之间的交通纽带，而经济带是一条贸易、工业和人民密切交流的经济走廊。海上丝绸之路有两条，一条是从中国沿海经南海和印度洋进入欧洲，另一条是从中国沿海经南海进入南太平洋。在海上丝绸之路方面，"一带一路"倡议侧重于建设畅通、安全、高效的连接主要海港的运输线路。陆上和海上部分将共同连接大约65个国家。在中国，人们更喜欢用"一带一路"来代表这一项目。

该文件提出了加强互补经济体之间经济一体化的愿景。它的目的是促进经济因素有序自由流动，更有效地配置资源和深化市场一体化。重要的是，这一倡议遵守的是市场规则。确实没有提到地缘政治方面的考虑。或许该倡议从未考虑过地缘政治。王文坚持认为，我的西方思维方式强调区别和反对，而中国人至少是那些没有受到同样教条影响的中国人则重视合作和协议。他说，其他国家不可能接受西方的价值观和理念，但他们会接受中国的道路和发电站。

"你认为这只是公开的声明吗？你认为文件之外还有什么秘密的声明吗？这是不可能的。中国是一个非常大的国家，有许多地区和地方政府。想象一下，如果通知地方政府的事情和要求他们做的事情不一样，那会造成很大的混乱。"

我向后靠在椅子上。当然没有什么秘密的声明。我可以接受中国政府对地缘政治不感兴趣的事实，但如果不管你愿意与否，地缘政治因素最终成为决定性因素了呢？我向王文指出，西方地缘政治思想的发展是一种深刻的认识。就像精神分析学一样，它不是描述一种立即可见的观点，而是描述多种力量的博弈，这种描述很大程度上需要超越意识并经过特殊的训练才能完成。

《愿景与行动》文件没有讨论地缘政治，但在一些最有趣的部分，它发展了一种强烈依赖政治权力的经济一体化理论。文件中最雄心勃勃的声明可能是关于经济政策协调方面的表述，即"沿线各国可以就经济发展战略和对策进行充分交流对接，共同制定推进区域合作的规划和措施，协商解决合作中的问题，共同为务实合作及大型项目提供政策支持"。这一概念阐明了经济权力与全球经济核心的依赖关系。专业化和比较优势的模式决定了每个国家在全球经济中所处的地位，并因此决定了它可能希望实现的绝对和相对繁荣的程度。

中国决策者和西方决策者都认为，经济和金融全球化使得一个国家难以追求特定的经济愿景。但中国人更倾向于重新定义全球化游戏规则，而不是放弃所有形式的经济规划。《愿景与行动》文件确定的一个重点是改善"产业链分工布局"。在工业生产价值链分工问题上，反映"一带一路"沿线国家国家利益的立场和偏好可能存在差异，甚至相互矛盾。在这种情况下，观察人士不应抱有幻想，认为中国作为"一带一路"倡议的发起者，在追求自身利益方面处于独特地位。

在全球价值链时代，国际专业化和分工的模式尤为重要。今天很少有产品是在一个国家生产的。实际上，一个国家的制造业进口的很可能是中间产品，即大宗商品、零部件或用于制造本国产品的半成品。随着全球价值链的出现，将出口视为好事、将进口视为坏事的重商主义做法开始显得适得其反，甚至自相矛盾。如果一个国家对中间产品的进口征收高关税，设置障碍，那么首先受到影响的将是它的出口。因此，国内公司需要确保可以进口世界一流产品和服务，以提高自身的生产力和出口能力。在这个新时代，跨越国界的思考是值得的。当中间投入多次跨越国界时，即使是较低的关税和较小的边界瓶颈也会产生累积效应。针对进口的保护措施会增加生产成本，降低出口竞争力。

这些都是贸易自由化的良好依据，但是你按照最有效的路线组织生产的能力会发生什么变化呢？如果产品完全在一个国家生产，你就可以完全控制整个过程。如果产品是跨国生产，即各价值链内复杂的劳动分工的综合结果，那么事情就会变得相当棘手。你想要的是每个价值链中最好的那些环节。产业政策越来越多地以任务为目标，而不是以产业为目标，但要实现这一点，你必须获得其他国家产业政策的杠杆，以便能够在整个价值链中组织生产。一个国家进入供应链中价值更高的环节，比通过提高已经占据的环节的生产率能获得更多的收益。

因此，如果中国想要专注于特定价值链的某一部分，就需要与其他国家实现高度的互补性。只有在建立了适当的运输和通信基础设施，并且其他国家采取正确的经济政策决定的情况下，这一目标才能实现。一位中国专家告诉我，"一带一路"倡议是首例"跨国"产业政策，以前所有的产业政策都属于国家政策。他的观点是有道理的，因为即使是欧盟在建立雄心勃勃的跨国规则和体制框架时，它也倾向于放弃建立跨国产业政策，理由是这种政策无法在跨国层面实现。这指出了不同整合模型之间的冲突。

全球价值链发展的先决条件无疑是运输和通信网络，但关键因素是一系列产业政策决定——各个国家根据其产业决定努力进入已经占据的价值链的新链条或新环节。中国希望自己的产业政策与占据价值链其他环节的各国的产业政策保持连贯性，以避免陷入中等收入陷阱（即一个国家在达到一定收入水平后，陷入经济增长停滞期），加快进入价值链中价值更高的环节。作为回报，中国可以提供廉价的融资，以及经济发展模式方面的经验。中国的经济发展模式能以前所未有的速度推进工业化和城市化，是已经证明了的非常成功的模式。

在实践中，中国的产业可能需要可靠的零件或中间产品供应商，或者它可能会尝试在海外建立装配工厂以避免进口关税，同时将大部分的生产环节留在中国。它可能会设法创造新的机会，出口中国生产的原材料或中间产品，或者相反地，确保自己的产业有稳定的原材料供应。

政治权力和经济实力紧密相连，二者之间可以互为助力。我要提醒大家的是，即使"一带一路"完全是一个经济项目，但这并不意味着它与政治无关。在离开之前，我问了王文一个问题："您对'一带一路'的描述完全基于经济价值，没有任何关于政治或文化价值观的内容。这是为什么呢？为什么您认为经济价值观可以被普遍接受，吸引不同的人，而政治价值观却不行？"

王文笑了笑，解释道："邓小平说过，实践是检验真理的唯一标准。"他转向他的助手，迅速地讨论着如何用英语表达这句话中的某些词语，用"test"还是"criterion"？最终他们决定用"test"这个词，不经意间表露出权威的原话必须保持原样。

"所以你看，实践会引导我们。我们实事求是，从实际出发，而不是从理论出发。"

事实是，欧洲和中国的行动模式之间存在着根本性的差异。欧洲人会在脑海中先构想出一个理想的模型，然后他们试图执行这个模型，改变现实，使其与计划中的模型相似。从柏拉图开始，欧洲哲学专注于寻找弥合模型和现实之间的距离的方法。与提前建立行动模式相比，中国人更倾向于考虑自己所参与的事件的过程，顺其自然地发展，然后充分利用其结果。现代中国正在发展一套以国家能力和效率为中心的新的政治价值观。由于政策目标是根据实际情况而不是理想化的情况来实现的，因此实现这些目标被认为是必然的。而不同的行动模式似乎在欧洲和中国的各种现代政治中得到了充分的保留。

那天晚上，我后来回到了中国人民大学，在王义桅教授主持的"一带一路"研讨会上发表了演讲。这表明事情发展得非常迅速，人们已经可以参加一个专门讨论该倡议的完整研讨会，而王义桅是第一本关于"一带一路"的英文书的作者。他派了一名学生到人民大学西门接我，我们在学校餐厅共进晚餐，同行的还有一群欧洲学者和学校智库的研究员。我在开始演讲时，隐晦地提到了那天上午与王文的谈话：

"今天早上，贵校一位有影响力的思想家告诉我，我习惯从地缘政治的角度思考，是因为我的欧洲血统，而在中国，没有人会这么想。我同意地缘政治不是考虑'一带一路'的方式。如果我的想法听起来很陌生，请你们原谅。我正在努力向你们学习，而且毫无疑问，我的想法已经不像昨天那么陌生了。"

另外，各种思想似乎发展得很快，而且得到了人们的认真对待，这与我在欧洲或美国大学和智库经常遇到的普遍冷漠的态度形成了鲜明对比。第二天一早，当我收到一个研讨会学生发来的电子邮件时，这种印象得到了证实。上面写着：

　　作为一名政治学专业的学生，我对"一带一路"的看法更具政治性。中国正面临一系列边界问题，从东海到南海。解决这些问题的困难来自宗教、历史、政治以及美国的压力。对利润的追求、对中国崛起的不安、美国的推动都是冲突的催化剂。中国希望在一个相对和平的环境下发展，前两个问题（对利润的追求、对中国崛起的不安）可以通过与其他国家建立新的密切关系来解决或减少。如果一个国家想获利，那应该是可以合作的。但是最后一个问题（美国的推动）是一个复杂、危险的问题，只能通过寻求新的发展方式、新的合作方式来解决。中国因其经济规模较大而被接受，但因其思维方式不同而不受欢迎或不被理解。如果这一直是一个需要其他国家理解的问题，那就不是因为中国的

中国威胁论

好战性。中国的思想是由中国人民决定的，中国人民历来勤劳、务实、温和，习惯于避免冲突，喜欢和解。在我们看来，与他人的良好关系是共同合作，一起赚钱。我学到了"零和博弈"理论。当然这一理论是非常现实的，但这种想法很难吸引中国人，大多数时候我们讨厌混乱和激烈的斗争，即使它能给我们带来利润。举个例子，我们更欣赏那些"不战而屈人之兵"的人，而不是在每一场战斗中都取得胜利的将军。

中国人喜欢从长远角度考虑问题。在中国文化中，只有发展和变化才是永恒的，融合应是包容性的，不断学习是天经地义的。中国人总是谈论全球合作和共同发展，你可能会觉得荒谬，但实际上他们就是这么想的。他们从逻辑上知道这可能无法实现，但从情绪上依然想表达他们的期望。中国人可以感受到来自西方文化的排斥。如果你想知道中国梦是什么，那一定是中国被世界各国接受、欣赏和赞赏。这不同于所谓的朝贡制度，而是中国文化中的一种心理认同感。中国人的思维方式只能通过了解其历史去理解。或许甚至中国的国家身份认同也与欧洲不同。

信中提及朝贡制度令人有些好奇。在两千多年的时间里，中国统治者在外国统治者承认他们至高无上的地位的基础上，发展了一套国际关系体系，即外国统治者有义务向中国统治者进贡。这种将整个世界视为一个单一政治单元的中心观念类似于中国传统住宅的布局。中国本土是中央大厅，内部依赖是门窗，外部依赖是栅栏。该体系自中华文明崛起以来，就定义了中国与其他国家的关系，直到面临西方帝国主义政治的重压，该体系才崩溃。这是"数千年来史无前例的巨大动荡"，19世纪下半叶清朝著名官员如是说。

有人可能认为朝贡制度非常实用。它不是在国家之间建立抽象的法律关系，而是假定它们必须在重复和更新的实际仪式中彼此达成协议。这一制度在很大程度上也是儒家社会和政治秩序的日常实践的延伸：等级、传统、仪式化。对中国皇帝来说,国际体系是收贡,同时向进贡的人赠送价值更高的皇家物品。

中国人民大学学生所呼吁的共同信念是大家熟知的相互尊重、相互信任、互惠、平等和合作共赢,但这些信念中也隐含着对中国等级制度理念的诉求。毕竟,外围外交占据着中心地位。道德化的国际政治概念意味着忠诚、感恩和友谊等价值观很容易转化为相互依赖的关系。

5. 穿过那面镜子

对于古丝绸之路,我们的脑海中有一幅清晰的影像:一列骆驼商队在中亚某个沙丘附近消失,可能是正在赶往一个商队旅馆。那么"一带一路"会是什么样的情景呢?

有两种比较极端的可能情景。第一个是俄罗斯作家弗拉基米尔·索罗金(Vladimir Sorokin)2006 年出版的科幻小说《一个禁卫兵的一天》(*The Day of the Oprichnik*)中关于"道路"的描述:

这是一项了不起的工程。它从中国广

州出发，穿越中国、哈萨克斯坦，进入我们的南部边境口岸，横穿俄罗斯母亲到达布列斯特（Brest），然后直接到达巴黎。这就是广州—巴黎道路。由于所有必需品的生产都逐步流向中国，因此修建了这条连接中国和欧洲的道路。

这项工程包括 10 条子弹头列车地上轨道和 4 条子弹头列车地下轨道，这是一项巨大的工程，而且，毫不意外地，它还拥有针对各种破坏分子的不寻常的安全措施。原则上，丝绸之路经济带新建的交通基础设施可以带动沿线国家的发展。越是重要的交通基础设施，就越容易成为恐怖分子和叛乱分子的目标，因此该工程的发起人必须采取一切必要措施将风险降低到可控制的程度。结果是，这项工程只是连接两边的端点，而与其横跨的区域完全隔离。霍尔果斯陆港可能要适应这种模式，即如果在霍尔果斯没有业务，那就永远不会进入霍尔果斯。

另一种模式是现代早期连接意大利和低地国家的"城市带"。意大利和低地国家当时是欧洲的两个商业资本主义中心。它们是贸易和金融的集散地，也是旅游和文化交流的站点。能否在中亚复制这一模式？无论如何，该模式都是古丝绸之路的一个改良版本。这并非不可能。有趣的是，霍尔果斯已经初现这一发展模式的早期情景。

距离边境哨所几百米处，中国一侧有一个大厅，外面排着长长的队伍。你可能一开始会认为这是在边境，进入大厅后发现各种程序与海关和移民检查的程序并没有什么不同。穿制服的边防警卫会检查你的护照，问你几个问题。但是当他们挥手让你进去时，你发现自己不是在哈萨克斯坦，而是在国际边境合作中心。

这个概念非常简单，但实际上这是第一次尝试。想象这样一个地区，人员可以自由流动，无须出示任何身份证件就可以跨越国界，贸易也没有关税和其他壁垒。欧洲联盟就是这一设想的完美例子。现在以中国和哈萨克斯坦为例。当然，这两个国家既不愿意也不能够创造同样的自由流动和交流区域。然而，它们所能做的是分割出小部分边境领土，在有限的范围内建立这样一个区域。当你进入国际中心时，你仍然在中国。私家车是禁止进入的，但你可以乘坐出租车、高尔夫球车和较大的手推车四处走动。从入口处的排队到乘坐高尔夫球车，再到空气中洋溢的兴奋和享受的感觉，一切都像是一个游乐园。当你真正到达两国边界时，它只是一个象征性的大门。你可以继续走，最终会到达国际中心和哈萨克斯坦之间的边界。在那里你必须返回，但在外部边界内，你可以多次穿越内部边界，就像在德国和法国之间穿越一样。

　　这项尝试的主要目的是在众多令人印象深刻的卖家中寻找物美价廉的免税商品。你可以购买的货物数量是有限制的，但这并不是吝啬，随着时间的推移限购的数量可能会增加或者被取消。目前整个地区只是一个大型的购物商场：中国部分由一系列独立的市场提供各种商品；哈萨克斯坦部分较小，处于发展的初始阶段，它的计划实际上看起来更为复杂，有望提供更多的民族特色体验。中国这边有一家很好的酒店，但是也许只有一些店主愿意住在那里。

我找不到一家真正的餐馆，这里没有什么娱乐选择，甚至没有多少空间可以安静地散步。但是，该地区目前已经相当大了，如果进一步扩大，可能会发展成一个跨国城市，市民可以在两国之间生活和工作，自由地获取他们所需要的东西。这是该地区可能并希望成为的模式。

当漫长的一天结束，中国人和哈萨克人必须通过各自国家一侧的大厅离开。他们都满载而归。哈萨克斯坦的小商人来这里购买免税的中国商品是可以理解的。有些人实际上和我一起乘坐夜车从阿拉木图出发，在阿腾科里站（Altynkol station）有一辆专车把他们直接带到国际中心。对中国人来说，国际边境合作中心似乎同样具有吸引力。哈萨克斯坦的商品并不多，但中国商品的价格较低，这种体验一定有其独特的魅力。只有在中国，你才能从一座专为商业和贸易而建的喧嚣城市逃到一个比较僻静的"公园"，在那里获得更充分的体验。

6. 玩具世界的梦想

"乘客您好！欢迎您来到义乌国际商贸城。"

当我坐在出租车的后座上，听到一条英语录音的欢迎信息时，脑海中浮现的画面是我打开车门时下车的那位乘客。他手里随意地拎着一个大塑料袋，里面装满了绿色的美元钞票。在这个日益出名但处于边缘的城市里——距离上海有两个小时的火车车程——一切都相当粗糙。来义乌的商人大多来自巴基斯坦、中东和非洲。一些人仍然倾向于现金交易，避开银行，另一些人根本没有银行账户。欧洲人和美国人很少。正如有人向我解释的那样，西方人更喜欢去广州交易，那里的交易规模更大，而且是按照没有人情味的资本主义更冷静的逻辑进行的。

我来到义乌福田区市场，与来自印度新德里的穆斯林萨希尔·曼苏尔（Sahil Mansoor）见面。萨希尔在印度获得软件工程学位后搬到了广州，但很快就看到了义乌出口业务的机遇。他现在已经创造了自己的玻璃五金品牌，这对于一个外国人来说是不寻常的。他可以讲一口流利的普通话。他没有通过书本和老师的帮助，而是在市场上做生意时学会的。

当我在萨希尔的小店等他的时候，我和一

位来自塞内加尔的潜在客户简短地聊了聊。他问服务员是否有不同尺寸的玻璃。服务员说没有，于是他走开了，到其他——几百家甚至几千家——卖廉价玻璃的商店去碰碰运气。在广州，或许是可以按规格购买商品，但这里的商人是在为非洲或亚洲农村的小型超市而非在全球经营的大型连锁超市采购供应品。走在这座城市里，你会遇到成千上万的商务游客，他们形形色色，各色各样，都是在全球资本主义不那么迷人的底层中成长起来的。

义乌有一个阿拉伯区、一个土耳其区和一个印度区。随着大批商人的不断涌入，一些人逐渐定居下来，为商人提供住宿和饮食服务，以及一些基本的服务，如翻译和保险等。最近这里开了几家豪华酒店，但这些酒店不是为外国人准备的，而是为来这里销售商品的中国实业家准备的。外国人通常和他们的亲戚和同胞一起住在更便宜的地方。某天晚上，我在稠州北路附近的萨莱（Saray）咖啡馆点了土耳其咖啡和果仁蜜饼。咖啡馆的老板告诉我，土耳其区的人比以前少了，一些中国人可能要搬进来。

因为土耳其的政治和经济的不确定性严重影响了贸易联系。第二天，萨希尔带我去了印度区，我们在当地的一家餐馆坐下来喝了奶茶，还到一座简陋的公寓楼顶参观了一座临时搭建的印度教寺庙。印度总理莫迪刚刚宣布废除500卢比和1000卢比的纸币，印度经济陷入停滞。义乌已经感受到了这种影响。萨希尔与印度的业务突然被搁置了，因此他能有时间带我参观周边地区。在西方媒体报道印度发生巨大变化的消息之前，义乌街头的人群已经在热烈地讨论这件事了。

在接下来的几周里，我会用这两个例子来回应全球化的热度正在退却的观点。西方所定义和领导的全球化可能是有些衰退了，但是义乌是一个引人注目的例子。按照中国城市的划分标准，义务是一个小城市，但是它与世界各地紧密相连。这里就好像是中枢神经，整合来自世界各地的信息，迅速察觉到各种波动。还有第三个例子，在唐纳德·特朗普当选美国总统不到一周后，我在义乌也听到了很多讨论。在接受中国电视台和网站采访时，义乌的一些旗帜制造商和销售商表示，来自美国的特朗普旗帜订单远远超过了希拉里·克林顿旗帜的订单。一些人相信特朗普会胜选，所以他们就只生产特朗普旗帜。由于义乌处理着全球很大一部分的旗帜订单，在许多敏锐的中国政治观察家看来，这一事实具有决定性的重要性。

萨希尔带我逛了逛市场。福田市场估计有10万家门店，所以即使是自2002年开业以来一直待在这里的萨希尔，也只熟悉其中的一部分门店。一个简单的计算就能让你对这个市场的规模有一个大致的了解：如果你花不到五分钟的时间参观每家商店，加上正常的睡觉和吃饭时间，你将需要近两年的时间来参观整个市场。萨希尔告诉我，如果你完全不逛商店，直接通过走廊看这个市场，仍然需要一个星期的时间才能看完。每个商店或摊位都与义乌地区甚至更远地区的供应商链条保持联系，然后几乎完全通过丰富的客户网络销售给外国市场。每天都有客户来这里查看产品，并就可能的最佳价格进行谈判。接收到的订单会立刻被送到义乌的两个大型仓储区。在义乌，集装箱可以拼装多个订单的货物，然后通过 150 多公里外的宁波港口迅速运往世界各地。2014 年 12 月，义乌至马德里直通车开通。它之所以声名鹊起，是因为它现在是世界上最长的铁路线，全长约 13000 公里，比西伯利亚大铁路还要长。当义乌市市长带我参观火车站时，我们看到有很多集装箱正在卸货。我们打开了两三个集装箱，看到里面有西班牙里奥哈葡萄酒、葵花籽油和矿泉水。而且，第一列火车将圣诞装饰适时地运到了西班牙。

第一区是义乌福田市场最古老的区域，主要卖玩具。我听说义乌的玩具和圣诞装饰品分别占全球销售的四分之一和三分之二。玩具之所以特别，是因为它们是在义乌地区生产的，这就保证了你可以在福田市场上以中国乃至全世界最低的价格买到玩具。当然，有几千家商店完全专注于玩具：变幻的色彩、朗朗上口的曲调、电子动画和录制的玩偶声音。当你走过灯火通明的走廊时，所有的时空感都消失了。这些员工整天都被关在华丽的小隔间里，他们的脸色看上去有些阴郁，有时显得很冷漠，甚

至隐约有点抓狂。一开始，我都无法区分他们
和一些玩具脸，如小丑、熊猫和黄色笑脸。时
不时地，会有一家完全不同的商店，专门卖面
向埃及商人的旅游纪念品，比如，店里到处都
是微型塑料金字塔，在开罗机场就能看到的那
种。一家商店里可能满是写着"妈妈"的娃娃，
另一家商店里可能满是写着"爸爸"的娃娃。
也许义乌市场注定成为新千年的一种戏剧化的
生活模式：过度组织。

　　回到自己的摊位，萨希尔向我介绍了他的
妻子，就是我之前看到的接待塞内加尔客人的
年轻中国女士。当然，他们是在市场上认识的，
已经有了一个小女儿，中印混血儿，磕磕绊绊
可以讲三种语言。当我问萨希尔未来的梦想时，
他仍然像一个软件工程师一样，精心规划了他
的梦想。在短期内，他想要在自己玻璃器皿品
牌下完成一套新产品，并开始提高产品的质量。
几年后，他想以中国每一位成功企业家为榜样，
让公司上市。在那之后，他想退休，和家人一
起搬到迪拜。为什么选择迪拜？萨希尔是一位
虔诚的穆斯林，他不想自己的余生在一个非穆

斯林国家度过，但他也不想带着妻子去印度或巴基斯坦。他的妻子太习惯现代的生活了。他告诉我，迪拜是唯一一个他们都能感到宾至如归的地方。我问他印度和中国有什么不同，他想了一会儿，然后说了一个主要的不同之处：在中国，你可以通过帮助供应链上的每个人来赚钱致富。你需要供应链来创造美好的明天。在印度，没有人会去考虑明天，所以也没有人会去考虑供应链上的其他人。

当我向别人询问当地美食时，有两三个人告诉我，可以去习近平主席讲话中提到的稠州北路的一家餐馆试试。在我看来，一家餐馆竟然会在这些精心准备的演讲中被提到，这似乎有些奇怪。起初，我甚至无法想象这其中的原因。我在晚饭时间之前去了那家餐馆，发现里面是空的。店里的两个年轻人欢迎了我。这两个年轻人分别叫作阿卜杜勒（Abdul）和穆罕默德（Mohammed），他们都来自叙利亚。穆罕默德在三四年前来到这里，是叙利亚战争的难民。阿卜杜勒来这里的时间更早些。他们似乎是餐厅的负责人，另外雇了一些戴面纱的回族穆斯林妇女。义乌最引人注目的事情之一是中国的穆斯林在这里融入了阿拉伯和中亚贸易社区，类似于伊斯兰教最早期的人员流通和信仰传播。

街道对面有一幅习近平的大幅画像，上面还有他的演讲节选：

> 在阿拉伯商人云集的义乌市，一位名叫穆罕奈德（Muhannad）的约旦商人开了一家地道的阿拉伯餐馆。他把原汁原味的阿拉伯饮食文化带到了义乌，也在义乌的繁荣兴旺中收获了事业成功，最终同中国姑娘喜结连理，把根扎在了中国。一个普通阿拉伯青年人，把自己的人生梦想融入中国百姓追求幸福的中国梦中，执着奋斗，演绎了出彩人生，也诠释了中国梦和阿拉伯梦的完美结合。

我昨天就来过这家餐馆了，当时穆罕奈德不在，所以今天是我第二次来了。但即便如此，我可能还是来得太早了。阿卜杜勒指给我看停在外面的那辆车，他的老板正在那里熟睡。

最后，当餐厅开始客满时，我们决定叫醒穆罕奈德，坐下来喝杯浓土耳其咖啡。穆罕奈德给我讲了他如何来到义乌的故事。这是一个中国影响力和软实力不断增强的故事。他起初跟着一个叔叔去泰国，在那里开了一家餐馆，但是很多到店的客人，包括游客和商人，都是中国人，他们讲述了一些关于金钱和成功的神奇故事。于是穆罕奈德很快来到广州，然后从广州又来了义乌——夺得国际贸易桂冠的新兴城市，并且与阿拉伯有着密切的业务联系。我问他，习近平是怎么知道这家餐馆的？他在这儿吃过饭吗？穆罕奈德没有证实这一点，但他肯定希望我相信这一点。中国梦有利于商业发展。

然后，谈话停顿了一下之后，我们都谈到了叙利亚的悲剧。自50年前义乌首次成为现代贸易中心以来，不断有叙利亚的商人来到这里，但现在涌入的是逃离战争的年轻人，即使他们仍然像这里的所有人一样，拿着商务签证，而不是为了寻求庇护。穆罕奈德向我展示了最近举行的社区会议照片，照片中的会议室装饰着红、白、黑气球，正是叙利亚国旗的颜色。我不禁想到，这些气球一定是来自义务福田市场。

第六章　岛屿之争

1. 所有人针对所有人的游戏

俄罗斯官员永远不会在公开场合这么说，但私下里他们承认，他们越来越担心中国的包围。这与争夺在中亚的权力和影响力有关，但也与角色的明显颠倒有关。迄今为止，俄罗斯一直在亚洲扮演着技术和工业强国的角色，而中国仍是一个大宗商品经济体，或是工业国家的食品来源国。从基础设施角度看，俄罗斯经济显然占据主导地位。在至少一个世纪的时间里，横贯西伯利亚的铁路是连接海洋的必要纽带，这使得俄罗斯可以作为一个整体，将自己定义为东西方之间的纽带。但是由于缺乏维修和改善，这条铁路已经过时，而且由于南方目前正在开发两个或三个替代这条铁路的项目，所以这条铁路正面临被淘汰的风险。"你担心'一带一路'吗？"我问一位驻哈萨克斯坦的俄罗斯外交官。

"当然担心，"他回答，"我们不是傻瓜。"

新疆与蒙古、印度、俄罗斯等 8 个国家接壤，但是俄罗斯现在是一个比较冷漠的存在，就像之前在 19 世纪向南扩张侵略中国那样。哈萨克斯坦仍有几百万俄罗斯少数民族人口，不过这些人都集中在俄罗斯边境附近。关于经济影响，如果以投资流和战略产业控制来衡量的话，它正迅速地向中国转移。这一转移过程将会随着丝绸之路经济带的推进而完成，并且不可逆转。哈萨克斯坦变得太重要了。

俄罗斯和中国之间的边界可以说是俄罗斯历史上最和平的边界，目前也没有什么迹象预示着这种情况会发生变化。相反，乌克兰危机导致俄罗斯与西方之间的紧张局势不断升级，迫使俄罗斯向中国靠拢。中国是俄罗斯投资、融资的另一个来源，也是扩大石油和天然气出口的市场。乌克兰危机爆发三个月后，俄罗斯天然气工业股份公司（Gazprom）与中国签署了一项协议，预计将在 30 年内向中国供应 4000 亿美元的天然气。这条名为"西伯利亚力量"的输气管道已在俄罗斯和中国正式开工建设，包括跨境的部分领土，即横跨黑龙江（俄国境内称阿穆尔河，Amur River）的水下通道。

如果俄罗斯担心中国影响力日益增强的原因之一是其东部地区相对不发达，那么它可能通过拉拢中国来应对这种风险，利用中国经济实力为西伯利亚和远东地区注入经济发展新动力。限制中国对俄投资的非正式政治障碍已有所缓解。例如，2015 年 2 月，俄罗斯副总理阿尔卡季·德沃尔科维奇（Arkady Dvorkovich）宣布，欢迎中国企业购买自然资源领域的资产，并参与基础设施领域的竞标。有人会对此过度解读，认为如果俄罗斯和中国能够达成一项战略共识，它们就能形成一种新的协约，决定性地塑造有利于它们的欧亚地缘政治格局。其他评论人士则认为这两大巨头之间的新关系绝非预谋。俄罗斯突然发现自己无法同时面对两条冲突战线。相反，克里米亚危机发生后，俄罗斯在国际上被孤立，可能使俄罗斯精英们渴望与他们同样疏远西方价值观的伙伴建立新的联盟。至于中国，似乎很明显，他们的外交政策机构因为乌克兰事件而措手不及。中国最终决定与俄罗斯打交道，表明愿意恢复两国友好关系，这必然会创造引人关注的商业机会和政治机会。[1]

西方对于中俄新关系既担心又保持期望。西方认为俄罗斯和中国可能以霸权姿态结成永久联盟，或者认为这样的联盟可能在过去和现在的竞争压力下解体。中俄之间的新关系具有许多结构性质的内容，但这些内容也只是复制了欧盟关系中的模式。在这些关系中最突出的是相互依存关系，因为所有利益相关者都处于一个共同的规则和制度体系中。但这个体系是开放的，其规则可能会受到不同参与者的选择和行动的影响，因此，这些规则更倾向于其中一些人。这是一场竞争游戏，一场所有人针对所有人的游戏。此外，有人认为俄罗斯和中国有着相似的政治和经济理念，这是一种谬论，它源自西方自由与东方独裁之间的传统二元

论，认为后者与前者完全不相符。正如罗鲍波
（Bobo Lo）在最近的一本书中所指出的那样，
俄罗斯对西方政治价值观的批评，当然不能等
同于接受亚洲的价值观。克里姆林宫或许有一
天会转变发展模式，但目前为止这种转变还没
有发生，而且有充分的理由怀疑这种转变的可
行性，因为俄罗斯在中国边界的改革发生了巨
大的变化：大规模的经济多元化，中小企业指
数增长和赋权，并向地区和市级政府大力下放
权力。[2]

俄罗斯可能会陷入一种更紧密的依赖关系，
但如果这是所有替代选择中最好的选择，它可
能仍然觉得会有一些回报，尤其是如果中国更
关注的是与美国对抗，俄罗斯可能会感觉关系
更亲密。但由于依赖关系正在被用来换取实实
在在的利益，因此这一体系会不断调整，以适
应变化。毫无疑问，莫斯科方面将积极创造条
件，提高其对北京方面的影响力。

俄罗斯被迫效仿中国的顺从形象其实存在
诸多缺陷。即使俄罗斯现在感觉自己很容易受
到中国力量的影响，但经验告诉我们，在这种

情况下，俄罗斯将试图通过不同的战术即兴发挥或以出其不意的手段来纠正这种失衡，寻找利用中国发展和雄心的途径。两国的任何计划都完全属于大战略和地缘政治理论的范畴，吸引那些具有积极政治想象力的人。在游历了远东和中国东北地区之后，我不禁想到，俄罗斯和中国之间的边界比任何其他对比鲜明的例子都更接近我们理想中的边界概念。在这里，简单地从任意点跨越边界线就相当于进入一个单独的文化世界，没有渐变或过渡。而实际上，这一边界线并没有丰富的历史，而是中俄两国目前处于依赖关系的结果。

在多变而复杂的欧亚棋盘上，或许没有哪个向量能像俄罗斯对中国的看法那样具有如此重要的意义。随着中国的崛起和俄罗斯发现自己与欧洲越来越疏远，这些观点正在迅速发生变化。如今俄罗斯是如何将自己定义为一个欧洲国家的呢？它的军队远超所需的规模，它的投资令人担忧，它的出口除了天然气，其他都无足轻重。对俄罗斯来说，中国现在已经成为一个真正的问题。俄罗斯在欧洲既无利可图，也无所失，而在亚洲则可能获得或失去一切。[3]

　　甚至在乌克兰事件之前，关于中国的深入而持续的思考就已经催生了一种充满活力的文学，一些当代俄罗斯最优秀的小说家选择了中国和中俄关系作为他们的创作主题。比如，帕维尔·克鲁萨诺夫（Pavel Krusanov）的《天使咬伤》（*The Bite of an Angel*）向我们展示了一种可怕而强大的、融合中俄元素的新文化，以及征服世界并完全摆脱西方诱惑的决心。书中的将军，即后来的皇帝伊万·内基塔耶夫（Ivan Nekitaev）是邪恶的化身，一半是中国血统，另一半是俄罗斯血统。"他的血统是非常罕见的，融合了两个欧亚帝国的血统。"内基塔耶夫认为他的统治方式继承了成吉思汗的部分血统："如果一个兵有罪，我就惩罚整个连；如果一个连有罪，我就惩罚整个营。"这传达出的信息非常简单：在残酷的亚洲统治中，俄罗斯终于找到了对抗西方的决定性武器。

　　最近的其他小说则是相反的角度，把中国描绘成对俄罗斯的一种自由化影响。这些小说展望了两国的未来和两国的文化，随着中国经济快速增长和社会转型，俄罗斯可能会转向传统的发展模式，现在传统在俄罗斯有着越来越深的历史意义，可以追溯到中世纪时期俄罗斯英雄的第一次抵制西化运动。在弗拉基米尔·索罗金的小说《蓝色脂肪》（*Blue Lard*）中，主人公喝着中国鸡尾酒，似乎对中国生活的魅力着了迷——在一个一切都对中国人有利的世纪里，就像在过去几个世纪里，一切都对美国人、法国人或英国人有利一样。另一个例子是安德烈·鲁巴诺夫（Andrei Rubanov）的《叶绿素》（*Chlorophyllia*）。在这本书中，中国人都已经进入西伯利亚逃避全球变暖，而几乎所有的俄罗斯人都集中在莫斯科。俄罗斯人收取的西伯利亚的土地租金足够他们在莫斯科过舒适的生活，但是逐渐地，他们的生活因为拥挤而不再那么人性化，甚至只有摩天大楼的顶部几层才能见到阳光。莫斯科到处都是这种摩天大楼。这些摩天大楼是由中国公司用中国的资金和中国的混凝土建造的，所以毫无疑问租住在摩天大楼顶层的肯定是非常富有的中国商人。即使是当地最热心的爱国者也不得不接受这一情况。

2. 迹象和标志

有一座被封闭的岛，无人居住，也非常隐蔽。然而，这座岛不是在海洋中，而是在一条河流中，或者更确切地说，是在两条主要的、几乎是神话般的亚洲河流——黑龙江和乌苏里江——的交汇处，非常靠近俄罗斯远东地区的哈巴罗夫斯克市。俄罗斯和中国几乎平分该岛。苏联曾经占领了整个大乌苏里岛（Bolshoy Ussuriysky Island），中国称之为"黑瞎子岛"，但在 2004 年签署的一项真正具有历史意义的协议中，俄罗斯同意将大约一半的领土移交给中国。真正的移交发生在 2008 年。

关于该岛历史，有一个有趣的故事。1860年签署的《北京条约》规定中俄东段边界以黑龙江和乌苏里江为边界，黑龙江以北、乌苏里江以东划归俄国。后来俄国边境首席谈判代表以某种方式说服中方谈判代表签署了一份小小的地图，该地图明确标注了《北京条约》规定的边界和范围。边界当然是要穿过两条河

流的汇合处，但是俄方谈判代表卡扎克维奇
（Kazakevich）在距离两条河流交汇点50公里
处，将连接两条河流的一条水渠划定为中俄边
界。这导致黑瞎子岛完全留在俄罗斯一侧。慢
慢地，该岛被俄罗斯殖民者占领，将其作为哈
巴罗夫斯克市的前哨，尤其是1895年建立在哈
巴罗夫斯克市东端的小村庄和码头。

参观岛屿及其周围的村庄非常困难。参观
时必须有俄罗斯边防警卫陪同，而且在此之前
还需要与一位特勤局特工进行长时间的面谈。
特工询问了我以前生活的每一个可以想象的细
节，并对我以及我携带的所有文件进行了检查
和拍照。这次面谈本身很有启发性。特工问我
的第一个问题是："你来自敌国，为什么想要访
问俄罗斯和中国之间的边界？"

听到葡萄牙被描述为俄罗斯的敌国，我很
惊讶。所以我试探性地问他是什么意思。

"葡萄牙是北约的成员，不是吗？"

"是的，但我不一定会把俄罗斯和北约称为
敌国。也许在苏联时代会这样称呼，但是俄罗
斯和苏联是不一样的。"

特工沉默片刻然后说："详细讲的话会是非常有趣的哲学讨论。"虽然外国人可能会将"俄罗斯和苏联是不一样的"这句话视为恭维，但俄罗斯本国人常常将此解读为对其曾经的全球超级大国地位的一种否定。

在面谈中，我突然意识到，如今在俄罗斯当一名特勤局特工可能相当于在西方当一名科技企业家。毕竟，普京本人曾经是一名秘密特工，他的政府散发着联邦安全局的文化、影响力和魅力。我的对话者模仿了特工的行为方式，试图通过意想不到的问题抓住我话中的矛盾点，同时还详细检查我的论文和照片。也许如果他从我身上找到了一些有趣且重要的东西，他会获得升职并转到莫斯科工作？一年后，当我在哈巴罗夫斯克的联邦安全局地区总部阅读有关恐怖袭击事件的新闻时，我再次想到了这次面谈。当时有一名持枪少年进入联邦安全局总部大楼，并在接待区域杀了两个人，其中包括一名当地军官。"伊斯兰国"极端组织（ISIS）很快宣称对这次袭击负责，但俄罗斯当局尚未证实这一点。在照片中，被枪杀的特工看起来像我遇到的这位年轻人，但时间已经过去太久了。我也不确定。

在卡扎克维奇沃（Kazakevichevo）哨所，我与这名特工和边境警卫进行了会面和交谈。显然，这个村庄是以当时那位狡猾的谈判代表的名字命名的。通过交谈，我很好地了解了这里的安全机构的想法，以及这些想法是如何渗透到各省的低级别官员身上的。有人告诉我，欧洲在应对恐怖主义方面太软弱了，它应该像莫斯科对付高加索地区的恐怖分子那样对付比利时的恐怖分子。询问结束后，我问我的谈话者，现在是否确信我既不是间谍也不是恐怖分子。

"如果我认为你是间谍或恐怖分子，你将永远无法离开这个岛。"

边防军就不那么健谈了，当然也不那么精明。有人问我是否有可能在葡萄牙军队工作。"很难，"我告诉他，"我们可能是敌人。"特勤局特工对他们有着巨大的权威，即使那位特勤局特工更年轻，随意穿着一件光滑的黑色皮夹克。

关于这个岛的未来，边境警卫和特工显然存在分歧。大乌苏里岛将成为边境开发的先锋，从一个原生态的天堂变成一个蓬勃发展的旅游区和中俄跨境关系的枢纽。正如我们所看到的，西方的制裁进一步推动了这样一种观点，即俄罗斯的未来在于同中国发展更亲密的关系。大乌苏里岛只是三四个试点区域之一。尽管边境警卫和边境村的居民或多或少地把这些计划当回事，但这位特工毫不犹豫地告诉我，这是无稽之谈，而且说他有时无法理解俄罗斯政府的想法。

弗拉基米尔·索罗金的《一个禁卫兵的一天》中描述了对俄罗斯未来的美好愿景，有2800万中国人生活在西伯利亚，一些官员抱怨俄罗斯必须"在天朝统治下卑躬屈膝"。其他人明白，只要俄罗斯人需要的一切东西（包括床和厕所）都在中国制造，那俄罗斯就别无选择。索罗金已经指出了一个很有力的辩证法。俄罗斯被中国吸引，因为中国有无限的经济潜力，但与此同时，俄罗斯又担心这种吸引力，并退缩了。如果中国不向俄罗斯拓展经济实力，俄罗斯人会感觉受骗了；但是如果中国向俄罗斯拓展经济实力，俄罗斯人又会感受到威胁。要摆脱这种束缚几乎是不可能的。或许俄罗斯希望自己对中国日益增长的经济依赖是微妙的，以至于没有人——甚至俄罗斯人自己——会注意到这一点。北京对此也会感到很满意，因为它无疑会努力避免给人留下这样的印象，即两国之间已经达成了任何类似于协议的东西。

到目前为止，俄罗斯在乌苏里和阿穆尔边境一侧只采取了一次行动。几年前，俄罗斯建了一座昂贵的桥，是首座连接大乌苏里岛和乌苏里江南岸的大桥，但是在穿过大桥几公里后就没有铺好的公路了。这是俄罗斯所谓的战略项目的典型特征。然后迅速建立了一个桥碑，以免人们忘记了这个项目，但随后什么也没有发生。

这个岛几乎完全无人居住。这里只有几个废弃的农场，几条土路，没有值得一提的动物。我曾被警告过岛上有野生熊出没，但是熊似乎不太可能在这里长期生存，更不用说中国游客了。

在中国边境这边，情况则完全不同。我们穿过乌苏里大桥回到了卡扎克维奇沃村庄。这个村庄坐落在一个特殊的位置，横跨乌苏里江，在大乌苏里岛和中国向南伸出的半岛的边界线上。由于是在边界安全范围内部，所以必须通过安全检查并出示特别许可证，才能进入或离开这个村庄。居民们对此似乎很满意。他们出门都不用锁门。在俄罗斯，很少有其他地方像这里一样戒备森严或如此安全。

从卡扎克维奇沃向乌苏里江望去，可以很容易地比较中俄两国边境。在俄罗斯这边，距离新边界线几米处可以看到圣维克多教堂。这座教堂面积不大，但是肃穆而优雅。它建于1999年，用于纪念那些19世纪为捍卫远东边界而牺牲的俄罗斯士兵，当时俄罗斯在不断巩固其在远东地区的控制权。边界线刚好在西边，因此教堂可以留在俄罗斯。

如果你往左边看，向中国望去，就在大乌苏里岛的南面，你首先看到的是一个巨大的雕塑，乍一看像一个人，使小小的东正教教堂相形见绌。事实上，它代表了汉字"东"，太阳盘

绕在树枝上，就像它升起时仍低悬在地平线上一样。几天后在大连，我有点顽皮地问一位中国朋友，为什么"西"这个字完全不一样呢？毕竟，当太阳从西边落下时，它也会被树木缠住。她在手机上打开一本汉字字典《说文解字》，解释说"西"字描绘的是一只鸟在巢中，因为当太阳从西边落下时，鸟儿会回到它们的巢中。

这个巨大的雕像有 49 米高，隐含了中华人民共和国成立的年份。广场上除雕塑之外，还有一幅画在地上的中国地图和一些亭子。

卡扎克维奇沃边防军虽然小心翼翼地表示不反对分割该岛，但是同时也对哈巴罗夫斯克的安全局势发生改变表达了明显的担忧。哈巴罗夫斯克是俄罗斯远东地区仅次于符拉迪沃斯托克的第二大城市。如果中国和俄罗斯发生军事冲突，这个岛屿可以作为快速占领哈巴罗夫斯克的跳板。附近的抚远机场可以很容易地用于军事目的，具有巨大特色的纪念性广场和展馆——已经用混凝土板加固了——可以接收炮兵连。

事实上，将该岛屿一半领土移交给中国的决定最初遭到了强烈抗议。哈巴罗夫斯克市议会成员坚称，如果中国发动侵略，大乌苏里岛对于保卫哈巴罗夫斯克市至关重要。2005 年，成千上万的反对移交领土的签名被迅速收集起来并送往莫斯科，但莫斯科最终还是做出了移交领土的决定。

与我面谈之后，特工打了个电话，然后我和翻译员加林娜（Galina）聊了聊。她坦言，她和我一样，曾经是一名大学教授，因为受语言学先驱罗曼·雅各布森（Roman Jakobson）的影响，去列宁格勒学习了语言学。令我感到印象深刻的是，俄罗斯联邦安全局居然使用这种高水平的语言学家执行简单的翻译任务，但回想起来，这种关联似乎也非常合适。有谁比结构主义语言学家能更好地帮助俄罗斯在大乌苏里岛的符号森林中导航呢？

那天晚上，当我在谷歌地图上查看岛屿地形时，发现了最后一个符号。从上面看，半岛广场上有一个巨大的汉字，指向哈巴罗夫斯克，看起来绝对像一艘战舰——一艘名为"东方号"的驱逐舰。

3. 东方、西方

从哈巴罗夫斯克到符拉迪沃斯托克的夜车是西伯利亚大铁路的最后一段，因此，或许可以理解，晚餐时电视播放着摇滚音乐，乘客迅速喝完最后一瓶伏特加，餐车里的气氛变得喜庆起来。火车将把你留在市中心的美丽车站。你可以通过车站后面的高架通道俯瞰港口，终于到达了太平洋。

符拉迪沃斯托克在俄语中的意思是"东方的主人"。大乌苏里岛广场上的汉字指向的就是海参崴，这提醒人们，在《北京条约》签订之前，位于日本海的黑龙江以南的全部领土都被承认为中国领土，符拉迪沃斯托克至今仍被称为"海参崴"。今天，符拉迪沃斯托克几乎没有中国人居住了，但是在一百年前，大约三分之一的城市人口是中国人，集中在火车站以北几个街区的米兰卡社区（Millionka）现在正变成一个时尚和咖啡馆生活中心。

今天的米兰卡是一个神话般的名字，就像亚特兰蒂斯一样，当这个地方消失得无影无踪时，这个词依然存在。但百万人聚居区的传奇色彩丝毫不逊色，它曾经是一个楼房密集的社区，大都是三层楼高的建筑，可以通往隐秘的庭院。虽然这片区域仅包含几个街区，但是大约有10万名中国移民居住在这里，其中只有少数人在当局登记过。俄罗斯人只有在寻找鸦片或逃离警察时才会进入这个社区。那里的生活就像在中国一样。米兰卡各种设施齐全，可以一直居住在那里，不需要离开。那里有鸦片馆、酒馆、妓院、洗衣店、澡堂、中国药房、算命的铺子，甚至1899年还建了一个剧院，在俄罗斯剧院开放前一个月向公众开放表演了六部戏剧和马戏团的杂技。1936年，斯大林下令清理米兰卡社区，并驱逐所有的中国人出境，有些人被驱逐到哈萨克斯坦的肯套等城市。一位同时代的目击者描述了他当时参观米兰卡赌场的情景：赌场的入口处堆满了垃圾和人类粪便；在里面，乌黑的窗户几乎没有光线；成对的玩家坐在桌旁和长凳上，周围都是围观者；偶尔员工会给玩家们分发小杯的中国伏特加酒。还有一种特殊场合的特殊游戏，即从参与游戏的几个人中选出能够忍受绞刑时间最久的人。游戏方法极其简单粗暴：死去的人就输了。

今天，这里什么都没有了。米兰卡只存在于传闻中。如果你参观这座城市的博物馆，它恰好坐落在曾经的米兰卡社区的边缘，那里有一个房间展示着以前的中国居民留下的或出售的豪华麻将盒。有两三个庭院与老照片中的庭院非常相似，四周是长长的、连续的、带有熟铁栏杆的阳台。我爬到一个阳台上，一个老妇人走到她的公寓外面看到了我这个闯入者。"请

问这里是米兰卡社区吗？"我问。她指指身后，我以为她想带我去里面的第二个内院。

　　但是她的意思是，米兰卡已经消失了，消失在遥远的过去。

第七章　俄罗斯战略东移

1. 欧洲最后一个遗失的城市

在 2015 年 12 月一个寒冷的早晨，我登上了一艘木筏，由一艘小渔船拖着过伏尔加河。我去那里是为了寻找一个强大的、几乎被遗忘的中世纪大都市的遗迹。它曾经是传说中的财富之都，坐落在古丝绸之路的十字路口，但确切的位置仍然是一个谜。在一群热心学生的帮助下，有一个人可能找到了这座遗失的城市。

每一项重要的考古发现都将证实或挑战俄罗斯人喜欢讲述的关于他们在世界上的地位的故事。有些人认为俄罗斯是史前时期生活在俄罗斯土地上的斯拉夫人创造的。还有一些人把目光投向东方的蒙古人和金帐汗国，甚至声称俄罗斯是成吉思汗帝国遗产的继承者。从这些讨论中不可避免地出现了这样一种观点，即俄罗斯是东西方之间的桥梁，是部落和宗教的大熔炉。

阿斯特拉罕（Astrakhan）位于俄罗斯南部，一直作为主要文明间交流的纽带。在16世纪，阿斯特拉罕并入俄罗斯帝国，注定了该城市的光荣角色——南方的第二大都市。到17世纪，来自印度的商人开始在这里定居。有一座两层楼高的古建筑依然屹立着，一块小牌匾显示了它以前的角色。绕到建筑后面，我看到了原始的砖式结构。

如今，阿斯特拉罕就像国际大都会一样：基督徒、穆斯林和佛教僧侣和平共处，在克里姆林宫雪白的城墙以南几个街区，喧闹的塔塔尔集市上有超过一百个不同的民族。

"阿斯特拉罕州立大学的德米特里·维克托罗维奇·瓦西里耶夫（Dmitry Viktorovich Vassilyev）教授。"电话另一端的人告诉我去考古实验室见这位教授，但他可能担心我找不到实验室，所以他派他的助手迪娜拉（Dinara）在门口接应了我。实际上，瓦西里耶夫教授还在教室上课，所以我们及时赶到了，而且听见他在课堂最后对学生说："我们发现了来自伊朗和俄罗斯的文物，来自德国、中国、西班牙和意大利的文物。阿斯特拉罕曾经是世界的中心。我们的大陆有四个角落：欧洲、伊朗、印度、中国。阿斯特拉罕在中心位置，是资本主义的起源。我下星期再给你们详细解释。"

阿斯特拉罕州立大学考古实验室位于主教学楼的地下室，在螺旋楼梯的底部。从顶层开始，狭小的空间同时作为图书馆、储藏室、会议室和保险箱。无论你走到哪里，你都会看到古老的萨克尔（Sarkel）堡垒的建筑模型、人头骨的图画、伏尔加地区的手绘地图、无数的宝石，甚至几公斤的铅，这些可能是哈扎尔（Khazar）中央银行的部分宝藏。

每年夏天，瓦西里耶夫教授都会带着一队学生去萨莫斯德尔卡（Samosdelka）附近的挖掘营地。营地的生活时而艰苦，时而充满欢乐，可以在伏尔加河里游泳，也可以在夜晚围着壁炉唱歌。8 月底，他和学生带着数千件新发现的文物回到了阿斯特拉罕。然后，这些文物被分类保存在城市博物馆，由于缺乏展览空间，或者更有可能是官方对该项目不感兴趣，所以游客无法看到新挖掘的文物。瓦西里耶夫教授说："我们正坐在金币上，却选择把金币留在地下。"

瓦西里耶夫教授是用隐喻的手法表达了事实。他确实在萨莫斯德尔卡发现了许多金币和珠宝。这是他自信地认为找到了伊蒂尔（Itil）的主要原因之一。伊蒂尔曾经是哈扎尔帝国的首都，是欧洲最后一座遗失的城市。第二天，萨莫斯德尔卡地方政府的负责人向我透露，他小时候常常在田野里玩耍，不知道下面藏着什么。一天，他的一个朋友发现一个装满金币的罐子。他不记得具体发生了什么事，或者他不愿说出来。

从大约 7 世纪中叶开始，三个多世纪以来，哈扎尔人统治着从北部大草原到高加索和

俄 罗 斯 战 略 东 移

克里米亚的庞大帝国。哈扎尔汗国位于丝绸之路上，在东西方的广泛贸易中大为受益，同时它也是基督教土地与向东部和南部扩张的阿拉伯哈里发之间的缓冲地带。大多数情况下，它是草原面前的最后一个前哨，是危险、无序的游牧民族向东迁徙之前的最后一个秩序井然的国家。

有一条道路始于西班牙和法国，途经布拉格、克拉科夫、基辅，然后直到萨克尔，以及哈扎尔汗国的首都伊蒂尔。据说，哈扎尔汗国具有很高的包容性，其司法制度涵盖了犹太人、穆斯林、基督徒和异教徒的行为和习俗，为以后奥斯曼帝国的米勒特制度（millet system）奠定了基础。

在 10 世纪，该帝国突然瓦解，取而代之的是基辅公国。后来，在 15 世纪，莫斯科大公国开始了俄罗斯帝国的统治。哈扎尔汗国瓦解的原因目前仍不清楚。哈扎尔汗国周边有强大的邻国，其内部的分裂可能削弱了本国国力和军队。在 965 年左右，基辅罗斯（Kyivan Rus）的统治者斯维亚托斯拉夫（Sviatoslav）

征服并摧毁了伊蒂尔。随后的一位访客写道："哈扎尔汗国的土地上没有留下一粒葡萄或葡萄干。"

当我们离开阿斯特拉罕，向南行驶时，我问瓦西里耶夫："你确定伊蒂尔在萨莫斯德尔卡吗？"

他回答说："我完全确定。"然后他补充道："当然，其他考古学家可能不认同，莫斯科也有人认为伊蒂尔在萨克尔，或者消失在里海下面。但是我确信它就在萨莫斯德尔卡。"

瓦西里耶夫从一开始就一直致力于萨莫斯德尔卡考古项目。25年前，萨莫斯德尔卡的农民开始挖沟放牧牛群时，他们发现了一些奇怪的工艺品，其中大部分是陶器。他们把这些工艺品带到当地学校的老师那里，当地老师又把工艺品带到了阿斯特拉罕大学。十年后，瓦西里耶夫开始了挖掘工作。

当然，考古学家的工作节奏本来就比较缓慢。但在这里，由于官僚作风严重和长期缺乏资金，瓦西里耶夫的考古工作进行得更为缓慢。到目前为止，大多数工作仅限于两个小型的挖掘点，都在三米深左右。

伏尔加河三角洲地区神奇地包容了多种语言、种族和宗教。俄罗斯诗人韦利米尔·赫列布尼克夫（Velimir Khlebnikov）曾将伏尔加河三角洲描述为基督、佛陀和穆罕默德的三角洲。当我们向南行驶时，我明白了他的意思。瓦西里耶夫翻译了我们途经村庄的名字，有些是鞑靼人（Tatar）的村庄，有些是卡尔梅克人（Kalmyk）的村庄。卡尔梅克人是欧洲最古老的佛教徒，他们在公元 7 世纪从蒙古草原迁移而来。卡尔梅克共和国位于阿斯特拉罕以西，是欧洲唯一一个大多数人都信奉佛教的国家。我们很快来到一座小山前，瓦西里耶夫解释说，俄罗斯的佛教徒认为这座山是圣山，他们相信，一旦这座山被摧毁，世界就会走到尽头。令人担忧的是，这座山的一半似乎已经坍塌了。

我们已经到达伏尔加三角洲地区的深处，在这里伏尔加河分成多个支流，然后流入里海。在到达挖掘现场之前，我们穿过了其中的两条支流。该地区缺乏桥梁，这意味着只能到一些临时渡轮服务点，通过一艘小渔船拉着木筏过河。

这个地方的组织能力很强。其基础设施非常陈旧，或者是因为从未开发过，但其各项工作都运行得平稳有序。这看起来似乎自相矛盾，但是这或许最能解释俄罗斯的矛盾性。就像俄罗斯的火车一样，俄罗斯火车速度慢得令人难以忍受，但是它总能准时到达。

在旅程的最后一段，我们经过了几个养骆驼的农场，看到了在远处吃草的巨大的双峰驼。阿斯特拉罕是欧洲唯一举办骆驼比赛的地方，观看骆驼比赛就会亲身感受到大自然的原始力量。骆驼的奔跑速度接近每小时 60 公里，而且众所周知，骆驼非常难以驯服。

当我们终于到达挖掘现场时，我感到如释重负，甚至兴高采烈。这里的伏尔加河冲积地完全没有植被，这一定与地表下的东西有关。到处都是红砖，成吨的原始红砖，肯定比 13 世纪蒙古人的红砖还要原始。后来，当我给别人看这个地方的照片时，他们说它看起来像火星：没有植被、砖红色的土壤、一辆旧的俄罗斯面

欧 亚 大 陆 的 黎 明 : 探 寻 世 界 新 秩 序

俄 罗 斯 战 略 东 移

包车，而不是登陆舱。很容易让人相信曾经有一座大城市坐落在这里。

在短暂的一瞬间，这片空旷的平原仿佛脱离了已知的世界，变成了未知深处的中心，即世界上最大的地下城市。哈扎尔汗国曾受到四面八方的威胁：拜占庭帝国、阿拔斯王朝（Abbasids）、东部的草原民族和西部不断强大的基辅罗斯。某一天，哈扎尔汗国悄无声息地消失了。与其他伟大帝国的兴衰相比，这可能与个人命运的起伏有更多的共同点。但是大家不要被欺骗了。哈扎尔汗国是一个伟大的帝国。一位编年史学家告诉我们，萨珊王朝（Sassanid Shah）的国王喜欢在他的宝座旁保留三个金座，随时欢迎三位非常特别的客人来访。其中一个金座是给中国皇帝留的，一个是给拜占庭国王留的，第三个是给哈扎尔汗国国王留的。伊蒂尔每一个潜在的挖掘点都必须通过一个简单的测试：这里可能是一个伟大帝国的首都吗？

在回阿斯特拉罕的路上，我发现东方和西方的旧范畴已经变得有些混乱。与想象中的伊蒂尔红墙相比，宏伟的阿斯特拉罕克里姆林宫的白墙似乎不再那么美丽或高大。从地理角度讲，阿斯特拉罕是欧洲边缘的一座城市，位于乌拉尔河以西300公里。但是在这里，欧洲的概念似乎是陌生的、无关紧要的。欧洲和亚洲这些概念都是为了某些目的而使用的。在阿斯特拉罕，这些概念毫无用处，没有人把它们当回事。当我问迪娜拉，她是否认为阿斯特拉罕是一座欧洲城市时，她说她不太理解这个问题。无论欧洲是什么样子，阿斯特拉罕也是一块土地——一个东方仙境——有草原、骆驼、佛教寺庙和一罐罐的金币。

瓦西里耶夫回到了他的考古实验室。他是一个追求梦想的人，一个一生都在追求梦想的人，但他追求梦想的方式是如此的温柔和低调，使梦想变得更加珍贵。让我印象深刻的是，瓦西里耶夫迄今为止完成的两个小而深的挖掘点与广袤平原之间的巨大差异。平原一直延伸到地平线，而伊蒂尔应该就坐落在那里。萨莫斯德尔卡的挖掘工作可能会持续一百年。瓦西里耶夫会得到必要的资助，坚持追求他的梦想吗？我对此表示怀疑。考古学家在某种意义上是冒险家的最佳形象，因为当他们开始工作时，他们永远不知道将会发现什么，而他们的发现将迫使其放弃之前已经接受的观念。这就是为什么考古工作如此令人兴奋，为什么我们许多人在孩提时代梦想成为考古学家。但是如今的俄罗斯在挖掘过去和探索未来方面比较保守。

风险太高了。历史越来越被俄罗斯政府视为地缘政治武器，而哈扎尔汗国仍然是一个模棱两可，甚至危险的想法。我举个例子。我第一次发现伊蒂尔之谜是在列夫·古米廖夫（Lev Gumilev）的一篇短文中。古米廖夫可以说是20世纪最伟大的俄罗斯历史学家和哲学家。他一生命运坎坷，充满传奇色彩，其中大部分时间都是在古拉格（Gulag）度过的。如今，在他去世25年后，俄罗斯总统普京经常以赞许的方式引用古米廖夫的话，或许是因为哈萨克斯坦一所著名的大学以古米廖夫的名字命名。古米廖夫关于哈扎尔汗国的描述是他的传记中最具黑暗色彩的篇章。古米廖夫不仅仅是被这个神秘帝国的命运所吸引。据查，哈扎尔汗国的统治阶层转变成了犹太教徒，他认为俄罗斯人与哈扎尔人的冲突是俄罗斯人和犹太人在全球对抗中的一个缩影，其基础是两国人民在性格特征上的根本对立。对古米廖夫来说，哈扎尔汗国的消失是俄罗斯作为一个草原文明获得解放的决定性时刻，这种文明基本上是传统的农业文明，与西方资本主义相对立。[1]

斯大林禁止对这座城市和哈扎尔人进行任何研究，担心这会证明俄罗斯是一个犹太国家的后裔。最近的研究表明，哈扎尔汗国可能是在第二圣殿倒塌和以色列形成之间崛起的唯一一个犹太国家，这一事实引起了相当大的反响。俄罗斯犹太议会资助了在萨莫斯德尔卡的部分挖掘工作，但是瓦西里耶夫没有找到任何证据表明那里曾经有犹太人存在，后来资金也枯竭了。

谁控制了过去，谁就控制了未来。谁控制了现在，谁就控制了过去。这句名言说明了俄罗斯政治与历史的关系。在与乌克兰的冲突中，遥远的历史事件就像最近的新闻一样引发了激烈的争论。俄罗斯西部的奥廖尔市政府建造16世纪沙皇伊凡雷帝雕像的决定已成为激烈争论的主题，商业日报称其"宣扬战争并声明政府在国内使用武力的权力"。控制国家历史现在看来和控制石油与天然气一样重要。除去表象，俄罗斯的每一次讨论，以及社会中的每一次分裂，都是关于历史而不是政治的讨论和分裂。

2. 历史之争

谢尔盖·拉夫罗夫（Sergey Lavrov）自2004年以来担任俄罗斯外交部长，喜欢把自己视为一个有思想的人。他对俄罗斯外交政策的塑造，得益于他有能力将俄罗斯置于一个长期的历史背景中去考虑问题。在这方面，他和他的部长同僚们有很大的不同。他的同僚中绝大多数都接受了这样一种观念，即俄罗斯已经进入了一个新的时代，也许历史提供的指导在某种程度上是不可靠的。

尽管如此，拉夫罗夫并不关心如何正确理解历史。他只是用历史来表达某些观点，而这些观点通常是最具时代性的，甚至是极具争议的。他最新的文章试图通过他所谓的"一些历史案例"来解释俄罗斯的国际地位。文章的开头就指出，不能将俄罗斯视为永远在追赶西方，因为俄罗斯最初"在文化和精神层面往往高于西欧国家"[2]。他在这里举的例子当然是蒙古入侵前的基辅罗斯。拉夫罗夫指出，在皇室婚姻是衡量一个国家在国际体系中地位的最佳标准的时代，1019~1054 年统治基辅罗斯的雅罗斯拉夫大公（Yaroslav）与许多欧洲王室联姻，他的女儿们成了挪威、丹麦、匈牙利和法国的女王。他的女儿安娜嫁给了法国国王亨利一世，后来安娜给父亲回信说，她的新国家是一个"野蛮的地方，房屋阴暗，教堂丑陋，风俗令人反感"。

拉夫罗夫认为基辅罗斯是俄罗斯历史的一部分，这表明他对历史知之甚少。他是以倒退的角度看历史。如果他以正确的方式看历史——从过去到未来——他可能更倾向于把基辅罗斯看作维京人历史的一部分。毕竟，雅罗斯拉夫的父亲弗拉基米尔大公（Prince Volodymyr）与他的祖籍紧密相连。他在斯堪的纳维亚半岛待了5年才回到基辅夺取王位，并带来了一支新的维京军队。

所有这些都是小事，或多或少地是有点幼稚的挑衅。拉夫罗夫不过是炫耀了俄罗斯对乌克兰人造成的不安。这些事情确实在某种程度上为1944年把雅罗斯拉夫的遗体带到曼哈顿的乌克兰神职人员提供了辩护，虽然不久之后他们就被发现了。乌克兰神职人员害怕扩张的苏联人侵占他们的物质和文化遗产。2016年11月，弗拉基米尔的一块16米高的青铜纪念碑在莫斯科揭幕。这座纪念碑矗立于克里姆林宫的墙外，与1853年建于基辅的弗拉基米尔雕像形成鲜明对比。莫斯科的弗拉基米尔左手握着一把剑，是一个战士的形象。

拉夫罗夫在这里也同样挪用了历史，但绝不是他一个人这样想。真正的问题是，他最终是如何从历史探索中回到现在，回到俄罗斯在国际体系中的地位。在这一点上，他提出了一些重要的观点。

仍然基于历史类比的方式，拉夫罗夫首

先指出俄罗斯实际上是亚历山大·涅夫斯基
（Alexander Nevsky）的政治产物。亚历山大·涅
夫斯基选择抵制西方的所有同化尝试，即使这
意味着暂时服从蒙古帝国。对于拉夫罗夫来说，
真正威胁俄罗斯的特殊角色和使命的是西方国
家，任何东西——拉夫罗夫提及"蒙古枷锁"似
乎表明就是字面所指的任何东西——都比西方同
化更可取。在这里，我不确定拉夫罗夫的灵感
是来自古米廖夫和其他历史学家，还是谢尔盖·
爱森斯坦（Sergei Eisenstein）1938年的电影《亚
历山大·涅夫斯基》中的一个著名场景：当一
位老人问涅夫斯基什么时候为祖先报仇，将蒙
古人从俄罗斯土地上驱逐出去时，涅夫斯基回
答说蒙古人的仇可以等一等。"我们面临着更危
险的敌人，"他说，然后转向相机，或者更确切
地说，等待一个特写镜头，并发出一声压抑的、
充满恨意的叫喊："德国人！"

　　从涅夫斯基发出呼喊的那一刻起，俄罗斯
的使命就定性了。在接下来的几个世纪里，俄
罗斯的使命将慢慢发展为拉夫罗夫所说的追求
"原始的精神"。这也许就是今天俄罗斯传统智

慧的定义。在我过去三年的旅行中，我从很多人那里听到了这种说法，从克拉斯诺达尔的切尔克斯大学的教师赛达·帕内什，到贝加尔湖岸边一位精神失常的牧师。拉夫罗夫是一位政治家。只要有可能，他就会诉诸最低的共同标准。

那么这种俄罗斯式的精神是什么？拉夫罗夫的所有文章都是对"进化变革"的辩护。在关于苏联的描述中，这一点尤为明显，最终以重新致力于人类历史发展和良好的政府达到高潮，但这不是以革命原则的名义实现的，而是俄罗斯历史持续发展的必然结果——"俄罗斯历史应保持连续性，包括所有历史阶段，没有任何例外"。如果你认为沙皇俄国继承和维护了拿破仑混乱时代，那么拉夫罗夫会让你明白，亚历山大一世和尼古拉一世是世界性长期计划的原型——将国家利益置于人类利益之上。当代自由主义已经存在于旧的专制统治中，旧的专制主义肯定存在于我们的自由主义理想中。所有历史都是循环的，而不是直线前进的。

由于俄罗斯的特殊道路与西方的现代化模式不一致，俄罗斯与西方之间的冲突成为一种历史必然。全球化的第一次浪潮在第一次世界大战时达到高潮，第二次浪潮证明了拉夫罗夫的俄式开场白，即存在许多不同的发展模式，"排除了统一的西方框架内的单一存在方式"。拉夫罗夫称赞中国经济奇迹已经一劳永逸地解决了这个问题。他还试图争辩说，西方革命的敌意源于其对单一模式的信仰，致力于将单一模式强加于政治和社会现实。相比之下，俄罗斯认为，变革应该以符合社会传统的形式和速度进行。

在设定了这两个相反的世界观后，拉夫罗夫得出了他主要感兴趣的政治结论：需要建立一个新的、改进的、"没有分界线"的国际体系。这个新体系会包含什么呢？拉夫罗夫的观点既不是非常明确，也不是非常新颖。他呼吁建立一个共同的安全保护伞，不被过去时代的意识形态蓝图所污染。在实践中，西方可能需要放弃其政治文化的一些最基本原则，第一项就是要放弃公众舆论应该成为政治权力的一个根本手段的理念。对于拉夫罗夫来说，这只是许多政治愿景中的一种愿景，因此无法为整个国际体系提供可行的基础。"颜色"革命不再存在——或许，取而代之的是"由世界主要宗教所遵循的传统价值观形成的道德基础"。

在冷战结束和随后的国际体系中，拉夫罗夫进一步提出了两个相当具有启发性的观点。首先，他反对流行的观点，即苏联解体标志着西方的胜利。对于拉夫罗夫来说，这是苏联自身渴望变革的结果，"加上一系列不幸的事件"。后一个参考是重要的，因为它似乎表明苏联解体不是必要的、不可避免的和永久的。其次，拉夫罗夫试图摆脱当前世界秩序的另一个正当性原则：个人自由和集体自我规范的价值观。新的北约成员并不比以前更自由，这对他而言是转移注意力的话题。北约成员私下向他坦白，没有华盛顿和布鲁塞尔的批准，他们无法做出任何重大决定。

历史不同，选择的道路也不同。对拉夫罗夫来说，"我们的西方伙伴"犯下的致命的错误是决定向东扩展北约，而不是利用一个独特的机会创建一个"包容现代世界所有颜色"的新国际体系。因此，拉夫罗夫最终向我们提供了一个古怪的设想，即建立一个以多元选举政治为蓝本的国际体系。他想要为进步党创造一个与西方革命党齐头并进的角色。西方革命党对"技术革命"过于执着，以至于无法为全球恐怖主义或环境退化等共同问题提供任何可行的解决方案。在这一点上，拉夫罗夫听起来更像尼基塔·赫鲁晓夫：西方想要压制俄罗斯，就像过去大大小小的资本家想要压制那些为建设一个不同的、更公正的社会而奋斗的人一样。

这是真的吗？在某些方面，答案一定是否定的。对赫鲁晓夫来说，这是一种宣传和虚假的意识。那种观点从根本上并没有改变，但拉夫罗夫确实向我们展示了我们这个时代不可避免的世界图景。有一点应该承认，即国际体系现在从一个整体分裂成了不同的、最终不可调和的各种愿景。在这一点上，它已类似于开放社会中的民主政治。很不幸的是，拉夫罗夫是在为世界政治捍卫一种多元主义，而他的国家却未能向自己的公民提供这种多元主义，他似乎对这一讽刺视而不见。

3. 第三大陆

拉夫罗夫的文章让我们回到了俄罗斯与欧洲之间关系的问题。西方扩张自然而然地向世界上其他所有地区提出了一个难题，即是否应该心甘情愿地接受西方文化和技术，以便更好地确保自身的政治独立性，或者是否只能通过否定西方的各种形式来找到独立的道路。正如我们所看到的，这是亚洲不同国家和帝国面临的一个共同问题，现有的政治单位已经达到了很高的发展水平，但在俄罗斯，由于两个主要原因，这种困境变得特别严重。历史学家佩里·安德森（Perry Anderson）很好地指出了那两个原因：俄罗斯与欧洲国家在地理上毗邻；俄罗斯缺乏自然资源，面临被西方征服的威胁。[3] 这种威胁的紧迫性使得作家和艺术家深刻反思他们的民族身份，成为他们创造力的源泉，造就了 19 世纪的文化繁荣。

1881 年，陀思妥耶夫斯基（Dostoevsky）写了一篇关于俄罗斯与西方达成和解的特别的文章，文章的标题颇具暗示性："亚洲对于我们意味着什么？"他称，如果俄罗斯能够克服自己对欧洲的迷恋，它本可以与拿破仑达成一个简单的协议：俄罗斯拥有东方，而拿破仑拥有西方。那是自成吉思汗之后，再也没有出现过的可能包括君士坦丁堡和英属印度——也许，随着时间的推移，甚至包括中国——的强大帝国。但根据这位伟大的小说家的说法，"我们为了一个美丽的愿景而放弃了这一切"，那就是拯救欧洲，并在这个过程中最终成为欧洲人。然后发生了什么呢？什么都没有发生。也就是说，欧洲人继续以不信任甚至仇恨的态度看待俄罗斯，认为俄罗斯无法参与到欧洲文明中来，只把俄罗斯当作欧洲文明的模仿者和冒充者。陀思妥耶夫斯基认为，只有转向亚洲，俄罗斯才能找到与其规模相当的使命。"事实上，对我们来说，亚洲就是我们还没有发现的那个美洲。"他说，虽然欧洲人表现出了俄罗斯人最坏的一面，但亚洲人会给他们壮胆。在亚洲，他们就是欧洲人。矛盾的是，俄罗斯并不是在欧洲而是在亚洲实现了它的欧洲梦。陀思妥耶夫斯基写道："在欧洲我们是鞑靼人，但是在亚洲我们是欧洲人。"[4]

50多年前，在漫长的国家灵魂探索初期，俄罗斯哲学家彼得·恰达耶夫（Pyotr Chaadayev）在他的第一封"哲学信"中写道，俄罗斯"既不属于西方，也不属于东方"。它的"一只胳膊肘靠着中国，另一只胳膊肘靠着德国"，它没有受到人类各种伟大的文明发展的影响。它在"混乱的事态中发酵着"，没有规则或原则。"在异国他乡，尤其是在南方，那里的人们非常热情而健谈，我常常将当地居民的面孔和我们同胞的面孔进行比较，然后我被我们的阴郁震撼了。"在俄罗斯，一切都是个体的、反复无常的、瞬息万变的，"我们祖国贫瘠的土壤中没有萌发出任何有用的思想"，"我们根本不熟悉西方的三段论"。[5] 由于对俄罗斯所有事物的惊人指控，后来恰达耶夫被宣称患有临床精神病，这是俄罗斯长期以来首次利用精神病缘由压制政治和知识异见。尽管如此，恰达耶夫的论点依然对同时代的人产生了很大影响，以至于这篇短文被广泛认为是西方派和斯拉夫派之间长期争论的开端。这场争论持续了整整一个世纪，成为俄罗斯 19 世纪的主要精神。年轻的亚历山大·赫尔岑（Alexander Herzen）是许多进步和激进政治思想的杰出先驱，他将这封信描述为"深夜的一声枪响"。

传统上，俄罗斯文化思想有三大流派：西方派、斯拉夫派和欧亚派。西方派认为俄罗斯在历史上是欧洲的一部分，尽管俄罗斯与欧洲政治文化的全面融合有时可能因为俄罗斯发展所特有的某些因素而被推迟，但是欧洲边缘的许多其他地区也存在类似的情况。

斯拉夫派的观点比较奇怪。他们的整个世界观是基于试图将俄罗斯从西方的影响中解放出来，使俄罗斯回归原始的、纯粹的文化和精神的世界，反对现代理性主义。但是这种回归是遵循了更广泛的欧洲趋势，即用独立的国家系统取代启蒙普世价值观。德国和法国也有类似的斯拉夫主义，这是基于当时欧洲知识分子和政治斗争的大背景。通过肯定俄罗斯文化的独特性，斯拉夫派也捍卫欧洲历史的一种观点，即每个特定的民族都有其独特的地位。当然，俄罗斯应该打破所有引进的发展模式，但并不是完全打破，只要这些国家的发展符合其内部发展的要求，并与其自身特点相协调，俄罗斯也会考虑采用。如果俄罗斯想在自由国家的协调中找到自己的位置，它也必须这么做。甚至斯拉夫派对西方理性主义和唯物主义思想的批判也与西欧的浪漫主义运动完全一致。正如后来成为捷克斯洛伐克第一任总统的斯洛伐克哲学家托马斯·马萨里克（Tomas Masaryk）在他1913年的著作《俄罗斯精神》（*The Spirit of Russia*）中所写的那样，这场运动"高度欧洲化，在欧洲的影响下发展起来，就像反对西方主义的运动一样"。[6]

欧亚主义者则完全不同。早期的欧亚主义者在俄国革命后不久就明确表示，他们希望结束西方的文化霸权和西方政治历史。他们的观点比较令人震惊，声称"每一个俄罗斯人身上都有一滴黄种人的血"。这与俄罗斯人把自己视为欧洲人的形象形成了鲜明的对比，同时也提供了政治上的便利，使得俄罗斯可以拒绝承认其东部的天然边界，也消除了将亚洲领土视为欧洲模式下殖民地的必要性。[7]欧亚主义的创始人尼古拉·谢尔盖耶维奇·特鲁别茨科伊（Nikolai Sergeyevich Trubetzkoy）亲王总是不厌其烦地提醒人们注意他与先前思想的彻底决裂。他很难让别人理解自己。与他交谈的人总是不可避免地心存偏见，因此无法从本质上接受他的理论。只有第一次世界大战和俄国革命在一定程度上动摇了那些偏见。

特鲁别茨科伊出身于一个古老的贵族家庭，是一位早熟的学者，15岁时就在民族志杂志上发表文章，并对高加索地区的语言和神话表现出早期的兴趣。他花了几个夏天的时间在基斯洛沃茨克（Kislovodsk）附近研究切尔克斯传说和歌曲，在那里接受水疗时听说了布尔什维克革命。在接下来的三年里，他与妻子和年幼的女儿一起，在第比利斯、巴库和罗斯托夫之间来回奔波，然后被驱逐到雅尔塔，随着白军开始节节败退，他又转移到伊斯坦布尔。他后来从未回到俄罗斯，因为他的贵族称号在俄罗斯会招致死亡。1922年，他在维也纳接受了一个比较有名望的教学职位。特鲁别茨科伊在其职业生涯早期就阐述了他对欧亚主义的看法，并在 1925 年出版的一本名为《成吉思汗的遗产》（*The Legacy of Genghis Khan*）的小册子中阐述了成熟的思想。这是从东方视角审视俄罗斯历史和俄罗斯心理的一次独创尝试。

特鲁别茨科伊指出，这片横跨西欧和中欧、东亚和南亚的大陆有许多独特的特点：它没有通往开阔海域的通道，也没有其他地区那样不规则的海岸线。从这一地理事实出发，必然会有许多不同之处，因此不能将其划分为一个独立的大陆，既非欧洲也非亚洲，他认为这块大陆可以被称为欧亚大陆。这片新大陆的人口当然是不同民族的，但特鲁别茨科伊认为，人类学的关键观点是所有存在的差异（比如俄罗斯人和布里亚特人之间的差异）都是由一系列中间的过渡联系所决定的。这些差异对于实现欧亚大陆的本质和共同使命——"组成一个单一的国家实体"——不构成任何障碍。成吉思汗是第一个实现统一的人，因此，俄罗斯"作为成吉思汗的后代，及其历史功业的继承人和接班人"一直在努力并将继续努力重建破碎的团结。[8]

　　俄罗斯的每一个小学生都还在接受有关
"鞑靼枷锁"的教育，就是蒙古人征服俄罗斯后
长达两个多世纪的统治，充满着空前残暴的、
破坏性的故事色彩。俄罗斯民族认同感是基于
缓慢但稳定地反抗蒙古人而形成的，由此可以
得出，在实现俄罗斯国家统一方面，蒙古人不
自觉地发挥了积极作用。而"枷锁"是俄罗斯
落后于西欧国家的主要原因。一些历史学家甚
至将俄罗斯人性格中最不吸引人的部分归咎于
蒙古人的影响。普希金把蒙古人称为"不懂哲
学和代数的阿拉伯人"。

　　特鲁别茨科伊彻底颠覆了这种国家认同的
核心。他指出了一些有趣的事实。例如，毫无
疑问，15世纪建立的莫斯科公国不希望摆脱蒙
古的控制，而是希望扩大其权力，成为蒙古帝
国的更大的组成部分，最终以莫斯科沙皇取代
鞑靼可汗。俄罗斯的国家意识形态认为仅仅将
俄罗斯从游牧部落中分离出来是不够的，它要
求莫斯科公国统一俄罗斯和游牧部落。[9]特鲁别
茨科伊认为莫斯科国家体系继承了蒙古国体系，

不仅在领土和国家形式方面，而且在意识形态内容上也是如此，比如相信世间存在善与恶，与西方意识形态完全不同。对于西方的防御很快成为新莫斯科公国面临的一个主要问题，是蒙古帝国所不知道的问题。信奉天主教的波兰、瑞典以及与西欧国家的海上贸易都对莫斯科公国构成了明显的威胁。没有西方的军事和工业技术，莫斯科可能会被征服，但引进西方的技术就会附带欧洲精神和欧洲文明。"被这种精神污染是更危险的。"[10]

现在，尽管从地理条件角度讲，特鲁别茨科伊更倾向于把欧亚大陆称为第三大陆，但他的政治结论却使得俄罗斯果断地转向了亚洲。他认为俄罗斯应该把自己看作亚洲国家在其与欧洲文明斗争中的天然的盟友。他对新苏维埃政权的主要赞扬之处在于它已经开始平等地对待亚洲人，即使在大多数其他方面，苏联人自己已经成为欧洲化的代理人，如同彼得大帝带领俄罗斯走上西化道路之后的沙皇。在一份引人注目的声明中，他得出结论：欧洲真正的敌人不是共产主义，毕竟共产主义起源于欧洲文明，而是历史上的俄罗斯，即欧亚大陆。特鲁别茨科伊曾经摒弃了"鞑靼枷锁"，现在他又呼吁建立一个能够把俄罗斯从"欧洲文明的枷锁"中解放出来的政府，这一定是有意为之的逆转。[11]

特鲁别茨科伊喜欢把自己看作某种先知。公平地讲，他确实在先知方面取得了一定的成功。他不可能知道苏联会持续多久，但是他提前看到了一些重要的东西，即一旦苏联体系崩溃了，俄罗斯会更倾向于摆脱欧洲文明，而非拥抱它。如果欧亚主义已经成为当代俄罗斯政治的核心，那并不是因为政客们挖掘旧书，从中寻找到了灵感，而是因为那些书和思想为政客们提供了某种客观的情境，而那些情境恰好符合这些政客们现在正在应对的情况。

列夫·古米廖夫支持欧亚主义的大部分世界观。很明显，他受到了特鲁别茨科伊的影响，在某些情况下，古米廖夫为欧亚主义新颖的想法提供了更科学的基础。例如，他认为第三大陆的特殊性可以从一个自然事实中得到证明——1月正等温线，即1月平均气温值为正的地区的分界线。平均值为负的地区会遭受永久的霜冻，因此将这些地区与西欧和中国肥沃的土地分隔开来。古米廖夫非常忠于自己的确定性观点，认为中国的长城是为了标记这条气候边界，而波斯人在里海沿岸的杰尔宾特也尝试过类似的做法。世界上有三个大陆，处于两端的欧洲大陆和亚洲大陆为了保护自己免受重要的欧亚中心的影响而修建了城墙。

古米廖夫一直认为自己是一位欧亚主义者，是我们一直在关注的最后一位古典欧亚主义者。他以神话的形式表达了对成吉思汗的崇拜和对鞑靼枷锁的谴责，由此将他与特鲁别茨科伊联系起来。其实他可能已经独立发展出比较成熟的观点，但因为在斯大林时期，很难或者不可能获取欧亚主义者的资料。在古米廖夫生命即将结束的一次采访中，他赞许地提到了特鲁别茨科伊的信念：对俄罗斯来说，最重要的事情不是最终沦为欧洲的奴隶，而是寻找到真正的盟友。俄罗斯必须向土耳其人和蒙古人寻求帮助，因为他们知道英国人、法国人和德国人"只能是狡猾的剥削者"。然后他总结道："我病了很长时间，我中风了，我不知道世界上发生了什么。但我知道一件事，我要秘密地告诉你，俄罗斯只有作为一个欧亚大国并且只有通过欧亚主义才能得救。"[12]

"欧亚大陆"一词表达了最初的欧亚主义者及其当代追随者很好地捕捉到的一种根本的模糊性。一方面，它指的是在欧亚大陆之间的大片陆地上开辟出来的第三个大陆。另一方面，它意味着超级大陆包括欧洲、亚洲和介于两者之间的所有地区。欧亚主义者意识到了这一点。从严格意义上创造欧亚大陆这一概念时，他们把目光投向了重组欧亚大陆，即超级大陆。他们想要打破欧亚大陆的旧秩序，打破欧亚大陆被分割成欧洲和亚洲两部分的格局，创造一个由不同部分组成的新格局，俄罗斯可以在其中发挥主导作用。第三大陆享有特权地位。对于一些欧亚主义者来说，这是因为它占据着文明中心，既能联系欧洲也能联系亚洲，而且是以欧洲和亚洲无法实现的方式产生联系。评论家和历史学家瓦季姆·科日诺夫（Vadim Kozhinov）

认为俄罗斯文化代表了欧洲和亚洲之间的精神桥梁。[13]对于其他人来说,俄罗斯是无法进入的超级大陆的巨大核心,可以免受入侵,或削弱商业和世界主义的影响;它的内部存在着原始力量,注定要征服世界。

最初的欧亚主义者是在布尔什维克革命之后才开始写作的,当时俄罗斯帝国解体的前景似乎非常现实,而奥斯曼和哈布斯堡帝国的例子似乎决定了不可避免的命运。欧亚主义提供了一条出路,即以一种新的意识形态警惕俄罗斯的民族主义,同时警惕将俄罗斯转变为欧洲模式下的同质民族国家。欧亚主义运动中最重要的一些人物(当然包括特鲁别茨科伊)辩护了俄罗斯人和大草原的土耳其人之间存在深藏于灵魂的亲密关系,为建立共同的政治事业提供了基础,也维护了欧亚大陆内部的团结统一。至少特鲁别茨科伊认为这有一定的科学地位。古米廖夫则更倾向于一个事实,即古米廖夫则喜欢指出,蒙古人能够控制罗斯公国这么久,然后俄罗斯帝国征服了多个蒙古汗国并保持了几个世纪的控制,表明了这种团结和亲和力。

相比之下，俄罗斯和欧洲就像两块磁铁的两极，相互排斥。

并不是所有的欧亚主义者都严格地把欧亚大陆定义为第三大陆。不过他们所做的一切都有一个坚定的意图，即保护俄罗斯不受欧洲的影响。如今这种想法更加明显和迫切，或许是因为俄罗斯认为欧盟正在慢慢侵蚀自己的势力范围，并以各种有形和无形的联系影响着俄罗斯的经济和社会。此外，对于最初的欧亚主义者来说，一个局限于西方的问题现在也同样出现在了东方，因为中国正在欧亚超级大陆上创造第二个经济增长神话，并朝着经济一体化的方向不断发展。从这个角度看，欧亚主义者虽然在情感上被亚洲吸引，但他们决定，不应该简单地将俄罗斯视为亚洲国家，这似乎是一个幸运的巧合。"既不属于欧洲，也不属于亚洲"这个想法完全契合俄罗斯当前的困境。由于担心受到双方的侵犯，俄罗斯领导层试图将其最明显的弱点转化为最大的优势，"剩下的唯一选择就是在两个大的一体化地区之间架起一座桥梁"。[14] 这样，欧亚主义就从中心理论转变为整体理论。

4. 俄罗斯和欧亚联盟

2011年10月，弗拉基米尔·普京在宣布参加第三次总统竞选一周后，在俄罗斯报纸《新闻》（*Izvestya*）上发表了一篇长文，宣布创建"欧亚大陆的新一体化项目"——欧亚联盟。这是自冷战结束以来俄罗斯首次提出的伟大的外交政策倡议，其名称中含有丰富的政治含义，很快被俄罗斯政治精英和知识分子所识别。

使用这一术语的目的是将讨论转移到政治秩序的极少数普遍原则的层面，这些原则是争取普遍承认的替代选择。如果普京单独代表俄罗斯讲话，那么他就无法向西方的政治原则发出直接挑战，因为这些原则具有普遍的吸引力和有效性。在政治理论和政治符号层面上，能够以一个更大的单位的名义发言，也意味着一个人被提升到了一个更高的层次，在这个层次上，相关的原则能够适用于不同的地方和不同的人。众所周知，欧亚大陆是一个政治术语，是为了直接挑战欧洲而发明的。这个术语让人联想到一场大国之间的战争，这场战争将决定国际体系的未来形态，而该文认为"这一体系正在形成"。

普京称该项目是"一个强大的超级国家联盟，能够成为现代世界的政治经济力量中心之一，成为欧洲与充满活力的亚太地区之间的有效桥梁"。他认为，这并不意味着苏联的复兴，尽管该项目肯定会试图利用苏联遗留下来的一些东西：地区生产链和共同的语言与文化空间。他还指出，加入欧亚联盟的国家仍然可以融入欧洲，甚至可以更快地融入欧洲。同时，他也表示，各国是在欧盟和欧亚联盟两个一体化倡议之间进行选择，而不是完全靠自己。"在合作建立自由贸易规则和兼容监管体系原则时，各国（包括通过第三方国家和地区机构）能够将这些原则从大西洋地区传播到太平洋地区。"

在最终签署创始协议时，普京所设想的"欧亚联盟"已更名为"欧亚经济联盟"，表明尊重白俄罗斯和哈萨克斯坦的意愿，不采取任何政治一体化的措施，如共同货币或共

同议会。尽管欧亚经济联盟有一个与经济一体
化有关的超国家机构，但是该机构缺乏执行机
制，这意味着如果有争端，则必须上升到政治
层面，在许多情况下，由领导人自己解决。这
可能不是一个失败，而更可能是一个深思熟虑
的特征。成员国的政治文化当然不是把重要的
决定权留给独立的技术机构。甚至技术问题也
要接受地缘政治评估。自从欧亚经济联盟用单
一的对外关税取代个别的关税制度以来，吉尔
吉斯斯坦和哈萨克斯坦等国实际上已经提高了
对中国商品的关税，以便向俄罗斯的高关税靠
拢。此外，对欧亚经济联盟外部边界加强了管
控，似乎增加了从中国进入哈萨克斯坦的卡车
的过境时间。同样，这似乎不是贸易纪律的意
外后果，而是莫斯科方面为遏制中国在中亚日
益增长的经济实力而故意采取的行动。由于
俄罗斯在乌克兰的行动，欧盟对俄罗斯进行了
制裁，而俄罗斯也对欧盟农产品实行禁运，但
是欧亚经济联盟的其他成员国并没有遵循该指
令。事实上，它们寻求通过取消海关管制来获
取利益。因此，突然间白俄罗斯变成了一个重

要的出口国，可以将昂贵的法国奶酪走私进入俄罗斯市场。显而易见，该项目进行的并不是很有效或很顺利，但是或许它从来没有打算以欧盟的方式运行。它只是一套工具，而不是一组规则。

在最初的创始协议之后，欧亚经济联盟很快又增加了两个新成员——吉尔吉斯斯坦和亚美尼亚。吉尔吉斯斯坦当然没有能力将自己与哈萨克斯坦撇开，它得到了哈萨克斯坦慷慨的财政援助承诺。至于亚美尼亚，其加入欧亚经济联盟是为外交政策目标服务。之前亚美尼亚政府一直声称对加入欧亚经济联盟不感兴趣，但是亚美尼亚总统谢尔日·萨尔基相（Serzh Sargsyan）2013年9月在莫斯科与普京会晤后，突然改变了意见，宣布亚美尼亚将加入关税同盟，后来又宣布加入欧亚经济联盟。亚美尼亚本来计划一个多月以后在维尔纽斯同欧盟签署一项联合协定。然而事与愿违，它成为迄今为止唯一放弃欧洲一体化道路、加入欧亚经济联盟的国家。这是在莫斯科明确表明亚美尼亚别无选择之后，亚美尼亚才加入欧亚经济联盟的。事实上，就在 2013 年 9 月会议召开的前几天，俄罗斯驻埃里温大使馆的第一秘书曾威胁称，如果亚美尼亚与欧盟签署联合协定，那么亚美尼亚将面临一个"炎热的秋天"。[15] 亚美尼亚意识到只有与俄罗斯保持密切的关系才能在该地区的安全困境中生存。目前亚美尼亚能够坚守在已占领的卡拉巴赫（Karabakh）领土及邻近区域，但是同时，与之争夺该区控制权的阿塞拜疆也在利用石油财富建立军事优势。如果没有俄罗斯的支持，亚美尼亚将陷入绝望的境地。

如果将欧亚经济联盟视为一种机制，即能够让俄罗斯恢复对苏联大部分地区控制权的机制，这或许很诱人。很明显，克里姆林宫目前的领导层一直将苏联解体视为地缘政治灾难。或许欧亚经济联盟既能提供理由，也能提供机制，重建那广袤的帝国版图。欧亚经济联盟强调俄罗斯与其周边许多民族之间存在着共同命运，并创造了一条从日益增长的经济一体化到某种尚待确定的政治联盟形式的路线图。

然而，这不是真正的目的。显然欧亚经济

联盟正在谋求某种形式的区域一体化,但这是一种手段,而不是目的。真正让俄罗斯担忧的不是它已经享有的区域大国地位,而是它与全球权力中心的关系。如果全球化最终意味着主要地缘政治区域的形成,俄罗斯就无法作为一个完全的主权国家生存下去,除非它也成为这样一个区域,或者至少成为其中心。这就是为什么某种形式的欧亚一体化成为绝对的优先事项。另一种选择是成为欧洲和亚洲之间的边界地区,欧洲和亚洲分别成为由德国和中国领导的独立集团,至少克里姆林宫是这样认为的。实际上,正是这一点可以衡量欧亚经济联盟的成功与否:欧亚经济联盟是否能够让俄罗斯更好地与欧盟和中国在平等的条件下竞争?到目前为止,结果表明欧亚经济联盟确实可以做到。不久前,欧盟还在努力制定与俄罗斯达成自由贸易协定的框架。该协定将与俄罗斯东部邻国的其他贸易谈判同时进行,并预先假定莫斯科会接受该协定,并愿意将欧洲的基本规则和标准转换为国内法。现在就该协定的讨论已经扩大到两个联盟之间的谈判,转向一种新的战略选择。虽然目前不太可能继续这项谈判，但双方都必须做出妥协的伙伴关系概念正在取得进展。2015 年 11 月，欧盟委员会主席容克给俄罗斯总统写了一封简短的信，提到了两天前在土耳其安塔利亚举行的 G20 峰会上的一次交流。信中称，容克已经要求他的服务部门"分析可能的选择方案，以使欧盟和欧亚经济联盟更紧密地联系在一起"。他补充说，他"始终认为建立一个连接里斯本和符拉迪沃斯托克的一体化贸易区的想法是一个重要而有价值的目标"。

同样，俄罗斯与中亚国家的经济联盟可以消除其与中亚国家之间的障碍，将贸易转移到俄罗斯。

因此，欧亚经济联盟似乎旨在建立和推进俄罗斯在当下重塑全球秩序的过程中作为一个利益相关者的角色。更具决定性的是，这个角色的基础是从一种特定文明、一种生活标准，或者至少是一种特定的政治方式中提取的历史意义和政治价值。俄罗斯当代支持欧亚主义的人士已经很好地理解了这一点，他们声称俄罗斯的繁荣总是出现在那些放眼西方的领导人主政时期，而不是从东部大草原入侵者那里发现灵魂的人。弗拉基米尔·卢金认为，"俄罗斯不是欧洲以外的世界中心的一部分"，而是欧洲权力中心的一部分。欧洲权力中心主要分布在巴黎、柏林和莫斯科。他认为欧亚大陆中心作为另一种选择是一种注定会过时的"国家崇拜"思想，也是一个融合多种宗教和多国领土、创造巨大的国家结构的梦想，而这个梦想实现的概率几乎为零。[16] 不过卢金是奄奄一息的俄罗斯自由派的代表、前驻美国大使和人权委员会委员。我清楚地记得，欧盟各国外长在布鲁塞尔举行的每月一次的安理会会议上，赞赏卢金选择担任俄罗斯特使去试着调理乌克兰前总统与反对派之间的谈判，但是那些谈判毫无结果。不久之后，亚努科维奇逃离乌克兰，克里米亚被并入俄罗斯。

5. 管理混乱

一切都回到了一个老问题：俄罗斯的欧洲化。历史学家诺曼·戴维斯（Norman Davies）敏锐地指出，尽管国外将布尔什维克主义者描

述为"一群类似阿提拉或成吉思汗的播种死亡
和毁灭的野蛮亚洲人"，但布尔什维克主义者
的观点却截然不同。这场革命是以当时欧洲最
先进的政治学说的名义进行的：革命性的马克
思主义。布尔什维克自认为把法国革命的成就
推向了一个新的历史高度，其根源在于德国革
命运动。一旦德国和俄国联合起来，发动世界
无产阶级革命，他们就能回到德国革命运动中
来。[17] 正如我们在前一章中所提到的，苏联更像
是现代欧洲国家的一种任意变体，一切与国家
权力、技术和工业实力没有直接关系的东西都
被提取出来了。他们认为西方是危险的，因为
西方有很好的组织性。但是，如果西方凭借其
优越的组织性而超越俄罗斯，难道就不能发展
出一种只专注于组织性的模式，避开一切阻碍，
从而使西方国家在历史上变得过时吗？苏联社
会就是一种组织性的胜利。

由于国家权力和工业化的要素最终根植于
更深层次的文化形式，一旦与之分离，就无法
再产生预期的结果，其结果注定是革命性项目
的失败。苏联似乎提取了欧洲生活中所有让它

感觉受到威胁的元素，为了保护自己不受威胁，它建立了一个世界。在那个世界里，它把威胁的逻辑提升为一种生活方式，除此之外，再无其他。

随着苏联的解体，世界其他国家追赶欧洲文明的漫长历史进程几乎已经完成。它们期待类似欧洲或美国的现代生活，但是不再像以前那样完全基于对西方所有事物的否定。许多人认为这种新生活可以从西方引进，却忘记了在经历了一个世纪或更长时间的快速现代化之后，中国和俄罗斯显然不再处于文化模仿者的弱势地位。鉴于俄罗斯和其邻国及西方之间在历史和文化方面的差异，俄罗斯不应该被视为一个欧洲国家。如果我们认同这一点，那么一个具有重要意义的事实立即显现出来：俄罗斯是欧洲以外唯一始终能够保持真正的主权，并独立于伟大的现代欧洲帝国的国家。

俄罗斯在欧亚问题上的利益必须从这个角度来理解。正如前外交部长伊戈尔·伊万诺夫（Igor Ivanov）曾经说过的那样，大国之间不会融合。如果说欧盟和俄罗斯代表着两种不同的文明，那么这两种文明之间的关系则建立在更广泛的层面上，一个包括布鲁塞尔、莫斯科，或许还有北京等多个政治经济力量中心的层面。换句话说，在过去20年里，俄罗斯领导层越来越清楚地认识到，与欧洲的融合必须是多极化的，而欧盟不应在一个规模大得多的一体化项目中谋求超过一极的地位。俄罗斯已经不可能被欧洲秩序同化了，不仅是因为一个俄罗斯作为一个大国拒绝融合，还因为俄罗斯社会在苏联解体后得到了自由发展，俄罗斯和欧盟之间巨大的文化和政治差异无法进行融合。对俄罗斯来说，欧亚大陆已成为一种可以确保其自身独特文明发展所需空间的方式，避免其东部与中国隔绝、西部被不断扩张的欧盟逐渐蚕食的局面。与此同时，欧盟继续提出一种一体化模式，在这种模式下，以布鲁塞尔为中心，向周围辐射权力，该模式下的政治进程和与该中心的距离高度相关。

在苏联解体后不久，布鲁塞尔和莫斯科之间的关系模式似乎假定俄罗斯将逐渐向欧洲准则和欧洲价值观靠拢。但这并没有发生。对俄罗斯领导人来说，俄罗斯的欧洲化有着截然不同的意义。俄罗斯希望与欧盟在平等贡献的基础上，建立一个新的"共同的欧洲家园"。从逻辑上看，这可能类似于俄罗斯学者和电视名人维塔利·特列季亚科夫（Vitaly Tretyakov）曾经提出的建议，即在欧洲本土建立两个联盟，一个在西部，一个在东部，包括中欧，而且由俄罗斯来领导。[18] 俄罗斯和欧盟目前的误解都源于此，因为从欧盟的角度来看，建立一个新的体系是不可行的、无法理解的任务。相比之下，俄罗斯"并不认为欧盟是欧洲政治和经济秩序的最终形式"。[19]

有时我会觉得，欧盟和俄罗斯之间的不同之处可能不应该理解为价值观和主权之间的对立。事实上，西方政治文化向来不会明确表示政治生活的基本规则由主权国家自由创造，而俄罗斯自然地认为这是掩饰和犬儒主义的标志。一般而言，政治对理论反思的容忍程度相对较低，但重要的是，这意味着很快就会有足够多的政客诉诸一些无可争议的原则，而这些原则可以使他们免于进一步的、日益艰难的反思。碰巧的是，欧洲的政客们倾向于诉诸政治权力必须遵守的规则和价值观，但是俄罗斯不太倾向于诉诸规则，而是倾向于一种可以建立和执行这些规则的权力。

值得注意的是，即使欧盟表达了希望将俄罗斯视为平等伙伴的愿望，但是这依然与俄罗斯领导层所理解的平等完全不同。对于欧洲人来说，如果建立平等的伙伴关系，俄罗斯将同意遵守欧洲所认同的价值观和规则，但是莫斯科实际要求的是分享创造或制定世界秩序核心规则的权力。[20]

俄罗斯不想用一个没有规则的世界取代自由的世界秩序，但它确实认为，这样一个世界是人类的自然状态，因此，只有通过一个强大的主权国家创造性地行使权力才能避免混乱。国际事务和国内政治都是如此。混乱永远不会完全被抛在脑后，它持续存在于文明的表象之下，而主权国家的作用在于对混乱进行适当的管理，因此混乱不会打破表象。普京一直认为，俄罗斯是不可能实现真正的民主的，因为那些当权者如果被剥夺了权力，就无法生存下去。他的学徒生涯与其说是苏联的最后一段时期，不如说是叶利钦时代残酷无情的政治时期，当时总统叶利钦曾有两三次为自己的生存而战。正如出生在俄罗斯的英国记者阿尔卡季·奥斯特洛夫斯基（Arkady Ostrovsky）在他的《制造俄罗斯》（*The Invention of Russia*）一书中所展示的那样，甚至电视也开始体现权力与混乱的辩证关系，普京治下的新闻节目呈现出稳定与平静的形象，而暴力犯罪剧则呈现出完全无法无天的形象。联邦安全局前任将军解释称，泛滥的暴力画面不是因为观众的需求，而是因为俄罗斯权力结构高层专门制定的政策，以给民众一种印象，即只有像新闻中那样强大的国家才可以保护弱势群体免受荧屏中那种暴力的伤害。[21]

当然，其中一个结果是，由于权力需要潜在的混乱作为其合法性的来源，那么混乱本身就被合法化了，具有讽刺意味的是，甚至可能被庆祝。当俄罗斯积极谋求破坏乌克兰等国的稳定时，它可能是想在有能力创造秩序的国家和没有能力创造秩序的国家之间诉诸一种粗暴的权力等级制度。同样，冲突的增加或僵持使那些有能力解决冲突的国家的力量得到增强。首先，西方对处理不稳定和冲突深恶痛绝。俄罗斯抵制西方对其近邻侵犯的一个有效方式就是策划尚未解决的冲突和边界争端。的确，东部伙伴关系——欧盟发起的处理欧盟国家与其东部邻国之间关系的计划——包含的六个国家中，只有白俄罗斯没有受到以俄罗斯军事和政治参与为特点的、尚未解决的内部冲突的困扰。其次，由于混乱是由莫斯科制造的，秩序只能由莫斯科重建。冲突和混乱的程度可能与管理它们所需的权力直接相关。

普京喜欢提出这样一个问题：应该用什么样的规则来管理全球体系？他不是像西方领导人喜欢做的那样，将全球体系管理与道德和政治价值观挂钩，而是针对根本没有规则的极端情况进行考虑。2014 年，在瓦尔代国际辩论俱乐部（Valdai International Discussion Club）的一次演讲中，他有点言不由衷地问道："如果我们不选择按照规则生活，而选择完全不按照规则生活，那么我们将面临什么后果？"这种情况是完全可能的。鉴于全球紧张的局势，我们不能排除这种可能性。显然，这不是他推荐的路径，但与西方思想形成尖锐的对比。他认为秩序是从混乱中创建起来的，而不是根据普世价值观和西方国家宣称的对每个人都有效和有利的规则创建的。他认为西方宣称的规则实际上不过是当下拥有最高统治权的国家在单方面行使立法权力罢了。

在俄罗斯，国内外政治之间有着显著的连续性，事实上，最近的事态发展甚至可能表明其国内外政治已经融为一体。起初，有人可能会认为在国际事务中必须始终存在混乱和力量，不存在有组织的共同力量，但是惯性也是一股强大的力量，至少俄罗斯不受严格的规则和程序约束，即使是处理本国事务。人们担心，有组织的镇压可能开始看起来像一场针对外部敌人的战争。俄罗斯诗人约瑟夫·布罗茨基（Joseph Brodsky）1990 年就已经预感未来十年将会出现混乱和冲突，但他也理解混乱和政治权力之间的紧密联系，至少在俄罗斯"这些混乱和冲突实际上是保证稳定的力量，这种力量会试图创建良好的秩序并找到解决问题的方法"。[22] 他还指出，苏联的最后几天只能通过证明存在真理的方式成为世人关注的对象。在一个没有揭示宗教力量的世界里，我们必须面对这样一个事实，即没有人知道如何去生活。有些人会安于某种常规，永远不会问自己应该如何度过在这个星球上的有限岁月。他们当下的政治体制，包括民主制度，会把他们推向或引向某个方向，并让他们感到舒适，无论他们过什么样的生活，都尽可能使其接近理想。布罗茨基认为，正是由于苏联政府即将倒台，苏联甚至没有试图回避、简化或掩饰这个问题。生活没有答案，生活没有意义，人们只能忍受。正如小说家维克多·佩列文（Victor Pelevin）在《狼人的圣书》（The Sacred Book of the Werewolf）中所说，人类生活的本质实际上在不同文化之间变化甚微，但人类需要一个漂亮的包装来包裹它。唯独俄罗斯文化没有这种包装，它称这种状态为"灵性"。

苏联时代的持不同政见者——格列布·帕夫洛夫斯基（Gleb Pavlovsky）成为普京管理俄罗斯舆论的重要顾问，他在最近的一本书中指出，俄罗斯现行体系的创始人鲍里斯·叶利钦是一个喜欢意外的人，或许更重要的是，从意外中获利。[23] 这成为俄罗斯体系的一个永久性特征。叶利钦精心挑选的继任者在开发意外管理策略的同时，也明白意外是不可或缺的。每一次迅速而出人意料的行动都会让公众感到震惊，并强化了统治者和被统治者之间的区别，这是欧洲民主国家长期以来一直试图消除的区别。层级体系是参考规则定义的，但它不是由规则定义的。决定你在这个体系中地位的是你与规则打交道的方式，你是否必须一直遵守规则，你是否被允许违反规则，最后，你是否可以完全无视规则行事。一般来说，决策是关于如何使用规范的，而不是根据规范去决策的。

金字塔的顶端是制定规则的人。在俄罗斯，如果不允许打破规则，那些制定规则的人将无法生存；如果他们不能生存，就根本没有规则可言。尽管在西方看来这很奇怪。在金字塔的最底部，或者更确切地说，在金字塔的下面，你会发现一些比明面上的统治者更有趣的东西。欧洲的民主制度建立在规则体系的基础上，而这些规则形成了一层不可穿透的膜，所以欧洲人总是会发现自己处于某种规则之下。俄罗斯的体系是基于极端情况而建立的。当规则不再适用时，秩序的帷幕会被拉到一边，创建规则的权力突然地、出乎意料地、赤裸裸地显现出来。弗拉季斯拉夫·苏尔科夫（Vladislav Surkov）曾经向我解释了他的世界观。他认为："西方受规则支配，俄罗斯制定规则。因此，俄罗斯应该统治西方。"这与帕夫洛夫斯基（克里姆林宫重要的两位政治顾问之一）的观点一致。

帕夫洛夫斯基指出，克里姆林宫不必等到这些极端条件成为现实。它可以策划或制造这些条件。自希腊时期以来，政治文献中一直在探讨的一个经典案例是，一位国君策划了一场针对自己的阴谋，以便他拉出自己的敌人，消灭他们，从而向公众表明反抗国家是徒劳无益的。更普遍地说，如果权力是通过战胜反对者而发展起来的，而且权力需要被行使，就像人类的身体需要锻炼一样，那么过于安逸的生活将是危险的。权力源于从混乱中创造秩序的努力，如果不够混乱，权力本身必须制造条件，确保足够混乱。我们知道普京是这样想的，因为他至少在一个场合没有回避这样一种声明。在莫斯科瓦西里耶夫斯基广场（Vasilyevsky Spusksquare）举行的音乐会上，普京发表了公开演讲，重申了他的观点，即俄罗斯和乌克兰是一个民族，然后谈到了俄罗斯面临的挑战。他说："我们会继续前进。我们会提高我们的国家地位，使我们的国家更加强大。我们将克服这些年来我们轻易为自己制造的困难。"

那些像帕夫洛夫斯基一样从内部知道这个系统如何运作的人，近距离观察过这头野兽的人，都会对它混乱的本性留下深刻的印象。当然，普京总统并没有建立一个明确的权力渠道，使得决策可以传达到下面各级政府。他没有那样做的动机。每一个决定都受制于命运。决定表达得越清楚，那么形势恶化时就越容易显示决策的失误。普京更喜欢发出模棱两可的信息。他会让每个人猜测他的话的意思。如果出现了问题，那仅仅是因为没有准确理解他的意思。在这种情况下，混乱必然会加剧，但是他认为混乱是富有成效的，能够增强国家权力。

俄罗斯以自己的体制适应模糊性而自豪，这也意味着，分隔不同领域的界线在很久以前就被模糊了，在更深的意义上，它可能比最初看起来的要模糊得多。例如，虽然国家提供大量资金和优惠政策以使私营企业和公司致富，但是，很难判断国家是被寡头控制了，还是寡头被国家控制了。这些资金一旦落入私人手中，不仅会被用于购买豪宅和游艇，而且在俄罗斯试图加强对外国政府的控制之际，这些资金往往会被用于追求俄罗斯政府的重要但又隐秘的目标。举个例子，康斯坦丁·马洛费耶夫（Konstantin Malofeyev）领导的私募股权公司马歇尔资本（Marshall Capital）不仅从政府合同和特权信息中获益，它还将部分利润再投资，用于补贴俄罗斯在乌克兰的战争。

部分问题在于，一个实行强有力的个人统治形式的国家不能依赖一个稳定的、可预测的框架。这样的国家受制于它的领导者或领导者们多变的思想状态。小说家弗拉基米尔·索罗金曾写道:"不可预测的命运之轮已经开始转动,游戏的规则已经确定。"普京已经成为"反复无常、不可预测的黑桃皇后"。[24]更重要的是,如果一个系统没有纳入混乱,没有把世界的非理性推向外部,那么这个系统就很容易受到来自外部的混乱的影响。最后,如果不行使权力,那么权力就不再是权力了。必须行使最强大的权力对阵最大的反派,即那些对政治秩序构成最大威胁的人。如果权力能够保持混乱永久存在,如果权力下的人认为权力一旦被剥夺,世界将立即进入一个难以想象的动乱时代,那么权力就会变得更加可怕。

这就是为什么俄罗斯的政治可以被精确地定义为对混乱的管理。

6. 格罗兹尼的圣诞节

1999 年,时任俄罗斯总理普京在一次电视访谈中说:"打个比方说,车臣无处不在。不仅在北高加索地区。"他的意思是,俄罗斯到处都存在着混乱和无序，而车臣只是其最极端和最明显的表现方式。今天，普京可能会重复"车臣无处不在"这句话，但意思有所不同。现在它是全国稳定的象征，尽管稳定并没有取代混乱，而是叠加在混乱之上。正如叶利钦时代一样，俄罗斯的体制在这里找到了它最纯粹的形式，这很可能预示着俄罗斯未来的样子。如果在俄罗斯，国家权力有时在保持距离的同时使用混乱，那么在车臣，这种距离已经消失。如果俄罗斯不允许人们摒弃混乱这一种思想，那么混乱也会出现在人们的实际经验中。对于那些梦想颠覆现有秩序的人，俄罗斯以突然而浩大的国家机器行动来应对，除此之外，它还以不稳定的秩序作为回应。

2003 年，联合国称车臣首都格罗兹尼为地球上遭破坏最严重的城市，这是两次极其残酷的战争的结果。在 1994~1996 年的第一次战争中，俄罗斯失去的坦克比第二次世界大战期间柏林战役中损失的还要多。1999~2000 年的第二次战争由新上任的弗拉基米尔·普京领导，旨在解决车臣的独立愿望。2004 年，艾哈

迈德·卡德罗夫遇刺身亡后，他的儿子拉姆赞
（Ramzan）接手了铲除山区叛乱分子并开始重
建山区的任务。

车臣总统拉姆赞·卡德罗夫曾在 2015 年
向他的部队宣布："我想正式声明，如果莫斯科
或斯塔夫罗波尔的人在你不知情的情况下出现
在这里，直接开火。"我知道他指的是一名安保
人员或一名武装士兵，但这仍然让我在抵达格
罗兹尼酒店时感到压力。我走进大厅，却与两
名身穿黑色紧身衣的男子面对面，他们每人腰
上都挂着左轮手枪，没有任何其他军徽或警察
徽章，只是在胳膊上有两面旗帜：右臂是车臣，
左臂是俄罗斯。

在接下来的几天里，我听到了很多关于
这些忍者特工的故事。他们唤醒了格罗兹尼
人民的敬畏和恐惧。一名男子告诉我，他宁
愿避免与他们接触，因为一旦接触，那么之
后的两周他会一直感到紧张。最好不要和他
们开玩笑，甚至不要直视他们的眼睛。另一
些人只是客观地把他们描述为"非常强壮的
人"。没有人能确定他们是警察还是军官。官

方没有任何军事或警察法规规定必须穿黑色制服。"他们不仅仅是警察"是我听到的最好的解释。

在格罗兹尼，你经常会遇到全副武装的警察、军人和准军事人员。他们在街道上巡逻，或者守卫购物中心以及最近重建的米迦勒天使教堂等敏感地区。街上的武装特工比购物者还多。但他们与我在抵达时遇到的特种部队有所不同。你不知道他们会在哪里，因为他们似乎没有明确的任务。他们总是很忙，就像在执行一项任务一样。你可能会在任何地方突然发现他们：在酒店的酒吧里，跑到你前面，在结冰的人行道上差点滑倒，在市中心普京大道的购物廊的楼梯上。一些西方媒体的记者写道，他们无处不在。但事实并非如此。他们其实很难被发现，就像一种稀有的鸟，但是他们随时随地都可能出现，这给人一种无处不在的印象，这种感觉比现实更强烈。他们的领导者被大家称为"爱国者"，他是车臣第二个最有权势的人，但他唯一的官方职位似乎是阿赫玛特（Akhmat）搏击俱乐部的终身主席。

在 1 月 6 日，俄罗斯的平安夜，我来观看搏击俱乐部的一次训练。训练在格罗兹尼竞技场进行，那是一个全新的、拥有最先进的综合体育设施的中心，主要致力于综合格斗（世界上发展最快的运动）、拳击和摔跤训练。在它最初建成时，俄罗斯甚至车臣都有人指出这是一种令人不安的古罗马文化复兴。至少在好莱坞版本中是这样的，那里有竞技场、角斗士，还有最上层的皇帝尼禄（Nero）——向民众提供竞技场。这种比较充满了政治风险，但这并不是我第一次在新格罗兹尼——俄罗斯高加索腹地的后现代主义首都——看到流行文化的不同用途。

我在训练课上遇到的年轻人与最初组成搏击俱乐部核心的特种部队成员大不相同。训练课上的年轻人来自普通脆弱的家庭，他们性情温和，当我到达时，他们礼貌地迎接我，随后全神贯注地听着教练的技术指导。其中一位后来告诉我，他正在试图戒烟。他解释说，在车臣，戒烟要比在欧洲困难得多。"在欧洲，你总是很放松，但在这里，无论是和家人、长辈还是女孩在一起，你永远都不会感到放松。你必须每时每刻都举止得体，这样压力就会累积起来。"在更衣室里，他或许可以在一张壁画中找到放松的感觉。壁画中间是拉姆赞·卡德罗夫，两边是他的堂兄阿卜杜勒－克里姆·埃德洛夫（Abdul-Kerim Edilov）格斗士和"爱国者"阿布扎伊德·维斯穆拉多夫（Abuzayd Vismuradov）。

格罗兹尼没有夜总会或酒吧。唯一合法出售酒精饮料的地方是我住的格罗兹尼城市酒店，这是一座32层的五星级摩天大楼，楼上布满了霓虹灯，一次接待的客人似乎在10人到20人之间。市中心的咖啡馆则推出"健康水果鸡尾酒"。这里的伊斯兰教已经后现代化，虽然有很多规定（比如严禁喝酒），但是睁一只眼闭一只眼也可以做。那天晚上接待我的主人试图解释这些矛盾并指出车臣人生活在一个四角正方形中，四个角分别是车臣传统文化、俄罗斯文化、伊斯兰教文化以及西方文化。车臣比俄罗斯更愿意接受西方文化，一方面是因为战争难民从

欧洲和美国归来的经历，另一方面也是为了抵制俄罗斯文化的同化。

车臣总统特种部队的使命宣言中包括遵守执法道德。我看到身穿黑色制服的人在酒店酒吧里用吸管喝橙汁汽水，就像是对他们的特工身份致敬，也是对当代充满文化矛盾的车臣致敬。但是在这个地方，我也听到了一些不同的声音。有人说特种部队因为女性不戴头巾而殴打女性，也有人说特种部队残忍地扯掉了妇女和女孩的围巾。格罗兹尼的每个女性都戴着围巾，但是年轻的女性会搭配高跟鞋和紧身衣。她们的打扮也属于车臣文化的一部分。

今天你几乎看不到格罗兹尼以前的影子。当然，这仍然是一个非常危险的地方——在这个城市，最赚钱的活动之一就是通过绑架俄罗斯人和外国人勒索赎金。它还成为外国武装分子前往叙利亚加入"伊斯兰国"（ISIS）的主要渠道之一。但是来到格罗兹尼城市酒店的天空酒吧库珀尔（Kupol），你看到的是一个充满希望的迪拜，到处是令人印象深刻的摩天大楼、购物中心、完美的国家爱乐乐团和欧洲最大的清真寺——也是最美丽的清真寺之一。城市入口有一个圆形大厅，大厅中有一个大地球仪，上面写着"格罗兹尼是世界的中心"。

这些工程的大部分资金来自俄罗斯联邦预算，施工中有很多偷工减料的地方。当地目击者告诉我，那个地球仪曾两次被大风吹离地面，滚下道路。我在格罗兹尼的最后一个晚上，卡德罗夫总统来到了我下榻的酒店，向他母亲经营的艾哈迈德·卡德罗夫基金会的一群女性慈善工作者发表演讲。我让前台在总统到达时向我示意一下，但他们简短地回答说，总统来的时候我一定会注意到的。在某种程度上，我确实是注意到了。总统来的时候，随同来了数百名身穿绿色制服的年轻女孩和身着黑色制服的卡德罗夫特种部队，以及数十名消防员，因为酒店的一层楼着火了。在一个一直使用掺假材料和涂料的城市里，这或许已经见怪不怪了。

卡德罗夫现在已经成功地巩固了他的统治。圣诞前夜，我应邀与一位老土木工程师在格尔缅丘克（Germenchuk）共进晚餐，格尔缅丘克在格罗兹尼通往山区的路上。这位土木工程师在土耳其生活了多年，但已经回到了他的祖籍村庄，住在他祖父第一次开凿的运河旁边。他让他的妻子拿来一瓶威士忌，但是以宗教节日为借口，没有和我一起喝。谈话或多或少地涉及普京和俄罗斯的政策，包括他在乌克兰和叙利亚代价高昂的冒险经历。这里有一条不成文的规定，就是不能提卡德罗夫的名字。我当然非常尊重我的晚餐同伴，不会试图打破他遵守的这个规定。

整个城市的人民都迷恋健身，以回应领导者对健身活动的热爱。城里一些最大、最繁忙的商店出售各种各样的体育器材。我在参观罗马竞技场时遇到一位很有思想的年轻人，他突然问我，是否可以用同样的机制来创建一个不注重体力而注重智力和知识的社会。我回答说，可以的，同时想到古希腊思想中专制和哲学非常接近。他想知道一个人应该从哪里开始，初步应该采取什么步骤。他似乎计划把这个想法告诉与卡德罗夫关系密切的人。

午夜时分，我来到米迦勒大天使教堂。我在入口处被几名准军队人员搜查盘问，这似乎是合理的，因为在圣诞前夜这座教堂似乎是一个潜在的目标。格罗兹尼的人们告诉我，过去并没有因为纯粹的宗教目标而发生过攻击，但是武装叛乱反对俄罗斯的方式正在迅速发生改变，现在有很明显的宗教因素。教堂已经为这个特别的日子做好了充分的准备，但当我走进教堂时，本来期待会看到一小群人，但是只有两个人站在耶稣诞生像旁，两个影子在黑暗中。格罗兹尼可能已经完全重建，但很明显俄罗斯人还没有回来。如今，这座城市在种族和宗教上比其动荡历史上的任何时候都更加同质化。

第二天，我最后一次回到艾哈迈德·卡德罗夫清真寺。我越来越喜欢它简朴的线条和内部的宁静，即使它一次容纳一万名忠实的信徒，里面依然非常安静。一长排整齐排列的男人同时祈祷。我站在几米远的地方，思考着格罗兹尼的一切是否可以被称为自然的或自发的。在外面的大广场上，有一个很小、很破旧的马戏团，从遥远的车里雅宾斯克过来赶这个假日季节。妇女和儿童排队等候买票。男人依然还在清真寺里，但我怀疑他们无论如何也不会去观看马戏团表演。

也许没有什么比俄罗斯地方马戏团更能让你想到人类处境的悲哀。就连小猴子和贵宾犬似乎也陷入了绝望，表演它们的把戏时既没有希望，也没有信心。我决定等待走钢丝的艺术家，这种表演至少有一些真正的危险。但是钢丝离地面不超过两三米，所以这一切都让人觉得很无聊，直到表演者决定走过去，身上披着一块长长的黑布。为了保持平衡，他挥舞着一根金属杆，很容易就能穿进下方地面。我不禁想，这到底是为了表现出勇敢，还是只是为了吓唬观众。不知何故，这似乎是适合格罗兹尼的一个标志。

第八章　欧亚大陆隧道

1. 欧亚大陆的王后

穿越博斯普鲁斯海峡的经历是独一无二的。当代土耳其小说家在描写伊斯坦布尔时，总是会保留一些篇幅来描述乘坐渡轮前往梦幻世界的强烈感受，那里有油罐车、海鸥和汹涌的水流。比较老的书籍会描写 19 世纪第一艘蒸汽渡轮到来以后，伊斯坦布尔的生活发生的变化：从烟囱里冒出的黑烟直冲伊斯坦布尔辽阔的天际。然后到了博斯普鲁斯海峡大桥时代，这座城市才发现自己是多么的巨大。在这两种情况下，跨越两大洲之间古老鸿沟的经历仍然历历在目。2016 年底，连接欧亚城市的新隧道开通的那一天，我碰巧在伊斯坦布尔，所以我很早就起床，想成为第一批穿越伊斯坦布尔的人。我坐了5分钟的出租车，穿过了霓虹灯照亮的欧亚隧道（距离地面100米），感觉很不一样，仿佛距离已经恍惚了，博斯普鲁斯海峡本身也从视野中消失了。

伊斯坦布尔的游客沉迷其中无法自拔。他们经常会问这个或那个地方是否位于博斯普鲁斯海峡的欧洲或亚洲一侧，对于每天在两大洲之间通勤的城市居民也表示惊叹，也会猜想大桥两侧居民之间深层的文化差异。当然，现实情况要复杂得多。伊斯坦布尔的每个地方都有两面性。旅游业主要集中在欧洲海岸，伊斯坦布尔一些最传统、最虔诚的社区也是如此。我最喜欢的是法提赫（Fatih）区域。这个区域聚集了所有类型的人：穿着黑罩袍的妇女、小商人、妓女、小贩、学生和来自叙利亚或阿富汗的移民和难民。许多街头商店都有阿拉伯语招牌，有些是因为店主是阿拉伯人，有些则是出于对传统和宗教的尊重。

土耳其总统雷杰普·塔伊普·埃尔多安在

这片区域是非常受欢迎的。在法提赫，他的形象无处不在，从覆盖整栋建筑的大海报，到商店橱窗或理发店里的小照片。对于这里的人们，埃尔多安负责任地恢复了公共领域的宗教信仰。虔诚的土耳其人会解释，15 年前，在埃尔多安执掌土耳其政治之前，宗教是一件令人羞愧的事情，并被严格保留在私人领域。如今，人们可以自豪地戴上头巾而不会觉得自己被贬为二等公民。在土耳其社会，宗教和阶级是紧密相连的，但归根结底，阶级更为重要。据我所知，在土耳其和英国这两个国家的文化中，阶级总是以某种方式存在于每个人的脑海中。虽然存在深刻的分歧，但那些分歧是社会和政治分歧。这表明，奥斯曼帝国哈里发国的绿旗在法提赫根本找不到，而土耳其国家的红旗却随处可见。

土耳其上层阶级极力维护现有的社会结构，他们一直想象着欧洲的文明生活模式。你必须穿过金角湾，走在尼桑塔希的街道上，才能感受那里的自然风情。法提赫和尼桑塔希都在博斯普鲁斯海峡的欧洲一侧，但是它们截然不同。

它们也可能有点过于人为化了，因为这两个地方的所有人都在试图呈现一个更加纯粹的形象，超出了人类生活所允许的混乱现实。

　　大多数生活在尼桑塔希的人鄙视生活在法提赫的人。对于他们来说，工人阶级属于一个不同的世界：贫穷、原始、肮脏、非理性，甚至可能充满危险。对于精英阶层来说，过去15年是一场噩梦。他们不得不眼看着土耳其生活中压抑的一面愈演愈烈并逐渐浮出水面，甚至可能会颠覆其发展的进程。更具破坏性的或许是将尼桑塔希的这片绿洲视为一种闹剧。在土耳其，如果你讨厌大权在握的人，你的事业就很难取得成功。一个完全欧洲化的年轻人怎么可以没有成功的事业呢？但这只是问题的一半。如果所有裹着罩袍的老妇人不再待在家里，而是在伊斯坦布尔街上自由自在地闲逛，那如何让他们的欧洲朋友相信，土耳其和德国或法国一样是欧洲国家呢？毕竟，他们不是移民，而是土耳其人，和尼桑塔希、吉汉吉尔（Cihangir）的年轻专业人士一样的土耳其人。

　　如果尼桑塔希是一种按剧本塑造的文化，

那么法提赫也充斥着一种仿造的痕迹。如果你周五走在恰尔尚巴街区，你会发现所有的男人都蓄着胡子，穿着长袍，戴着白色的无檐便帽。他们的前额头可能带有祈祷的标记。因此，突然之间，没有任何过渡，游客会被带回到伊斯兰教的早期——这里的许多影响对土耳其人的生活来说是相当陌生的，因为土耳其人的伊斯兰传统与阿拉伯人的截然不同。几乎每家商店都非常迎合信徒的需求，出售装饰华丽的《古兰经》、传统服装、祈祷地毯，甚至还有树枝牙刷（miswak）——一种深受信徒喜爱的清洁牙齿的树枝。恰尔尚巴还有裁缝可以按照先知时代的习俗缝制衣服。社区里的女性都戴着头巾，只有眼睛露在外面。伊斯迈拉加清真寺（Ismailaga Mosque）位于恰尔尚巴市中心，是同名宗教秩序的所在地。在那里，内部争夺领导权的斗争经常导致宗教杀戮。1998年，该社区领袖马哈茂德·乌斯塔奥斯曼奥卢（Mahmut Ustaosmanoglu）的女婿在伊斯迈拉加祈祷时被杀。2006年，一名退休的伊玛目（领拜人或祈祷主持人）也在那里被刺死，之后凶手被当场私刑处死。离开伊斯迈拉加清真寺，穿过伊玛目奥梅尔街（Imam Omer Street），然后就来到我在伊斯坦布尔最喜欢的地方的附近。第一次到达丘库尔博斯坦（Çukurbostan）的经历并不容易用语言表达出来。当你走在世界上最繁华、密集的街道上，突然发现了一片非常大的空地，向下挖掘了很深，周围是一排排建筑物，俯瞰着这片空地。它的形状是一个完美的正方形，边长约150米，所以总面积几乎是一个足球场的四倍。这片巨大的空间位于街道地下10米处，包括几个网球场、足球场、儿童游乐场和野餐长椅，里面到处是穿着黑色衣服的妇女带着她们的小孩在散步。在空地中心附近，有一座清真寺，看起来像一座古老的尖塔。

你可能会停下来，往下看，想知道这意味着什么。为什么要围绕建筑物更近的一些古老的建筑物精心建造一排显然很新的建筑物呢？这些建筑物给人的第一印象是美学，让人想起科幻电影中的画面：城市景观被最近发生的大灾难或某种强大的科技破坏了。第二个印象是政治，让人想起埃尔多安和他的正义与发展党如何重新设计了土耳其的城市，以吸引工人阶级，建立一种集体认同感。最后的印象不那么直接，但更加精确，因为你开始怀疑这一定是通往过去的一扇秘密之门，是一个有神秘历史的地方。

这片巨大的空地原本是一个蓄水池，一个露天水库，由阿斯帕尔（Aspar）建造。阿斯帕尔是公元5世纪拜占庭皇帝马尔西安（Marcian）手下的一位将军。奥斯曼人占领这座城市的时候，蓄水池已经空了，随后被用作花园，因此它的名字今天仍然沿用丘库博斯坦，意为"沉没的花园"。一个世纪后，在苏丹苏莱曼统治时期，一座小清真寺被建在空荡荡的水库里。尖塔至今仍屹立不倒，几乎可以肯定的是，这座尖塔是保持这一下沉平面的原因。几个世纪之后，蓄水池内曾建造了一个风景如画的村庄，那里的房子还没有周围的街道高，而且这个小村庄曾经被释放的阿比西尼亚奴隶所占据。这是一个多么不寻常的地方。当你走在大街上，突然脚下就出现了屋顶。这个村庄有很多有趣的照片。而且直到1985年这个村庄才被拆除，然后被街市取代了。市场建立以后，又建造了一个停车场，然后是现在的社区体育综合体。也许把这片空旷的空间想象成一个展览中心会更好，这里展示着土耳其不同时期的历史。

放眼望去，看到布郁克迭热大道（Büyükdere Avenue）上远处的摩天大楼，接下来会发生什么？在欧亚大陆的大棋盘上，没有一个棋子像土耳其那样松散和灵活。它可以垂直、水平或对角移动任意数量的地段。它可以向西、向东、向南或向北移动。没有什么是一成不变的，新的变化和革命不仅是可能的，而且是不可避免的。2016年7月15日晚上，当大多数土耳其公民坐下来吃晚餐或在电视上观看足球比赛时，新闻开始报道伊斯坦布尔博斯普鲁斯海峡的桥梁已经关闭，土耳其军用飞机在安卡拉（Ankara）低空飞行，新的革命变得很真实。

2. 战略广场

谁是那天晚上土耳其失败的军事政变的幕后黑手？为什么会发生政变？关于政变者意图的唯一确凿证据当然是政变当晚在电视上宣读

的声明，但该声明是经过精心设计的，以隐藏其来源和意图。它呼吁土耳其共和国的立国价值观，名义上所有人都认同这种价值观，并且自 1960 年以来土耳其所经历的 9 次军事政变、政变企图和报告中都援引了这一价值观。

官方的理论是，这次政变应该归咎于葛兰运动（Gülen Movement）。这项运动是由美国宾夕法尼亚州一位隐居的神职人员指挥的，过去他和埃尔多安关系亲密，但是在日益残酷的冲突中他们的关系破裂了。这一理论迅速在土耳其民众中传播开来。葛兰公开领导着一个由学校和慈善机构组成的庞大网络，但众所周知，他将这些学校和一个渗透到土耳其国家机构内部的秘密网络结合起来了。1999 年，土耳其电视台播放了一段秘密录制的布道视频，葛兰在视频中告诉他的追随者："在你到达所有权力中心之前，你必须沿着体制的动脉前进，不要让任何人注意到你的存在。"如果在掌握所有国家权力之前就采取行动，"这未免为时过早，就像没有等上整整四十天让鸡蛋孵化而把鸡蛋打破了一样，实际上这是杀死了里面的小鸡"。

确凿的证据表明，该网络确实缓慢而蓄意地渗透到国家的各个阶层。土耳其记者伊尔迪雷·奥马尔告诉我，这是一个宗教崇拜计划接管国家三四十年的令人难以置信的故事，仿佛出自丹·布朗（Dan Brown）的小说。的确有点像，但是奥马尔可以为每一个古怪的情节提供确凿的证据。为了让葛兰主义者加入土耳其武装部队，有人会盗走军事入职国家考试试卷，而且将试卷答案交给葛兰组织里参加考试的人。同时，已被葛兰势力渗透的司法机构会执行一些虚假的审判，革除一些高级别军官的职位，为新入职的官兵开辟道路。葛兰主义者会尽一切努力掩饰所有的操作。例如，将葛兰主义者揪出军事部门和安全部门的一个流行策略是举行泳池派对，军官需要携带妻子出席，如果其妻子信仰宗教，就会拒绝穿泳衣，那样就暴露了军官可能是葛兰主义者。当葛兰主义者意识到这一策略时，他们的应对方式是携带妻子穿比基尼出席派对。

葛兰本人属于宗教保守派，但这并不妨碍他在外交政策上与美国和欧盟保持一致。葛兰主义在很大程度上是基于市场经济中教育和创业的角色进行判断的。它认为伊斯兰教和西方价值观从根本上是相容的。加入欧盟将巩固土耳其政权下的教育和创业，并有助于葛兰组织各部门在欧洲各地之间的协调。葛兰本人对俄罗斯和伊朗采取了强硬的批评立场，有时还支持以色列，反对那些采取对抗态度的人。鉴于他传达的宽容和跨宗教对话等公开信息，以及他为将伊斯兰教与科学和现代性相协调付出的努力，许多西方观察家认为他有能力发展一个温和的伊斯兰教，指出一条不再与西方社会冲突的道路，这是世俗主义者越来越无法做到的事情。他经常反对伊斯兰恐怖主义，并且明确支持土耳其加入欧盟。

在对葛兰进行官方指控后几天，埃尔多安接受了一次电视采访，进一步加深了指控。他称，此次政变的最终责任不在葛兰，而在他上面运作的"上级精神"。"上级精神"是过去经常使用的代码，意指西方。但是所发生的政变过于纯粹大胆，似乎需要一个全能的实体的运作，有些人开玩笑说，也许"上级精神"是埃尔多安本人。政变发生后，当局逮捕了4万人，解雇或暂停了12万人的职务，其中包括军人、警察、教师和公务员，原因是他们涉嫌与葛兰主义网络有联系。许多人没有这样的联系。事实上，如果所有被捕的人都参与了政变，那政变很难失败。

葛兰主义强调，需要等待成熟的时机来接管权力。虽然他们有可能发动政变这一事实表明他们在武装部队的渗透已经取得进展，但此次政变的失败也证明了时机尚未成熟。但随着与埃尔多安的冲突变得越来越强烈，感觉最终的对抗即将到来，而政变者希望成为第一个做出决定性举动的人。很明显，关于即将发生政变的谣言在7月之前就已经广为流传，并且夏末清洗军队的计划也被制订出来。在同一时期，土耳其的外交政策连续发生转变，引起了民众极大的痛苦和不安。这应该就是政变的内外背景。这种政变只会发生在一个国家严重分裂的时候，但是现在土耳其内部的分裂更多的是关于欧洲和亚洲的争论，而不是世俗主义和宗教的争论。

　　自 2005 年以来，土耳其与欧盟的关系每年都在恶化，只有解决严重难民危机的共同需要才能掩盖这一点。在抽象的政治价值观方面，土耳其和欧盟可以利用共同的倾向，但是政治不是抽象的。在面对现实和紧迫的问题时，双方的答案各不相同，它们之间的关系逐渐被无情的竞争逻辑所俘获。埃尔多安可能没有打算成为世界舞台上积极挑战和攻击欧盟的主要声音，但是一旦这种逻辑成立，土耳其和欧盟之间的对抗则不可避免。至于欧盟，它开始将土耳其总统视为一个直接的威胁，作为回应，欧盟必须变得更加坚定和不妥协。欧盟希望土耳其成为一名优秀的欧洲学生，以提醒欧洲土耳其人应该做什么。土耳其希望按照自己的方式行事，在它面临欧洲无法帮助解决的一系列挑战和威胁之际，这是一件特别紧迫的事情。如果土耳其人现在需要靠自己解决问题，他们为什么要听取欧洲人的意见呢？新的地缘政治现实是双方分歧的根源。欧盟很快认识到，如果一个人没有感受到恐惧，那他就不可能得到爱。

　　然后是叙利亚问题。土耳其在叙利亚内战初期承诺推翻阿萨德总统，但是目前它面临着无法承受的压力。在政变前的几个月里，随着美国政府以维持阿萨德政权为目标实现和平，土耳其显然无法坚持自己的承诺。安卡拉的许多人认为，土耳其是被西方鼓励去对抗阿萨德，然后对抗俄罗斯，但是土耳其这样做以后，就被西方抛弃了。西方的软弱——或者仅仅是不愿展示实力——正在给安卡拉施加越来越大的压力。外界现在预计，安卡拉将做欧洲和美国都不愿意做的事情：击败"伊斯兰国"，推翻残暴的阿萨德政权。这些都是不合理的要求，因此开始造成土耳其和西方利益之间的裂痕。

　　2016年5月初，总理艾哈迈德·达武特奥卢下台了，这在某种程度上为土耳其完全转变其叙利亚政策开辟了道路。就像外交政策的每一次转变一样，这次转变也带来了机遇。如果消除关于叙利亚的争论，那么土耳其可以重修与俄罗斯的关系。顺便提一下，达武特奥卢向来对俄罗斯非常冷漠。这非常引人注目，因为他是那种喜欢至少尝试一次所有可能性的知识分子，但是不愿尝试与俄罗斯发展关系。

达武特奥卢刚被替换下来，埃尔多安就迅速尝试改善与俄罗斯的关系。2016 年 6 月底，他就 2015 年土耳其军队在土耳其—叙利亚边境击落一架俄罗斯轰炸机一事向普京道歉，称该事件损害了两国关系。埃尔多安的道歉让大多数人感到意外，尤其是他现在声称土耳其从来没有打算击落飞机，但是之前他曾宣称土耳其已经准备好再次击落飞机，并且必要时还会多次击落飞机。总而言之，至少有两个非常公开的信号——达武特奥卢被免职和埃尔多安的道歉——表明土耳其的外交政策正在发生重要的变化。除此之外，还必须加上许多不那么公开的信号，例如俄罗斯代表团访问安卡拉和伊斯坦布尔，这显然逃不过那些了解土耳其政治的人的注意。

俄罗斯问题一直是土耳其军方内部的一个重要问题。一些世俗主义和进步主义官员将俄罗斯视为抵制西方全球霸权的伙伴。他们指出了土耳其共和国的起源以及它从苏联获得的支持。对他们来说，回归土耳其革命的原始精神，

将意味着与西方意识形态的决裂，转向一种计
划的社会主义经济政策，目前来讲就是发展型
国家的模式。埃尔多安政权似乎已经朝着这个
方向走了一段距离，并遭到葛兰和葛兰追随者
的强烈反对。安卡拉的一些人甚至主张土耳其
加入上海合作组织（2001年在上海成立的一个
政府间组织），以便使土耳其的外交政策更紧
密地与俄罗斯和中国保持一致，这一选择很可
能涉及土耳其退出北约。许多人还记得奥斯曼
帝国和俄罗斯帝国之间的激烈竞争，他们认为，
如果没有西方国家的支持，土耳其将非常容易
受到俄罗斯力量的攻击。国家，特别是大国，
外交政策在适应新形势时进展会非常缓慢。土
耳其与俄罗斯之间的激烈竞争深深扎根于它们
之间为控制巴尔干半岛和各海峡而进行的竞争，
以及相应地，土耳其渴望一个统一的突厥语世
界。因此，两国之间的和解与俄罗斯实力的相
对衰落密切相关。就经济影响力和人口规模而
言，俄罗斯似乎不再对土耳其构成威胁。无论
如何，土耳其都认为，俄罗斯境内的鞑靼和穆
斯林少数民族保证了俄罗斯会避免与土耳其发

生公开冲突。

当苏联解体和中国的经济改革开辟了新的欧亚空间的可能性时，土耳其是第一个接受旧的二分法解放的国家，急于制定符合苏莱曼·德米雷尔（Suleyman Demirel）总理的外交政策。德米雷尔在 1992 年发表讲话，呼吁建立"从亚得里亚海延伸到中国长城的土耳其世界"。德米雷尔不再将可能的欧盟成员资格视为加入欧洲的一种方式，而是朝着使土耳其成为不同文明之间桥梁的目标迈出了必要和重要的一步——作为联系欧亚超级大陆的纽带。土耳其不愿意因为加入欧盟而放弃其另一半的历史身份——突厥、穆斯林、奥斯曼帝国。从欧盟的角度来看，土耳其的成员资格应该以同样的方式定义：土耳其是将欧盟变成欧亚超级联盟的第一步，也是至关重要的一步。

土耳其于 1987 年首次申请加入欧盟，但是一直未能如愿。对于欧盟的不满和无休止的入盟进程使许多老牌社会主义者、民族主义者和伊斯兰主义者转变为意识形态和外交政策重组的同情者。土耳其总是倾向于把加入欧盟进程看作其大部分身份的牺牲。如果加入欧盟能带来很大的利益，这种牺牲也许是可以接受的。然而那些利益从来没有想象的那么大，而现在有一些利益已经通过更大的经济一体化得到了，因此加入欧盟进程带来的利益开始显得微不足道。具有讽刺意味的是，如果俄罗斯在过去是奥斯曼帝国内部西方影响力的来源，那么现在它是把土耳其从西方拉出去的一个重要因素。早在 2002 年，土耳其国家安全委员会的通杰尔·克伦奇（Tuncer Kilinc）将军就建议土耳其与俄罗斯和伊朗建立一个新的联盟来对抗欧洲。在当时，克伦奇的建议还是一个比较新的想法，大多数人都不喜欢，但现在已经不是这样了。曾经倡导这种战略调整的相对边缘的人物开始接近主流，慢慢地集中在一个特定的知识运动——欧亚主义。

正如许多人所指出的，这似乎完善了土耳其的战略可能性。传统上，土耳其知识分子在讨论民族认同问题时，总是指向三个方向：西方的欧洲、南方的伊斯兰教、东方的高加索和中亚的突厥语国家。这种讨论可以追溯到鞑靼知识分子优素福·阿克丘拉（Yusuf Akcura）。他在 1904 年写了一本简短的小册子，其中有三种方法可以将奥斯曼帝国巩固在某种永久身份上，并对可能的反对意见进行了系统的检验。第一，源于法国大革命的统一的政治概念；第二，伊斯兰统一政策；第三，基于种族的土耳其政治国家。冷战结束后，第四种方式出现了，它将俄罗斯确定为土耳其地缘政治的主要推动力，并将强化国家结构作为第四种方式背后的意识形态项目。[1]

在那些自称为欧亚主义者的人中，有一个人脱颖而出——爱国党（Vatan Party）主席多乌·佩林切克（Doğu Perinçek）。他一生致力于把欧亚主义作为一种思想和政治工程。他在狱中度过了六年，原因是在黑暗而残酷的埃尔盖内孔审判（Ergenekon trials）中被指控密谋推翻埃尔多安政权。法庭指控他"建立武装恐怖组织，目的是推翻政府"，但在葛兰主义者下台后，佩林切克和其他政治犯被释放了。最近几个月，他的命运突然发生了变化。现在，他被一些土耳其媒体指控为埃尔多安的幕后人物，密谋逆转一个世纪以来土耳其面向欧洲和美国的发展方向。七月政变以后，人们普遍认为他是对军队和安全部门进行广泛清洗的幕后黑手。爱国党在土耳其选举中获得的支持微不足道，但在军方和学术界却有着巨大的影响力，其日报、电视频道和出版社的成功就表明了这一点。

在 2016 年 12 月一个下雨的星期五，也就是首次穿越欧亚大陆隧道后的第二天，我会见了佩林切克。爱国党派了一辆车来贝希克塔什接我。下雨时，伊斯坦布尔的交通比平时更糟。驾车到爱国党总部似乎是一个不可能完成的任务，因为贝伊奥卢有些街道很窄，当我们驾车进入窄街时，迎面过来一辆车，我们只能退出去。最后，陪同我的党员决定和我一起走着过去。一个小时后，佩林切克在他办公室的门口迎接了我，他的办公室里堆满了旧书，可以俯瞰金角湾。

他笑着说，今天的天气不太好。

佩林切克很快就开始对世界面临的历史挑战进行了广泛的历史和哲学阐述。他指着我说，由葡萄牙人和西班牙人开创的欧洲文明时代已经走到了尽头。现在引领世界经济的是中国。对他来说，新秩序诞生之初的阵痛是 20 世纪俄罗斯、土耳其和中国的三次革命，当时三个伟大帝国的继承者开始寻找一条新的、独立的道路。他们现在已经找到了，但三者之间的紧密联盟仍然是不可或缺的。他说，土耳其必须与亚洲站在一起。这个方向是不可逆转的。当我问他为什么会发生七月政变时，他毫不忌讳地说："这是美国煽动的政变，是对土耳其转向亚洲的一种回应。"

佩林切克试图表明，土耳其与亚洲的经济联系正在加强，但他面临的主要问题是他所说的"美国与土耳其之间的战争"，美国的目的是支持库尔德武装和恐怖组织，并最终分裂土耳其。因此，土耳其正处于历史抉择的边缘，重新回到了革命的发展路线上来。"正如阿塔图尔克（Atatürk）之前所说的那样，土耳其是一个亚洲国家。如果我们同大西洋体系决裂，就可以在欧亚体系中占有一席之地。因此，世界上所有的平衡都被打乱了。土耳其是世界上正在经历这一过程的主要参与者之一。"

我对土耳其共和国的创始人阿塔图尔克的这段话很感兴趣，一回到旅馆就去查了这段话。那是在1922年3月，阿塔图尔克在一场关于土耳其和阿富汗关系的演讲中提出了这一观点。阿塔图尔克认为这两个国家是抵御"西方侵略者"的堡垒。在这篇文章中，或者在同一时期写的其他文章中，没有任何迹象表明土耳其与欧洲有任何关系，除了外部关系。由于欧洲无处不在，所有人都关注欧洲政治。因此，阿塔图尔克声称，土耳其在欧洲有一只眼睛和一只手臂，但仍然是一个亚洲国家。[2]

爱国党在俄罗斯和土耳其的和解中发挥了相当大的作用。那天晚上我们开车去了一家餐馆，佩林切克告诉我埃尔多安在2016年3月就联系了他，示意他开始与莫斯科建立初步联系。作为一名优秀的政治家，埃尔多安此举也许只是对公众舆论变化的回应，但是越来越多的迹象表明，他正在考虑与莫斯科和德黑兰建立一个新的"伟大联盟"，这已经引起许多土耳其人的警觉。

几个月来，土耳其记者一直在私下评论说，

击落俄罗斯轰炸机的土耳其空军 F-16 战斗机属于一个不受指挥的流氓组织。但在政变当晚，早些时候有消息称，多达 6 架 F-16 战斗机在安卡拉低空盘旋，并且应答器被关闭了，这听起来像是一种证实，但是这些记者被告知要保持沉默。我们现在知道政变中最引人注目的事实之一：政变当晚叛军战斗机上的一名飞行员实际上就是 2015 年 11 月击落那架俄罗斯飞机的飞行员。

当时的演戏无疑破坏了安卡拉和莫斯科之间的友好关系，但这种破坏只持续了几个月。当安卡拉重新致力于与莫斯科和解时，也就是在政变发生前几个月，葛兰主义运动内部明确表示，可以通过诉诸更为传统的外交政策将一场成功的政变在国内外合法化。这就是为什么政变备忘录坚持认为，政变的原因之一是"我们的国家在国际舞台上失去了应有的声誉"，同时承诺政权更迭将"恢复我们国家及其人民失去的国际声誉"。随着欧洲和美国越来越无法牢牢控制土耳其，土耳其在两条截然相反的道路之间摇摆不定。

最后一个转折是，有报道称，在政变失败当晚，俄罗斯发挥了直接的作用。与德黑兰政府关系密切的伊朗法尔斯通讯社（Fars News Agency）援引安卡拉的外交消息人士的话称，土耳其国家情报机构收到了俄罗斯外交部门的情报，称土耳其即将发生政变。俄罗斯拥有独特的地位，可以通过其在叙利亚拉塔基亚省（Latakia）的情报基地截获通信。同样的消息来源称，埃尔多安在政变前几周的外交政策转变最终救了他，因为暂时还不清楚俄罗斯是否为他提供了珍贵的情报。

几个月后，在2016年11月20日，总统埃尔多安告诉随同他乘坐总统专机的记者：现在土耳其是时候考虑欧盟以外的选择了，上海合作组织将是一个合适的选择。他已经与俄罗斯和哈萨克斯坦讨论了加入该组织的可能性。该组织背后的理论家之一、莫斯科地缘政治学院院长列昂尼德·伊瓦绍夫（Leonid Ivashov）将军对他的想法表示欢迎，称这将是土耳其的正确举措，并补充称，如果安卡拉退出北约，上海合作组织会认真考虑接纳土耳其。当时我正在北京接受中国国家电视台的采访，主题是"这是否预示着西方霸权的终结"。

土耳其不会自愿离开北约，但是众所周知，其在北约内部的角色和义务存在一些问题。2016年8月，政变失败后不久，土耳其开始与克里姆林宫谈判，采购俄罗斯制造的S-400导弹防御系统。土耳其国防领导层自2013年就首次接洽中国谈S-400系统，一直对购买该系统表示出兴趣。由于北约的反对，土耳其官员被迫在2015年11月取消了该协议。但现在，就在北约和克里姆林宫之间的关系达到白热化之际，土耳其于2017年4月宣布与俄罗斯达成原则协议。在安卡拉与其欧洲和北美伙伴之间的距离越来越远的背景下，土耳其基本没有兴趣再次提起北约问题。7月，埃尔多安宣布与俄罗斯签署最终文件。

我与佩林切克在阿塔图尔克机场附近的布雷扎（Brezza）餐厅一起吃了晚餐。就在四天前，俄罗斯驻土耳其大使安德烈·卡尔洛夫（Andrey Karlov）在当代艺术展开幕期间被暗杀，所以最近增强了安保。佩林切克认为，这次暗杀是另一场精心策划的阴谋，目的是离间土耳其和俄罗斯。但是我个人认为，这是土耳其的伊斯兰主义者对俄罗斯干预叙利亚的反应。伊斯坦布尔还有一些人私下议论称，卡尔洛夫是在俄罗斯和土耳其之间谋求巨大商业利益的中间人，他是被一些人杀害的，这些人对于庆祝达成交易感到不满，因为那些交易标志着土耳其和俄罗斯建立了新的友谊。

我和佩林切克的谈话愉快地进行着，即便谈话期间我必须调整我的一贯立场，即欧盟和土耳其必须增进对彼此的理解。因为，爱国党对于土耳其与欧盟之间的疏远和加深的误解不一定就是不高兴的。佩林切克坚持认为，土耳其必须放弃大西洋世界。我不禁问为什么他仍然称自己为欧亚主义者，而不是亚洲主义者。他说，有两个原因。第一，一个现实的问题：土耳其不能简单地与欧盟断绝关系，它与欧盟已经建立了非常深厚的经济联系。第二个原因更有趣，他说："我们认为自己是法国大革命的继承人。没有欧洲就没有革命传统。没有欧洲就没有思想的启蒙。"

在分开的时候，我们已经喝了很长时间的拉基酒了。我再次为会面迟到了一个小时向佩林切克致歉。因为我发现他为了此次会面一直等了两个小时。我还发现，在我过去这几天的所有会见中，我并没有严格地守时。我迟到过一个小时，但是在伊斯坦布尔没有一个人指出我的迟到或对此表示一点不满，我还觉得有点奇怪。在一两个月之前，土耳其应该将时钟回调一个小时，但是根据能源部的建议，内阁决定保持夏令时，因此土耳其象征性地采取了与莫斯科同一时区的时间，而与巴黎和柏林的时差增加了。我的智能手机已经适应了新的时区，但没有适应最新的政府指令。

这让我想起了穆斯塔法·凯末尔·阿塔图尔克推行的现代化改革。1925 年，土耳其正式改用公历，放弃了奥斯曼统治期间使用的两种传统穆斯林历法。就像三年后将阿拉伯语改为改良过的拉丁字母一样，新的历法打破了伊斯兰教的传统，引起了很多困惑。年轻一代再也无法理解"93 战争"或"1324 年革命"，因为 1908 年的青年土耳其党人革命直到那时才被人所知。同样在 1925 年，一项法令采用了西方划分时间的方法，取代了穆斯林从日落算起的祈祷时间。然后在 1935 年，官方的每周假日从穆斯林的星期五改为基督教或西方的星期日。[3]

土耳其渴望改变测量时间的方式，这是土耳其所有政治革命的根源。艾哈迈德·哈姆迪·坦珀纳尔（Ahmet Hamdi Tanpınar）的小说《时间管理研究所》（*The Time Regulation Institute*）就讽刺了这种思想。在这本小说中，时间管理研究所负责同步土耳其所有的钟表，其明确的目标是消除时间浪费。由于有些时钟不准确，导致每小时都有数百万秒的时间被浪费，这对土耳其的日常经济来说是极大的时间损失。如果土耳其赶上了欧洲的经济发展水平，那么它是承受不了这种时间损失的。该研究所成立后，土耳其的每个人都开始检查和重置他们的时钟和手表，其中一项创新是让成千上万的伊斯坦布尔女性以最优雅的方式撩起裙子，检查挂在吊袜带上的微型时钟。

3. 欧洲发展的尽头

东西方的时差是现代世界历史的核心标志。正如俄罗斯哲学家亚历山大·赫尔岑所说,对祖国的爱以及对俄罗斯生活方式和思维方式的爱有两种基本形式:"怀念"和"预言"。像雅努斯(Janus)一样,俄罗斯的爱国者们注视着不同的方向,同时他们的心像一个整体一样跳动。有些人在受到外界影响之前,先回顾神话般的过去;另一些人把他们所有的希望都寄托在一个幸福的未来上,即俄罗斯最终赶上欧洲的时候。[4]

对于那些设法赶上更先进的经济发展中心的人来说,一切信息都是二手的,别人已经经历过了。时间似乎背弃了大多数人,伦敦、柏林和纽约的时间是比较晚的。曾五次担任土耳其外交大臣的福阿德帕夏(Fuad Pasha, 1852~1869)曾对《土耳其》的法国编辑说:"几个世纪以来,伊斯兰教在其所处的环境中一直是一个推动进步的奇妙工具。今天,它是一个时钟,它落后于时间,必须与时间同步。"[5]土耳其著名的知识分子和改革家纳米克·凯末尔（Namik Kemal）在 1872 年的文章"进步"的结尾处写道：

> 好吧，我们知道，在几年内不可能把伊斯坦布尔变成伦敦那样，或者把鲁梅利亚变成法国那样。但是，正如欧洲在两个世纪内达到了现在的发展水平，他们肯定是发现了进步的手段。不过我们也已经发现了那些手段，如果我们加以妥善利用，毫无疑问，我们无论如何也可以在两个世纪内达到那样的发展水平，成为拥有最先进文明的国家之一。至于两个世纪，它们是否只是一个社区生活中的眨眼一瞬呢？[6]

令人惊讶的是，更先进或更文明的国家很快也开始有了自己的焦虑。如果没有可供比较的其他选择，它们怎么能确定自己走在历史发展的正确道路上呢？毕竟，其他人都紧随其后。面对这些焦虑，唯一的应对方式就是沿着同样的道路继续前进，尽管它保持领先的可能性开始变得越来越渺茫。首先出现的主要问题是，欧洲国家经济已经比较发达，它们虽然稍加掩饰但实际上有些嫉妒那些仍然面临着艰巨发展任务的国家。它们因为已经完成了发展任务，现在感觉无事可做。

黑格尔是第一个认为欧洲人实际上有能力到达历史发展尽头的奇迹的人。对于约翰·斯图亚特·穆勒（John Stuart Mill）来说，这已经不仅仅是一场梦，它更像是一场噩梦。他担心欧洲将被亚洲重新吸收。正如他在1859年出版的经典著作《论自由》（*On Liberty*）中所言，欧洲真的有可能变得像中国一样。中国就是一个警示，他写道："中国的发展已经静止了，并且已经静止了数千年。"

　　他们已经成功地超越了所有希望，尽管英国慈善家如此勤奋地工作，希望每个人都一样，都按照同样的原则和规则来管理自己的思想和行为，这些就是胜利的果实。现代舆论制度是一种无组织的形式，而中国的教育和政治制度是有组织的形式。除非个人能够成功地摆脱这种枷锁，否则

> 尽管有崇高的渊源和自诩的基督教，欧洲
> 依然有可能会成为另一个中国。[7]

亚历山大·赫尔岑在他的著作中有了一个相当惊人的发现：欧洲文化的伟大注定会消失，因为它所取得的所有成就已经结束，已经没有什么可做的了。伟大吗？除非这意味着摧毁过去的伟大成就。当然，人们还是会让自己忙个不停。他们会跳舞、喝酒、工作、恋爱，同时花大量的时间教孩子们保持同样的生活方式；这正是赫尔岑的观点：没有什么事情可以做，因为生活永远是一样的。尼采在《查拉图斯特拉如是说》（*Thus Spake Zarathustra*）的序言中也提出了同样的观点。他看到一个时代即将到来，人类将不再轻视自己。具有讽刺意味的是，这将是人类历史上最可鄙的状态，那时人们不会再去思考进步，更不用说尝试，男人和女人都相信他们终于发现了幸福，他们会自娱自乐到死。"人们依然会工作，但工作只是一种消遣。"政治已经消失了。"谁还想去统治？谁还愿意去服从呢？两者都太麻烦了。"人类生活在

历史的尽头，一切都尽善尽美，而整个过去就像是在一个疯人院："以前整个世界都是疯狂的。"

弗朗西斯·福山（Francis Fukuyama）在其非常受欢迎的著作《历史的终结与最后的人》（*The End of History and the Last Man*）中辩称，人们普遍希望生活在现代社会，而现代社会在任何地方都是市场经济和民主政治制度。目前还不清楚这部作品遵循了什么外交政策。1992年该书首次出版，15年后，当该书被指控为美国占领伊拉克提供说辞时，福山认为有必要将自己与加速历史发展的尝试划清界限。社会需要不断尝试加速历史发展，才能继续自己的现代化道路。他希望明确地与美国外交政策基本原则保持距离，他补充说："欧盟比当代美国更准确地反映了历史终结时世界会是什么样子。"[8]毕竟，一直信仰上帝和国家主权的美国人对于后历史时代的世界并没有表现出任何深刻的品位和亲和力。在后历史时代世界里，每个人都对现状完全满意，并且放弃了改变现状的努力。

最初设想的时间管理是失败的。一种新的

时间概念确实扩展到了全球，在这个基础上，所有人都能平等地享受现代生活，但是他们的生活没有同步。今天，每个国家都在按照自己的进步和运动理念前进。现在，我们有那么多的未来设想，有那么多的过去的经历，我们很可能会完全忘记时间的概念。因此，我们的未来看起来前所未有的开阔。

第九章 欧洲半岛

1. 自治规则

2015 年 9 月，欧盟 28 个成员国驻欧盟大使就难民危机举行了多次会议，欧盟也经历了一个最严峻的时刻。欧盟成员国——尤其是中欧和东欧国家——强烈反对配额制度。欧盟面临的主要问题是如何处理成员国之间的重新安置机制。

目前有个想法已经浮出水面，即各国可以提供财政捐助，而不是像重新安置机制所暗示的那样，被迫接受来自意大利和希腊等边境国家的难民。这项建议自然遭到反对，因此有人提出了另一种选择：为什么不允许一个国家将其完成配额的义务推迟六个月？这是一个很好的折中办法，然后欧盟主席建议做进一步的调整：对于可以推迟重新安置的成员国，其安置难民人数的上限可以调整为原先计算的难民总数的30%。在难民重新安置方面，明显需要国际保护的成员国应根据该提案附件三所列的分配关键因素来界定。提案中的分配关键因素为：（1）人口规模（40%权重）；（2）GDP总量（40%权重）；（3）2010~2014年每100万居民申请庇护的平均数量（10%权重）；（4）失业率（10%权重）。最后两个变量的权重均为10%。人口和GDP影响的上限为30%，以免这些标准对整体分配产生不成比例的影响。

我在办公室里看会议记录时，突然想起一件事。欧盟不是用来做政治决定的，它试图做的是建立一套规则体系，大致可以自主地适用于高度复杂的政治和社会现实。一旦应用这样的体系，其规则就可以在没有人为干预的情况下自动运行。当然，体系需要定期维护，就像机器人需要维修一样，但关键是要创建一个可以独立工作的规则系统。从某种意义上说，我们已经进入了历史的终点，即规则体系的重复

$$\text{Population effect}_{MS/AS} = \frac{\text{Population}_{MS/AS}}{\text{Population}_{EU+(32)}}$$

$$\text{GDP effect}_{MS/AS} = \frac{\text{GDP}_{MS/AS}}{\text{GDP}_{EU+(32)}}$$

$$\text{Asylum effect}_{MS/AS} = \min\left\{ \frac{\frac{1}{\text{Average (5 preceding years) applicants per Million inhabitants}_{MS/AS}}}{\sum_{i=1}^{32}\frac{1}{\text{Average (5 preceding years) applicant per Million inhabitants}_{MS/ASi}}}, 30\%(\text{Population effect}_{MS/AS} + \text{GDP effect}_{MS/AS}) \right\}$$

$$\text{Unemployment effect}_{MS/AS} = \min\left\{ \frac{\frac{1}{\text{Unemployment rate}_{MS/AS}}}{\sum_{i=1}^{32}\frac{1}{\text{Unemployment rate}_{MS/ASi}}}, 30\%(\text{Population effect}_{MS/AS} + \text{GDP effect}_{MS/AS}) \right\}$$

$$\text{Capped Quota}_{MS/AS} = \text{Allocation} * (40\% \text{ Population effect}_{MS/AS} + 40\% \text{ GDP effect}_{MS/AS} + 10\% \text{ Asylum effect}_{MS/AS} + 10\% \text{ Unemployment effect}_{MS/AS})$$

$$\text{Residual Quota}_{MS/AS} = \left(\text{Allocation} - \sum_{i=1}^{32} \text{Capped Quota}_{MS/AS}\right) * (50\% \text{ Population effect}_{MS/AS} + 50\% \text{ GDP effect}_{MS/AS})$$

$$\text{Final Allocation Quota}_{MS/AS} = \text{Capped Quota}_{MS/AS} + \text{Residual Quota}_{MS/AS}$$

$$\text{Final share}_{MS/AS} (\text{de facto key}) = \frac{\text{Final Allocation Quota}_{MS/AS} * 100\%}{\text{Allocation}}$$

和例行应用将取代人类的决策。

支持这种体系的人会辩称，由人工智能完全掌控的政治已经消除了任意性或者武断性。所有人都一样，可以依靠统一适用的规则，而不是由规则制定者来做政治决定。完善的体系会设法考虑所有情况，因此可以自主地运行。通常情况下，如果一项规则自动运行，可能会导致一种新情况的出现，使其无法正常运行。但是仔细看一下大使会议上的提议：规则是经过仔细校准的，以便其在实施过程中进行自主纠正和调整。这种基于实际性能而不是预期性能的控制形式称为反馈。这些反馈机制控制了纯粹机械化的混乱倾向。

自动化是欧盟的真正核心。如果人工智能不仅成为新数字经济的规则，而且成为政治的规则，那么回顾过去，自古典希腊以来，欧盟就像是开启了最伟大的政治创新。上面的例子非常引人注目，因为它向我们展示了如何将自动化理想扩展到难民政策等领域。在欧元区的运作中，这种自动化已经完全制度化，其历史可以追溯到《增长与稳定公约》(Growth and

Stability Pact）的制定，其中已经包含了增加政策监督的程序、对赤字过度的国家实施具体处罚，并自动实施这些处罚。该公约源于德国财政部长特奥·魏格尔（Theo Weigel）1995 年提出的一项计划。自那以来，所有旨在改善欧元区治理的努力都是对核心算法的高度技术性改进，包括最近出台的新准则："在《增长与稳定公约》现有规则下，充分利用灵活性。"

然而，在过去几年里，自动化的理想变得相当难以捍卫。欧盟一直面临着一系列似乎永无休止的危机，所有这些危机都要求在替代方案之间做出艰难的选择，而不仅仅是遵循常规程序。这似乎是第二次世界大战之后，历史胜利地回归了这块大陆。但是历史是一个人，而不是一种自然现象，它要求我们放弃一些可能性，并通过政治选择来创造新的可能性。否则，事情会变得越来越混乱和无序。

在欧盟体系中，政治问题往往不会转移到任何地方。解决这些问题的目的不是达成一项解决办法，而是为了限制它们对现有规则系统的影响，或者，理想情况下，使系统能够例行处理新的问题。2009年希腊债务危机爆发时，人们几乎没有做出任何根本性选择去一劳永逸地解决危机引发的问题。这场危机已被纳入正常的政治进程，成为一个永久性的内容。目前看来，它可能会无限期地持续下去。

至少从现代开始以来，欧洲的形象就是一个变化和运动的大陆，与世界其他地方形成鲜明对比，尤其是亚洲。亚洲的一切或多或少都是静止的。现在，它们的位置似乎已经逆转。这是每个欧盟国家不同程度地感到不安的原因之一，也成为政策制定者担忧的一个因素。因为规则体系越来越明显地努力应对着来自外部的、异常高水平的波动和变化。

在过去的十年里，欧盟的政治遵循了一种非常简单的模式。从正常的情况开始：例行会议和平淡无奇的辩论，大多是关于遥远的未来，而世界其他地区则在经历习惯性的动荡。然后一个强大的冲击袭来。令人惊讶的是，它来自外部，现在似乎能够对欧洲产生极大的影响。接收到第一个警告信号之后，欧盟或对政策进行小幅度调整，或承诺在不久的将来对政策进行调整。这种冲击波会产生震荡，很快变得非常明显，规则体系可能会停止响应，甚至在极端压力下崩溃。恐慌随之而来，政治领导人被迫介入——不是为了取代自治规则，而是在下台之前去修复这个规则体系。他们的角色是工程师而不是政客。从气质和培训来看，德国领导人非常适合这个工程师的角色。

我们都在问，如果英国就脱欧进行公投，当前的形势能否再维持下去？这是欧盟内部发生的一件无法预料的事情。脱欧阵营坚持一个想法，这个想法变成了一个不断的口号：夺回控制权。就好像一辆普通的自动驾驶汽车上的一些乘客决定控制方向盘一样。人们的反应是既恐惧又兴奋。对一些人来说，这似乎就是政治疯狂的定义。我们有一个自动化的体系来提供高水平的安全和福利。它经过了几代人的发展，已经发展到可以在没有人类干预的情况下顺利地、实际地发挥作用的水平。然而更糟糕的是，当前体系的自动化程度如此之高，以至于几乎所有人都失去了实际指导政治事件的知识和能力。那么，如何理解一群人突然抓住方向盘，威胁要让整个欧盟的软件和机器瘫痪呢？如果我们让这群人来开车，那他们就能把我们带到任何地方。英国现在可能不愿再执行已经完善的人道和理性体系，从而走向不那么令人满意的政治社区。又或者，如果"新司机们"开始互相争斗，那么英国的"列车"就可能直接撞墙。

与此同时，留欧派无法掩饰自己的失望，因为经济方面的论据对选民的吸引力非常小，而选民显然受到了欧盟关于人员自由流动规定的影响。这里隐含的框架是，欧盟提供最佳的经济解决方案，但是近来对此的疑虑不断增加。英国脱欧事件可能在有经济意识的选民中取得了相当大的进展。越来越多的人认为需要改变方向，而欧盟根本没有足够的灵活性和速度来寻找最佳机会，无论是在全球贸易方面，还是在智能监管方面，尤其是在涉及数字经济的领域。最后，收回控制权也是一项有效的经济政策建议。确实有人在测试和评估欧盟的经济政策吗？如果真的有，我们能相信他们做的是正确的事吗？这些都是合理的担忧。

在移民问题上，几乎毫无疑问，在过去的几年里，越来越容易发现根本没有人负责移民问题。英国公众并没有抱怨英国移民政策的控制权被转移到了布鲁塞尔，而是抱怨根本没有人负责移民政策。有一条规则或原则在没有人为干预的情况下自动运行：自由流动。在该原则下，每年产生的移民数量无从得知或无法控制，因为该原则根本不关心移民数量。事实上，从定义上讲，引入这一类的考虑是违反原则的。在极端的情况下，你可能会看到数百万人在一年之内抵达英国。收回移民政策控制权意味着首先要有人负责该事项，这也意味着要减少移民数量。但在我与英国选民和官员的交谈中，我一直认为，控制的感觉比实际实施政策更为重要。我尤其记得在曼彻斯特与戴维·卡梅伦的幕僚长埃德·卢埃林（Ed Llewellyn）的一次谈话，我们测试了减少移民数量的不同方法，其中一些相当可行。这是在公投前的重新谈判过程中发生的。卢埃林一度看上去满怀希望，但随后摇了摇头："这些都是减少移民数量的方法，我们需要的是增强控制感的方法。"

如果我们把欧盟看作一个计算机程序，那么问题就来了：这个程序的普遍适用性究竟怎样？算法在受控环境中运行，并执行一组有限的任务。程序必须识别来自外部环境的输入，因此需要对环境进行塑造和组织，以便以正确的格式进行输入。计算机程序本身就能自主运行，所以谁在使用它并不重要，这与传统工艺或每一项创造性工作恰恰相反。这就是代码的普遍主义，但在另一种意义上，它可能根本就不具有普遍性。自动化规则系统是否能够处理来自外部的所有偶然的和不可预测的事件？能否应对那些代码没有准备好并且无法响应的环境？它能对那些与自身设计不完全相同的新输入做出反应吗？当系统的某些部分被破坏、降级或因为混乱的环境超载时，系统会如何响应？可以说，即使是一个计算机程序，它也需要外交政策——先进机器人技术的一个关键挑战是设计自适应控制算法，使机器人在非结构化的、动态的、只是部分可观察到的和不确定的环境下进行自主调整。但更重要的是，欧洲以外的世界根据不同的规则运行，重新开启了这一历史性问题的探索，可能会迫使我们放弃对自治规则的信仰。

正如我们将要看到的，系统与环境之间的新二分法几乎完全复制了一个理想的、有序的欧洲文明与混乱的亚洲大草原之间的旧二分法。

2. 力场

2016 年 7 月，我在柏林访问了德国外交部，与大约 10 名政策规划官员讨论外交政策战略，其中包括不同地区部门的负责人，以及外交部专门的贸易和经济部门的负责人。我特别感兴趣的是，德国如何看待欧亚一体化问题，以及如何看待俄罗斯和中国在这方面的计划。

德国之所以重要，是因为它一直在引导欧洲努力与乌克兰境内的俄罗斯修正主义达成和解，同时领先其他欧盟国家与中国建立重要而持久的贸易联系。也可以说，德国本身对欧亚问题并不陌生。当然，曾几何时，欧洲和亚洲的边界正好同条顿人与斯拉夫人的分界线重合。德国本身也对它是否属于西方文明产生了深刻的怀疑，这个问题直到遭遇纳粹主义的道德灾难和国家破坏才最终得到答案。我想调查的是，与布鲁塞尔和其他欧洲国家相比，德国外交政策机构是否更加适应新超级大陆的曙光。

事实上，德国外交部资助了欧洲外交关系委员会针对这一问题的研究，这似乎表明，人们对欧盟如何应对俄罗斯和中国在欧亚大陆的融合越来越感兴趣。在会上，我简要介绍了我认为欧洲需要欧亚视角的三个原因。第一，因为俄罗斯和中国都有欧亚视角。第二，因为我们这个时代的大部分（如果不是全部的话）重大外交政策问题都与欧洲和亚洲的联系方式有关：乌克兰、难民危机、能源和贸易。第三，因为未来几十年所有的巨大的安全威胁都会在欧亚大背景下发展，并重复传统的模式：从1815年到1945年在欧洲和亚洲发生的所有主要战争（以及许多次要战争）都始于两大洲之间有争议的边界——波罗的海沿岸、多瑙河边界、东欧大草原、高加索地峡、中亚和俄罗斯远东。

有人回应说："你说得对，中国正在把目光投向西方。我不确定俄罗斯是否在向东方看。他们想要吸引资金、游客，仅此而已。你所说的意思是，中国需要一扇通往欧洲的大门，这就是为什么它可能会与俄罗斯发生冲突。这需要很多策略。中国人非常务实，他们没有策略。"

这一特别的告诫在讨论中经常出现。有人可能会说，欧洲的地缘政治思维已经消亡，尤其是在德国。大多数过程都是通过经济和社会力量在微观层面进行分析的。可以肯定的是，政府可以发挥作用，但其主要是引导这些进程。或者更确切地说，人们有时确实会从地缘政治视角考虑问题，就像我偶尔在会议上做的那样，但只有在听取俄罗斯专家的意见时才会那样考虑。地缘政治是了解俄罗斯的一种方法，而不能用于发展欧洲视角或作为行动方针。

欧洲应该怎么做？德国外交部刚刚组织了一次互联互通会议，邀请中国官员就"一带一路"发表演讲，同时邀请欧盟委员会官员解释中国的计划如何与欧洲平台和融资机制挂钩。这次研讨会在某种程度上是想让俄罗斯人知道，他们在乌克兰的行动以及随后的经济制裁中错过了什么。德国的立场是与欧亚经济联盟达成一种临时的协定，但部分是为了拉近其他成员与欧洲的距离。如果俄罗斯不能实现其一体化模式的经济效益，那么欧亚经济联盟不可避免地会发生分裂，而欧盟一定会抓住机会加以利用。当俄罗斯意识到时，他们将不得不回到过去的模式——与欧洲进行政治和经济合作时，只有欧洲才能提供现代化的视角。

当我表示，俄罗斯可能不再认为自己是一个欧洲国家，我的一个对话者则强烈反对。他援引了普京最近在莫斯科访问德国学校时的讲话。普京明确表示，只要欧洲放弃其跨大西洋联盟的承诺，俄罗斯就会将欧洲视为合作伙伴。这位官员认为，俄罗斯仍然是欧洲国家，但不是西欧国家。欧洲身份是他们的首选。俄罗斯也具有亚洲身份，但是对这一身份的认同意识非常弱。

这位德国官员继续说道："人们不应该被极端主义所诱导，其实并不存在什么大的、直接的计划。"他说，关键是我们必须接受俄罗斯的模棱两可。因此，有趣的是，有人告诉我，中国和俄罗斯正在做的事情与德国正在做的事情没有太大不同，都是为了实现经济多元化，增加选择。至于中国人，他们正在世界各地建设港口和基础设施，这是寻找良好经济机会的自然过程。"我们总是对其他国家不信任，但为什么要这样呢？德国在向南、向东发展；葡萄牙不仅将目光投向欧洲，也将目光投向拉丁美洲。我们不应该因此而竞争，而应该同步。"

作为欧洲人，我们应该接受欧亚超级大陆的想法吗？这就是寻找同步点的方法吗？我用下面这段话表达了我的不同观点：

"我认为我们欧洲人倾向于把世界看成和欧洲一模一样。我们有个锤子，然后看哪里都觉得是钉子。欧洲人认为，我们无论如何都应该做我们在欧洲做的事情：合作、连接、联系，所有都是动词。这是欧洲人做事的方式。另一种选择是什么？更具战略眼光、更具竞争力的方法是什么？我们需要看一看地图，看看在每一个时刻什么东西对于增加我们的影响力最为重要，从权力的角度思考问题，而不仅仅是从规则的角度思考问题。这些规则有时在国内都不奏效，更不用说在更广阔的世界了。第一，如果中国想被承认为市场经济并从中获益，它需要逐步改变其经济文化的一些基本要素，尤其是那些阻碍政治和经济实力之间任何有意义的区别的要素。第二，对于在连接欧亚的新航线上起到门户和连接节点的决定性作用的国家（例如阿塞拜疆和哈萨克斯坦），欧盟必须增强其在这些国家的存在感。第三，欧盟应该能够通过推进与印度、日本和美国等全球参与者的其他贸易协定，影响中国和俄罗斯的发展。如果你认为俄罗斯和中国有扩张主义的倾向，你就不能用规则来回应。"

对此，有人进行了强硬地回应：

"我们的文明就是建立在规则之上的。这就是我们所代表的立场。这种立场在世界各地越来越受欢迎。人们受够了武断的决定，他们希望生活在规则之下，这就是为什么他们嫉妒欧洲，被我们欧洲所吸引。"

"我当然不反对这一点。但在我看来，这个问题是之前的问题。我们有不同的世界观，我们必须把它们结合起来。欧盟的问题在于，它似乎假定存在一个中立的规则框架，而真正的问题在于哪些规则会占上风？这是任何规则都无法决定的问题。"

当我们谈到一个具体的例子时，这个问题变得更加突出。上周有消息称，中国家电企业美的（Midea）收购德国机器人制造商库卡（Kuka）给公众留下了很大的讨论空间。德国政界人士已经开始担心，德国引领下一场工业革命所依赖的企业正在被中国抢走。在接下来的一年里，这个问题将变得越来越重要和引人注目。当时，我已经怀疑德国会因这些事态发展而感受到越来越大的威胁，最近的一些例子已经证明了这一点。尽管库卡被收购最终获得批准，但仅仅3个月后，德国政府取消批准一群中国投资者收购微芯片设备制造商艾克斯特罗姆（Aixstrom）的申请，原因是公众对此表示担忧。2017年2月，德国加入法国和意大利的行列，要求欧盟委员会利用其专长来决定何时应阻止外资收购，这次不是出于国家安全考虑，而是出于经济原因。2月底，我在布鲁塞尔会见了欧盟贸易专员塞西莉亚·马尔姆斯特罗姆（Cecilia Malmstrom）。她不知道这些经济原因可能是什么，但她很清楚，德国想要

"鱼与熊掌兼得"——阻止中国的影响，并将具体决定权交给布鲁塞尔，以保持其与中国良好的经济关系。这三个国家于 2017 年 6 月将该提案提交给欧洲理事会，但遭到葡萄牙和西班牙的反对，以及波罗的海国家和斯堪的纳维亚国家的抵制。前者担心中国投资可能会枯竭，后者认为这是一种公然的保护主义措施。正如预期的那样，这个问题已经滋生了分歧，而且还可能会扩大。

2016 年 7 月的一个下午，在德国外交部，我面前的官员们仍然完全致力于传统的学说。当我问他们，基于规则的方法将如何处理库卡这样的问题时，他们的回答是，欧洲应该避免以战略方式行事，因为那样的话，它就有可能卷入一场它最有可能输掉的重大冲突。"如果我们开始施加压力，我们必须小心。如果我们捍卫自己的利益，中国人很快就会明白，这个概念对他们来说并不陌生。但如果你以不正当的方式这样做，我们将成为欧亚大陆另一边的受害者。"

"欧洲人别无选择，"我试图争辩道，"如果你想强制执行现有规则，那么你必须明确一下中国和俄罗斯的行动是否遵守这些规则。如果中国开始拆分全球价值链，那会带来什么样的后果呢？例如，波兰或土耳其的部分制造业不再为德国生产工业零部件，转而为中国生产零部件？在某些时候，我们无法再谈论规则。"

"公司向来都会这样做。"

"这些不是公司，而是一个国家——中国。这些都是公司为响应国家政策或战略利益而进行的投资。如果你的分析仅限于欧洲境内发生的事情，那这些事情看起来像是遵守规则。当然你可以阻止这些事情，但那样做是没有意义的，而且在任何情况下都是徒劳的，因为你不可能封死所有可能受到中国影响的门窗。这样做就忽略了重点，因为欧洲的目标应该是创造一个有利的外部环境，而不是建立一个没有环境的制度的乌托邦。中国人很清楚这一点。他们利用欧洲的市场规则，并且，随着他们在欧洲业务的增加，他们试图利用欧洲规则服务于自己的目标。把欧亚大陆想象成一个势力场。不同政治和经济模式的问题只有权力、影响力和杠杆才能决定。仅仅维持欧盟的规则和生活方式是不够的。它需要创造一个更广泛的环境，使欧盟国家能够有效地工作。有一个词可以形容这种政治，一种新的政治形式。"

"欧亚政治？"这是意料之中的提议。

3. 巨大的隔离墙

欧盟在其内部再现了一些定义现代欧洲历史的矛盾和困境。一方面，欧洲的概念本质上是对立的，它是根据别的东西来定义的。对应的极点在不同的历史时期可能有所不同，但由于我们从一个理想的地理开始，我们很自然地得出一个同样抽象的地理概念：欧洲与亚洲是相对立的，亚洲同欧洲一样充满神秘感。

另一方面，欧洲有一个普遍的使命。在帝国时代，这意味着欧洲国家试图把欧洲的生活方式普及到整个星球。对欧盟来说，使命当然是不同的，但欧盟的使命同样具有普遍性。毕竟，欧洲一体化是建立在克服分裂和边界的明确意图之上的，目的是把以前的敌人团结起来，打破对国籍的排他性定义。我们很难或不可能拒绝在旧的欧洲国家之间划清界线，然后围绕一个更大的欧洲身份继续划清界线。此外，欧盟试图最终确定其边界所在的位置。欧盟边境地区会以欧洲缩影的形式突然出现，比欧洲本身更欧洲。那里是不同的文化相遇并结合的地方，也是不同文化注定要共存的地方。土耳其、波斯尼亚和乌克兰非常明显地符合这种定义。如何将那些实际上是欧洲渴望成为的独立典范的国家排除在欧盟之外？

实际上，这些边界地区面临着文化上的挑战。由于它们在欧洲俱乐部的成员资格有些令人质疑，因此应由它们决定是否尽可能地向中心靠拢，以解决问题。正如欧盟委员会一位官员曾经对我说的那样，波斯尼亚和乌克兰等国家必须实施"完美而闪亮"的改革，以使布鲁塞尔别无选择，只能接受它们实际上和法国或德国一样是欧洲国家，并"允许它们加入"。另一次，一位前欧洲国家政府首脑告诉我："我们不会一大早上就突然想到巴尔干半岛的那些国家。它们必须赢得我们的注意。"

事实上，两个愿景之间的矛盾并不难解

释，一个是普遍的，另一个是有限的和有界的。就其本质而言，欧洲项目是一个全球化项目，其命运与全球化的命运息息相关。如果它以任何其他方式定义自己，它就不会繁荣。在欧洲边界内，欧洲试图通过全球化的理想得出合乎逻辑的结论：最终废除边界。根据旧的发展范式"先在欧洲，然后在其他地方"，这预示着"废除边界"在适当的时候可以扩展到整个星球。欧洲项目的创始人之一让·莫内（Jean Monnet）在他的回忆录结尾说，欧盟本身——当时的欧洲共同体——"只是通往有组织的明天世界的一个阶段"。这里的形象是，欧盟是一个实验室，在全世界逐步应用之前，制定了调解和克服各种冲突的治理方法。甚至欧盟的外部边界也不一定像传统国家的边界那样。首先，欧洲遵循旧的帝国模式，是要扩张的。根据这种模式，要完全稳定我们边界之外的地区，最好的办法就是把它们纳入其中。其次，更根本的是，即使没有考虑扩大，外部边界也应该变得更加开放，对贸易、旅游和文化交流开放。正是在这一点上，一个致命的误解蔓延开来。

从外部特别是从中国的角度审视欧洲的方式是有启发性的。

2016 年 11 月下旬，我访问了中国国务院研究单位中国国务院发展研究中心，该中心位于北京朝阳门附近一座威严的办公大楼内。在我访问期间，最近的美国总统选举仍在讨论中，我会见的官员们也仔细勾画了关于特朗普未来总统任期的设想，但讨论很快转向了欧洲和中国之间的关系。总的来说，中国对欧洲政治知识的了解和欧洲对中国政治知识的了解都非常匮乏，而且中国和欧洲之间的政治文化差异比中国和美国之间的更为巨大。在场的所有人都重申了这一点，并为此感到遗憾，但当我问到一个例子时，答案却出乎意料地深刻而富有启发性。"以美国人为例。美国人不满意我们的市场对他们公司的封闭程度，所以他们想要谈判。但欧洲人表示，他们已经开放了市场，然后向我们施压，要求我们也这么做。这是单方面的要求。欧洲必须明白，我们已经不在 19 世纪了。"

这是一个微妙但重要的区别。你可能会认为，由于对互惠的需求相对较少，欧盟应该得到赞扬，但事实上，至少对于中国政府来说，这意味着欧洲人为自己保留了定义全球经济总体结构和规则的权利，并且向其他国家表示这些规则是不言而喻和不可避免的。来自布鲁塞尔的论点或多或少是这样的：我们认为中国企业在欧盟的境外投资对双方都是有好处的，那么为什么中国政府持不同意见，为什么欧洲企业无法在中国进行同等的投资？当然，中国人完全能够看穿这种"烟雾弹"游戏：互惠是通过参考一方定义的政策立场来辩护的。

欧洲对全球化的开放和承诺在很大程度上取决于一种特定的历史经验。在这一历史经验中，全球化由欧洲国家领导和定义，后来又由美国定义，这在很大程度上仍然符合欧洲的理念和利益。当全球化开始被认为对欧洲人不一定有利和适宜时，会发生什么呢？不出所料，建立一个开放的全球秩序的承诺开始动摇。正如我们在过去两年中目睹的那样，大多数欧洲国家已经无法进一步维护贸易自由化，并且已经采取了一些措施来限制中国进口和投资收购的影响。

当然，如果一个人有能力塑造或至少影响世界，那么他对外界的舒适感就会大大增强。按照历史标准衡量，欧洲向外投射力量的能力已经急剧下降了。欧洲人重新回到了一个似乎非常奇怪而混乱的时代，然而旧的"文明使命"并没有太大的不同，他们依然有一种冲动，想要按照熟悉的模式组织远方的其他国家或区域。

分隔欧洲和亚洲的这堵墙每天都遭受着新的毁灭性打击。我们可以预计它会在我们有生之年完全崩溃，但它尚未从欧洲人的思维模式中消失，实际上，随着它在现实世界中持续崩溃，它也可能会在一段时间内得到强化。这个世界从来没有像现在这样充满了纷扰和混乱。欧盟是一个精密的机制，它需要完美的环境条件才能运转良好，因此，来自外部的每一次重大干扰都会让它戛然而止。这与其说是一种隐喻，不如说是准确的描述。目前仍在影响南部边缘国家的债务危机在很大程度上是全球金融流动的产物，与中国制造业出口对传统工业部门造成的冲击相关联。同样，英国脱欧与全球化造成的经济转移也有很强的相关性。由于历史上的产业专业化分工，那些从中国大量进口制造业产品的地区投票支持"脱离欧盟"的人数更多。[1]

过去 10 年里，每一场欧洲危机都是外部冲击的结果。危机的根源有时可能略微模糊，有时却非常明显。但即使是外部强加的危机，它也会深刻地影响欧洲的结构和体制，导致成员国之间新的分歧，也使欧盟公民越来越意识到，欧盟并不能够提供快速而有效的行动。因此，欧洲人认为，在欧洲和亚洲之间重建隔离墙的诱惑、城市文明与东部大草原之间的分裂都似乎是危险和混乱的根源。

然而，矛盾的是，欧洲人仍然认为他们的任务是把他们的生活方式带到世界其他地方，就像 500 多年前欧洲的航海家和探险家所做的那样。他们如果确信整个世界最终会像欧洲一样，那么会愿意离开自己的边境。当影响向相反的方向移动时，他们倾向于撤退。但欧洲再也无法让自己免受这些影响。它必须学会把自己的影响力投射到东方，不是作为世界文明的先知，而是作为一个欧亚大国。欧洲人的生活方式并不存在于真空中，而是受到其边界乃至更远地区发生的事情的深刻影响，这迫使欧洲人找到正确的制度和政策，使他们的生活方式适应更大的地缘政治背景。如何表示这一过程呢？我觉得没有比这本书的书名更合适的表达了。成为"欧亚人"是指，面对欧洲的战略和选择时，一个人应该是欧洲人，但绝不是完全的欧洲人。

欧洲应该对欧亚一体化项目更积极、更感兴趣的最后一个原因是：同欧洲内部的解体力量做斗争。欧盟迫切需要加强其政治能力和集体行动的能力。到目前为止，这一点已经通过对历史和情感的模糊诉求得到了捍卫，但最终只有在实现一个目标的情况下，政治能力才能得到加强。欧盟需要成为一个强大的政治代理人，不是为了遵循道德或完成历史使命，而是为了执行未来所要求的任务：扩大自身影响至边界以外，管理跨边界的流动和致力于欧亚大陆的和平未来。

我经常把欧盟近代史比作一部成长小说，一部讲述小说主人公成长过程的经典小说。成长小说的第一部分以歌德的《威廉·迈斯特的学习时代》（*Wilhelm Meister's Apprenticeship*）为例，通常聚焦于主人公的童年和早期发展。有人可能会说，欧盟已经经历了这一阶段，最终以《里斯本条约》（*Treaty of Lisbon*）结束了这一阶段。在《里斯本条约》中，欧盟的权限得到了扩大，并获得了一种连贯的机制形式。在第二部分，男主人公或女主人公会走向世界，然后出现危机。这就是世界和主角发生冲突的时候。两者之间似乎完全不相容，几乎不可能进行任何交流。必须解决这种不兼容性，但目前还不清楚应该如何解决。世界会让位于年轻英雄的征服意志，还是主人公会改变内心，放弃一切世俗成功的可能性？也许双方都做一些让步就能达成妥协。

这里相关的一点是，欧盟——就像在一个成长小说中一样——希望世界成为自己的一面镜子，如此热情友好，以至于即便离开了家，也永远不会有离开的感觉。危机之所以出现，是因为情况已不再如此。世界已经发生了变化。如今，欧洲在自己的边界内止步不前，而且经济发展每况愈下。

在一篇极具煽动性的文章中，两位当今头脑最清醒的政治学家马克·伦纳德（Mark Leonard）和伊万·克拉斯特夫（Ivan Krastev）将欧洲的困境比作几年前日本手机公司的困境。尽管日本生产了世界上最好的手机，但日本公司未能找到一个全球市场，因为世界其他地区远远落后于其发展，根本无法使用所有先进的功能。同样，欧洲的政治秩序也是在一个受保护的生态系统中发展起来的。它现在是如此先进和复杂，已经失去了对普遍性的任何要求。欧洲公民只能寄希望于保护它不受外来干扰。[2] 他们不想改变世界，也不想保护欧洲的价值观，现在他们只想独自静一静。布鲁塞尔的宏大战略与中国清朝的战略越来越相似：如果我们只是要求自行发展，其他国家为何不答应我们这样做呢？这种奇特的倾向在难民危机的悲惨故事中更为明显，在此期间，欧洲转向内部发展首先导致大家只关注成员国之间团结的意义，随后变成一个普遍的要求：封闭外部边界，在欧亚大陆的混乱土地上建立一个新的、高大的

"欧洲堡垒"。

4. 饥饿游戏

快速浏览一下地图，就会发现位于伊朗和土耳其边境的埃森德雷（Esendere）这个地理节点将变得多么重要。如果连接欧洲和亚洲的新丝绸之路完全建立起来，那就必须经过这些山脉和丘陵去往南部，避开陷入困境的伊拉克和叙利亚这些国家，并从大城市之间都相距不远中受益，比如伊朗的乌鲁米耶（Urmia）和大不里士（Tabriz）与土耳其的凡城（Van）。2016年2月，我从伊朗通过埃森德雷越过边境。在两处边境哨所之间的风雪路上，我遇到了一群移民，他们是来自伊朗的阿塞拜疆人，是季节性工作者，在土耳其生活得同样舒适。他们的文化和语言在很大程度上与土耳其的相同。我没有发现阿富汗和巴基斯坦的移民和难民，这两个国家的难民人数在当年抵达希腊的移民人数中名列前茅。

我们乘坐一辆小型巴士走了一小段路，到达了于克塞科瓦（Yuksekova）。当时该镇正处于严密的军事监视之下，原因是东南部地区库尔德叛乱分子的冲突不断升级，以及来自伊拉克的恐怖主义威胁不断加剧。小镇上熙熙攘攘，充满活力，这与我那天早上离开的大得多的乌鲁米耶形成了鲜明的对比。我当时的主要感觉是，乌鲁米耶可能永远等不到经济繁荣的一天。我决定待几天，然后不久遇见了一个帮助移民到达欧洲边境的走私者。他跟我解释了为什么我没有在埃森德雷边境哨所见到他的顾客。非法移民不能穿越边境。他们只能藏到卡车的后车厢偷偷越过边境。他们需要藏在装满腐烂蔬菜的容器的底部，在恶臭的气味和完全的黑暗中蜷缩一两天，但是不确定唯一知道他们在车厢里的人是否能成功地和他们一起到达另一边。有时需要行贿，其他时候，只能依靠运气。

2011年，土耳其的一名走私者因经济纠纷烧死了7名巴基斯坦移民。2012年，11名非法移民在巴基斯坦和伊朗边境附近的珀森地区（Pothan）被枪杀。这些人包括巴基斯坦人、乌兹别克人和塔吉克人。此后，类似的事件经常发生。从巴基斯坦到欧盟的长途旅行与其说是一场伟大的冒险，不如说是一场超越障碍训练赛，只有非常幸运的人才能摆脱身体或心理上的创伤。

我所记得的最具讽刺意味的一部政治漫画描绘了一个难民家庭正在穿越无形的边界进入欧洲，然后被一名官员拦下，他开着一辆挂着欧盟旗帜的面包车。这位官员接着建造了围栏，难民家庭理所当然地奋力往上爬。当他们终于到达另一边时，那位官员热情地拥抱了他们，并高呼："欢迎来到欧洲！"

这就是欧洲边境政策的悲剧性悖论。总的来说，一个建立在宽容和人权基础上的欧洲社会似乎深信，帮助难民逃离迫在眉睫的暴力死亡威胁是合乎道义的。另一方面，欧盟仍然无法为这些难民创造合法的进入渠道，甚至制造障碍，使他们的旅程尽可能地艰难。这一结果类似于现实生活中一些饥饿游戏在道德上的灾难性版本。在游戏中，如果难民幸运地活了下来，他们将得到慷慨的社会福利和安全保障。我们是怎么走到这一步的？

难民危机发展的第一阶段，欧盟的重点是

为已经在其境内的难民设计一个重新安置方案。这是以团结的名义进行辩护的，但显然我们在这里所拥有的是成员国之间的团结，而不是难民之间的团结。这种团结对于前往欧洲途中的死亡人数没有任何影响，而正是这些死亡人数首先引起了欧洲舆论对当前危机的注意。然而，对于那些即将到来的难民来说，"拉动因素"仍然是巨大的，因为重新安置计划意味着，只要难民得到公平分配，欧盟实际上已经放弃了对接收难民的数量的发言权。

有一些成员国反对难民重新安置计划，主要是中欧和东欧国家。它们的观点是值得一提的。首先，它们声称这类决定必须由成员国自己做出。提出这一观点的原因在于，关于是否以及如何向需要国际保护的人提供某些公民权利的决定确实是一项极其重要的政治决定，因此不应将决定权留给布鲁塞尔的官僚们。但有一种观点从未让我信服，那就是欧洲理事会各成员国的政府首脑对于重大事项都是一起商定的，但是在难民重新安置计划上却无法达成共识。

其他的争论当然更加刻板。有一种比较狭隘的机制，其本质是按照固定的算法将难民分配到不同的地点。那些像我一样，一开始就指出这种机制几乎不可能成功的人，仍会对迄今为止它的糟糕表现感到惊讶。两年后，大约1万名难民被转移到欧盟成员国。该机制的目标是安置16万难民。私下里，官员们现在承认该计划是失败的，即使它名义上仍然有效。

一些国家指出，共同的综合空间的本质是产生集聚效应。是的，难民将倾向于涌向德国、奥地利和瑞典，但资本、投资和技术也将如此。利益伴随着成本，无论如何，故意干扰这种流动的企图将使我们走向社会工程最糟糕的传统；中欧和东欧国家对此更加了解和关切，这是可以理解的。想想如何在国家层面解决这个问题。如果难民和移民涌入首都或主要城市，并且情况变得不可持续，任何国家政府都不会将他们分配到禁止跨越地区边界的特定地区。政府会使用自由社会政策的工具，例如各种补贴和奖励，特别是在住房和教育领域。正如一些人很快指出的那样，重新安置政策将导致一种超现实的情况，即向个别国家的难民灌输永久而强烈的国籍概念，而不是向那些可以自由跨越边界的本国公民灌输国籍概念。

更根本的是，没有一个成功的政体能够在不顾原因的情况下解决社会问题。在这里，与许多其他情况一样，欧盟有可能成为一个无序社区而不是一个权力共同体。关键不是要分担命运和机会的危险，而是要对它们行使一种共同的权力。一旦难民已经进入我们的境内，我们就不应把重点放在如何分配难民上。在道义和政治上，这永远是一场等待发生的灾难。我们需要做的是果断地处理难民实际抵达欧洲的方式。建立一套人道主义签证制度，允许潜在的庇护申请人在他们的庇护申请被批准以后，在有限的时间内合法地前往欧洲。或者，在欧盟境外建立难民处理中心，这样难民就可以在不冒生命危险的情况下在临时搭建的小船上申请庇护。如果他们的请求得到批准，他们就可以买一张去欧洲的廉价机票。如果他们的请求被拒绝，但是他们试图非法越境，那就可以很快遣返他们。届时的问题将是，欧洲愿意发放多少签证，从而在相当程度上恢复对签证发放过程的控制。

合法的入境渠道是重新控制难民流动的一种方式。它们将允许欧洲决定愿意接收多少难民，并且在这些难民越境之前，它们可以更好地了解这些难民是谁。最重要的是，它们将对犯罪走私网络的核心造成致命的打击。欧盟有时似乎将其边境政策委托给了这些走私网络，而正是这些走私网络在地中海造成了如此多的死亡。

5. 领导人会晤

本章开头提到的那个大使会议上，斯洛文尼亚总理米罗·采拉尔（Miro Cerar）为一个月后（2015 年 10 月）在布鲁塞尔召开的紧急会议定下了基调。配额的想法现在只不过是一种阿拉伯风格的官僚主义，是政治和社会现实遗留的处理方式。采拉尔刚刚收到他的内政部长的最新报告：他们预计仅一天就有 15000 名难民从克罗地亚越过边境。他警告他的同事们，这已经接近难民数量的临界点了。匈牙利已经筑起围栏阻止了难民涌入，但那是因为其他国家还没有这么做，所以难民转移到了其他地方。如果每个国家都以匈牙利为榜样，"你就会看到暴力和枪击。难民们将不顾一切，因为他们没有什么可失去的。这是非常危险的"。

会议室里一片安静。经常会有这样的安静时刻，德国总理安格拉·默克尔打破了这种局面。德国总理叹了口气："我们快被淹死了。今天我们接收了这么多来自奥地利的难民。想象一下明天会有多少。"她提到，她来自一个曾经不得不与墙为伴的国家，她不希望在自己的传记中看到自己建造了新的隔离墙。"但如果边界得不到保护，我们也不能排除任何可能。"

欧盟委员会主席让·克劳德·容克应德国总理默克尔的要求召开了这次小型峰会，目的是解决西巴尔干半岛沿线的难民危机，然后会议到了最关键时刻。会议聚集了德国、奥地利、保加利亚、克罗地亚、希腊、匈牙利、罗马尼亚和斯洛文尼亚的领导人。另外会议还邀请了来自阿尔巴尼亚、马其顿和塞尔维亚的领导人。会议以非常混乱的方式进行着，至今仍是危机

可能完全失控的最好标志之一。在这方面，它
只是反映了会议厅外正在发生的情况。出了会
议厅，每个国家都会做出单方面决定，都把难
民问题推给其最近的邻国，然后邻国再推回来，
如此循环往复，并没有解决难民危机。在讨论
开始时，默克尔将这种情况与克里斯托弗·克
拉克（Christopher Clark）的《梦游者》（*The
Sleepwalkers*）一书中所描述的情况进行了比
较。克拉克在书中描述了1914年欧洲是如何
因为相互误解和对国家利益的狭隘定义走向战
争的。出席会议的一位总理记录下了讨论情况，
并与少数人分享了谈话记录。

保加利亚总理博伊科·鲍里索夫（Boyko
Borissov）抱怨说，他在国内竞选期间被迫前往
布鲁塞尔。他在发言结束时说："谢谢你们的邀
请，但我需要回到我的选举上来，我的提议是
安排15万或20万名警察封锁边境。这是我们
需要的，而不是政治宣言。"当欧盟外交和安全
政策高级代表、意大利外交部长费代丽卡·莫
盖里尼（Federica Mogherini）警告说，在不久
的将来，利比亚的混乱很可能会增加移民的流

动时，鲍里索夫评论说："幸好中国人还没有开始向我们这边迁移。"他希望对每个国家必须接纳的难民人数有一个严格的上限。对此，默克尔回应说，如果没有外部因素发挥作用，人数限制是可能的，但如果有"来自外部的压力"，这种限制则无法实现。欧盟委员会主席容克也强调了这一点。他指出，上限将引发大量难民试图在难民人数达到上限之前越过边境。

阿尔巴尼亚总理埃迪·拉马（Edi Rama）听到这番话，不禁大声问道，如果阿尔巴尼亚人能够听取讨论，他们会做何感想。人们谈论难民就像谈论一种自然力量、洪水或地震一样，"但在数字之前，我们应该考虑自己的价值观"。当时，安格拉·默克尔是唯一仍然在全面恐慌和全面关闭边境之间考虑的人。拉马得出的结论是"我们的价值观在安格拉的肩上"。当然，默克尔的语气已经发生了变化，但就在那一刻，她抓住机会强调，欧洲必须继续接纳难民，"否则我们谈论的就不是欧洲了"。

在这一点上，默克尔还发表了一些评论，似乎暗示一些国家正试图从欧盟榨取尽可能多的钱。马其顿总统格奥尔盖·伊万诺夫（Gjorge Ivanov）对此表示不满，他建议德国应该派遣其情报机构检查是否把每一分钱都花在了难民身上。为了缓和她自己制造的紧张气氛，默克尔开玩笑说，她所有的间谍都在忙着与美国国家安全局打交道。众所周知，美国国家安全局监听了她的电话。她含糊其词地道歉，并承诺马其顿会得到所需的所有资金。就在这一刻，马其顿要求帮助关闭从伊兹密尔（Izmir）到慕尼黑的难民路线。

在讨论中，时任奥地利总理的维尔纳·法伊曼（Werner Faymann）一直坚称，无论土耳其想要什么，"我们都应该给他们"。默克尔还一度表示，"我们必须致力于土耳其想要的东西"。许多与会领导人已经接受了未来土耳其协议的基本内容。没有人对为土耳其国民提供签证自由化提出异议。只有克罗地亚总理佐兰·米拉诺维奇（Zoran Milanovic）建议欧盟应该对土耳其施加更大的压力。如果安卡拉向难民打开进入欧洲的大门，欧洲应该进行报复。例如，它可以利用一些同样的非法行动——非正常遣返程序——将难民遣回土耳其。

人们需要正确理解权力和混乱之间的辩证关系。在过去，混乱似乎是欧洲权力的无形物质，但如果权力突然发现自己无法也不愿将自己的势力范围扩大到邻近的权力真空地带和动荡的边界地带，这种关系的条件可能很快就会逆转。然后，混沌表现为系统过载，给系统处理能力带来越来越重的负担，尽管在升级处理算法上已经做了很多的努力。

各国领导人在 10 月的会议上茫然而沮丧，但更明确地意识到，过去的做法将不再有效。经过几个月的时间，欧盟最终将摆脱瘫痪状态。欧盟也意识到不能再继续无视边界以外的世界，就好像外部世界对它的利益和生活方式没有任何影响，同时欧盟也抵制诱人陷阱，即通过大规模加强军事和治安来封闭欧盟国家边界。欧盟最终选择了谨慎的中间路线，试图控制移民流动，同时又不撤退到坚不可摧的堡垒内，但这条中间路线仍然必须在两种极端的选择之间开辟出来。默克尔和欧洲理事会主席唐纳德·图斯克（Donald Tusk）发挥了决定性作用。默克尔放弃了她唯一关注的重新安置问题，而图斯克则放弃了扣留所有抵达欧洲的难民的提议。

　　2016 年 3 月，每天有超过 1000 名难民到达希腊群岛。欧盟与土耳其达成协议，土耳其承诺接收所有从希腊遣返的非法抵达者，以换取欧盟接收相同数量的居住在土耳其难民营的叙利亚人，交换人数最多为 72000 人。欧盟还承诺为土耳其加入欧盟进程注入新的动力，向土耳其公民开放签证，并向安卡拉支付 60 亿欧元，用于支付土耳其境内庞大的难民社区的费用。这里有一个更有效的方法。这是第一次，通过土耳其难民营的重新安置计划和非法移民的迅速返回，建立了类似合法入境的渠道，尽管该计划的上限是一个微不足道的数字，很快就会被非法移民的数量远远超过。土耳其开始积极控制来自其海岸的移民和难民的流动，在试图确保其与叙利亚边境安全的同时，采取了海滩巡逻、路障和大规模逮捕难民的措施。土耳其的情报机构与走私网络有充分的联系，使新政策得以有效执行。几周前，在布鲁塞尔的

385

欧 洲 半 岛

压力下，马其顿在其与希腊的边境上引入了类似的程序，这似乎对减少移民流动产生了更大的影响。所有证据都表明，这两个事件之间存在关联：马其顿刚关闭边境，土耳其就赶紧在失去砝码之前与欧盟达成了协议。

与土耳其的协议达成之后，其开始产生效果的速度超过了大多数人的预期。从土耳其进入希腊的难民人数急剧减少，因此在爱琴海丧生的人数也随之下降。在 3 月协议签署之前的一个月，每天大约有 1740 名移民穿越爱琴海前往希腊群岛。到 2017 年 6 月，平均每日入境旅客人数已降至 47 人。3 月协议签署的前一年，爱琴海的死亡人数是 1145 人。协议签署之后，年死亡人数下降到 80 人。

欧盟已经发现土耳其和马其顿是非常方便的混合型国家。这些国家与欧洲足够接近，可以达成这种协议，并且可以采取一些欧洲国家不愿意采取的更有力的方法，或处理欧洲无法忍受的那种内部不稳定情况。对于土耳其来说，这笔交易当然很有吸引力。通过阻止难民流动，土耳其避免了成为不断增加的阿富汗和巴基斯坦移民的中转站，同时获得了所需的资金，以覆盖接收和同化200万~300万叙利亚人所涉及的沉重成本。此外，现在基于共同而紧迫的需要与欧盟建立的新联系可以使土耳其在对叙利亚和伊拉克的内部政治和军事介入方面享有一定自由。

当然，也会存在一些问题。首先，混合型国家数量不足，在其他地方没有这样的国家，例如在非洲。非洲国家既没有国家结构来有效地控制其边界，也没有动力结束来自欧洲日益增长的汇款。就连土耳其的协议也站不住脚。希腊群岛上的难民人数不断增加，因为欧盟其他国家知道，在希腊大陆上难民将更加难以控制。在某种程度上，希腊群岛接收难民的情况是不可持续的。如果难民和走私者感觉遣返政策变得难以置信，那么任何向希腊大陆的重大转移都可能会引发难民从土耳其过境的新的尝试，那些尝试是土耳其边境警卫队不愿看到并且无法控制的。如果这样的话，那土耳其必然归咎于希腊政策的变化。塞尔维亚和马其顿的接待中心在2017年初就已接近极限，很快就会崩溃。涌入奥地利和德国的难民很可能会打破这两个国家的政治平衡，使激进政党崛起并引发政治运动。

新政策要求对难民的动机和统治土耳其利益的逻辑有一种新的理解。对于一些人来说，只要新政策支持难民从希腊返回土耳其，那就是对欧洲价值观的背叛。但是在欧洲无法再按照自己的形象塑造整个世界的时代，这是一项外交政策。能够处理外界事务的外交政策总比没有外交政策好一些。某些国内政治问题无法在国内解决，需要尽可能接近问题的根源地去处理。就难民危机而言，结束不受控制地涌入欧盟的数十万移民和寻求庇护者的关键掌握在土耳其手中，只有土耳其才能在这些人试图进入欧洲之前阻止他们。与此同时，如果欧盟不分担接收和安置难民的重担，土耳其显然也不会为此做出努力的。最后，一旦明确封闭进入希腊的路线，而且从土耳其进入欧洲的路线可能会变成合法路线，那么，绝大多数付钱给走私者、冒着生命危险出海的现象就会消失。[3]

解决该问题的体系以土耳其为中心，一端

是希腊和巴尔干，另一端是巴基斯坦。土耳其通过封闭其与希腊的边界，缓解了其在东部建立边界的压力。在整个体系中，土耳其面临着一个特定的困境。虽然欧洲希望依靠土耳其的合作来控制其与土耳其的边界，但安卡拉方面不能指望对伊朗或伊拉克采取同样的做法。因此，它试图通过关闭通往欧洲的边界来控制东部边境，控制叙利亚、伊拉克、伊朗、巴基斯坦至印度边境的移民和难民进入欧洲。正确理解完整的关系体系正在缓慢而艰难地取得进展。这也意味着欧洲国家不得不接受，它们的命运现在与它们最动荡和最不稳定的邻国有着千丝万缕的联系。欧洲似乎第一次接受了这样一个事实，即一个更大的、不受约束的世界就在自己家门口。

后 记

　　在我写这本书的那一年，欧洲和美国发生了很多出人意料的事件。首先是英国脱欧。我们就得到了警告，即公投的两方票数可能会非常接近，但所有或几乎所有的有根据的猜测是，英国的投票结果仍会是留在欧盟。脱欧在某些方面是不可想象的，主要是因为很少有人认真考虑过这一方案。当第一个脱欧民调指出，留欧阵营险胜时，这听起来像是一种保证，即选民想要改革，所以他们明智地向政治家发送信号，但正如预期的那样，他们还没有准备质疑欧洲现有政治秩序的基本原则。因为别无选择。

一两个小时后，这些民调被证明是错误的，而且错得离谱，人们开始反思。许多人只是拒绝相信英国脱欧居然最终会胜出。英国《金融时报》（*Financial Times*）等媒体宣布，英国政治和经济体系似乎即将崩溃。如果不可想象的事情发生了，那必然会产生不可想象的后果。

几个月后，当唐纳德·特朗普当选美国总统时，这种震惊和意外甚至更大。一方面，民意调查更加明确地表明，这样的结果是不可能出现的。另一方面，当世界上最强大的国家决定选举一位不受任何政治传统影响的候选人时，那很难相信全球秩序会不受影响，这远比淡化英国的重要性及其偶尔做出的奇怪决定更令人难以置信。

大部分的痛苦都与这样一个事实有关：对全球秩序的一些基本原则的反抗不是来自边缘国家而是来自世界权力的中心；不是来自经济和思想落后的遥远省份，而是来自首都，或者更确切地说来自位于首都中心的宫殿。大家都认为这样的事情不应该发生。

英国脱欧公投的不同寻常之处在于，英国

发明了自由贸易并将其带到世界各个角落的国家，如今却拒绝加入有史以来规模最大、自由度最高的经济集团。至于特朗普，他的出现象征着此前美国外交政策共识的急剧下降。有时，他似乎想要抛弃现有的自由主义世界秩序，代之以其他一些东西，这些东西围绕着一种强大的国家理念，并呼吁建立一个残酷竞争的世界。他批评了支持权力分散的政治文化，认为如果没有一个强大的国家，就无法保护公民免受其他国家的侵犯。他似乎认为坚持自由价值观是对美国力量的阻碍。他承诺要为美国争取他认为更好的贸易协议，即使这意味着要打破目前存在的世界自由秩序。特朗普表示，"我们的信条是美国主义，而不是全球主义"。

从他的就职演说开始说起。他的就职演说是一个奇怪的演讲，因为他的演说忽略了美国当选政治家通常会包含的核心内容：呼吁自由、民主和平等的原则，以指导美国在国内外的行动。但是有很多内容是关于成为世界领袖、对国家的忠诚，以及建设新的基础设施。演说最后的信息是"每一项关于贸易、税收、移民和外交事务的决定都将使美国工人和美国家庭受益。我们必须保护我们的边境不受其他国家的破坏，阻止那些制造我们的产品、窃取我们的公司、破坏我们的就业机会的国家或行为"。

在 2017 年 2 月的一次采访中，特朗普被问及他是否能与普京总统相处，特朗普回复时将普京描述为"杀手"。他似乎将这个问题理解为外界对美国施加更严厉的道德标准和束缚，而对其竞争对手则不会如此，并且他急于将竞争对手置于同一水平："我们有很多杀手。你认为我们的国家很天真吗？"特朗普的辨别方法并不是特别复杂。他仔细审查了自由主义原则，然后思考这些原则是否与美国继续保持全球主导地位相符。在他看来，其中许多原则都没有通过考验，比如开放边界、外交政策的透明度和公开性、敌对的媒体以及对国际组织的强烈忠诚。如果这一趋势继续下去，美国的外交政策会逐渐接受一种强烈的国家主权概念，不受国际规则和国际机构约束，并采取与俄罗斯意识形态趋同的措施。

这些都是他成功竞选中出现的一些主要意

识形态路线，但是特朗普在就职总统的前几个月里，以如此不稳定的方式追逐这些意识形态，以至于大家开始确信，特朗普的总统任期将代表破坏之前的秩序，但是不一定能够创建新的秩序。老的正在死去，但是新的不能诞生。与此同时，正如意大利马克思主义革命家安东尼奥·葛兰西（Antonio Gramsci）曾经说过的那样，必然会有各种各样的瘟热和症状。

第二次世界大战之后建立的全球秩序体系在此之前就曾受到威胁，但过去的威胁都来自外部。现在它似乎有可能被那些创建它的人、一直从中受益的人抛弃。有一些人认为，英国脱欧和特朗普当选只是一种认知错误：体系核心的国家确实必须限制自己的权力，它们不可能每次都脱颖而出，但从长远来看，它们获得了最大的利益，并且最希望保留该体系。

随着欧洲和美国的分歧日益暴露，精英阶层和不满人士之间的关系获得了欧洲人与世界其他地区居民之间那种古老而熟悉的动力。政客和知识分子争先恐后地用各种经济和精神分析理论来解释这种奇怪的投票行为，同时坚持

认为新的公民教育已经迫在眉睫。这样的信息
只会加深分歧和异化。

　　事实是，对于英国和美国的许多人来说，
现在已经没有一个有效的自由秩序了。在知识
分子和金融精英中，几代人以来形成的信念和
做法与以往一样坚定，但还有许多人正在遭受
国家不愿或无法应对的境外势力的影响。尽管
精英阶层看到了一个运转良好的国际市场、贸
易和人员自由流动体系，但那些处于最底层的
人只能在日益混乱的世界中看到盲目的力量和
相互竞争的国家。由于来自中国和其他地方的
竞争，工厂纷纷关闭，工人们从中得到的信息
是，他们的国家再也没有竞争力了。越来越多
的移民影响了社区和公共服务质量，主要是影
响穷人。最后，人们认为恐怖分子有能力从他
们国外的基地和欧洲及美国的据点发动任意
袭击。

　　在 2017 年 7 月的华沙演讲中，特朗普提
出了一个全新的西方形象：尚未取得胜利，但
是正在遭受攻击，有能力做出承诺，但不是承
诺最终的胜利，而是承诺反抗的意愿。"我们这

个时代的根本问题是，西方是否有生存的意愿。我们是否有信心不惜一切代价来捍卫我们的价值观？我们是否能够保护我们的边界，对我们的公民表示足够的尊重？面对那些想要颠覆和毁灭我们的文明的人，我们是否有意愿和勇气来保护我们的文明？"他的回答似乎在三种选择之间摇摆不定。第一，回归美国优先原则，即那些在美国最强大时期统治美国的原则，同时放弃那些偏离核心原则的原则。第二，对美国自由主义政治传统进行重大修正，因为它已经无法应对全球威胁和挑战。第三，世界是一个危险的地方，美国必须远离危险，美国人需要被保护。

写这本书时，我在那些最初遭受欧洲扩张影响的社会中遇到了类似的现象。一个历史类比是欧洲文明对伊斯兰世界的影响。直到 18 世纪，历史的进程似乎仍然偏向伟大的伊斯兰帝国，而奥斯曼帝国、萨法维帝国或莫卧儿帝国的精英们肯定从未考虑过任何其他的可能性。当一连串的军事失败和日益增长的贸易依赖等冲击到来时，没有人做好准备，最初的反应是等待风暴过去，同时保持对传统习惯和原则的忠诚。最终考虑了两种主要的应对方案。第一种是有人呼吁净化伊斯兰社会，使其免受后来的影响并偏离。这就是瓦哈比教派对伊斯兰教进行彻底的重新解释的原因。第二种是朝着相反的方向发展，即试图改革伊斯兰社会，解决人们认为的伊斯兰社会的弱点，并借鉴一些欧洲的思想，至少在军事技术领域需要借鉴。[1]

大约一个世纪以后，中国也经历了类似的过程。英国为了让中国市场对外国商品开放，向中国引入了鸦片，培养中国人吸食鸦片的习惯，后来通过军事手段维护其贸易，迅速击败装备简陋的中国海军。中国皇帝主动求和，向外国人开放了五个贸易口岸，并将香港岛割让给了英国人。我们不可能假装认为，自上古以来中国设想的世界秩序能够经受住这场冲击，但是中国人在接下来的几十年的大部分时间里都在这么做，因为他们最珍视的价值观禁止承认任何可以替代中华文明的东西。

在这两种情况下，伊斯兰世界和中国都面临着一种新的文明。这种文明承载着现代科学的所有秘密，这些秘密最初看起来像是超自然的力量。在我们这个时代，欧洲人和美国人面临的挑战具有不同的性质。首先，他们的挑战发生在民主政治的舞台上，国际力量平衡的每一次变化都能更快、更深刻地感受到。第二，正在发展的新的世界秩序不是一个有明确中心的秩序，而是一个以寻求不同政治经济中心之间的平衡为特点的秩序。然而，我们可以看到，与过去一样，这些进程之间存在着根本的相似之处，即全球秩序的变化带来了深刻的内部破坏。通常会有两种类型的应对方式，一种是试图保护即将崩溃的生活方式不受外部影响；另一种则相反，试图使这种生活方式适应这些影响。

在这种背景下，英国脱欧和特朗普当选所象征的破坏似乎更容易理解，而国内政策和外交政策的变化似乎不再是毫无关系了。这是全球力量新来源在亚洲崛起的直接结果，其影响力已不再受限制或控制。这一点有时被掩盖起来，并被看作偶然的国内因素，这或许并不太令人意外。由此我们可以知道，忽视外部世界或否认外部世界的影响是对全球力量转移的初期反应。

　　然而，或许某个时刻，真相就会浮出水面。一个值得注意的例子是，英国目前正在进行一场辩论，主题是"英国离开欧盟以后是否应该采用新加坡的发展模式"。该计划最直接的意义是减税和放松监管，将英国转变为外国投资的避风港，并为失去进入单一市场的机会提供补偿。更重要的是，英国将努力仿效新加坡迅速取代进入马来西亚腹地的做法，与更遥远的市场建立贸易和投资联系。正如新加坡成为一个与欧洲和美国的联系比与亚洲邻国的联系更紧密的亚洲国家一样，英国可以在短短几十年内扩大与21世纪主要经济体的联系，如中国、印度和印度尼西亚。正如英国公投后不久，英国《金融时报》编辑莱昂内尔·巴伯（Lionel Barber）在东京的一次会议上所言，英国脱欧是否为英国成为一个灵活的贸易国家——"大西洋新加坡"——提供了新的机会？一个新的欧亚首都正在泰晤士河畔诞生吗？这或许是我这本书的一个恰当的结尾，因为这个负责将欧洲思想带到亚洲的国家将成为亚洲思想在欧洲的新主人。

注　释

前　言

1. Alexander von Humboldt, *Asie centrale. Recherches sur les chaînes de montagnes et la climatologie comparée*, vol. 1 (Gide, 1843), p. 54.

导　语

1. Chung Min Lee, *Fault Lines in a Rising Asia* (Brookings Institution Press, 2016).
2. Charles Kupchan, *No One's World: The West, the Rising Rest, and the Coming Global Turn* (Oxford University Press, 2013), p. 183.
3. Rabindranath Tagore, *Imperfect Encounter: Letters of William Rothenstein and Rabindranath Tagore* (Harvard University Press, 1972), p. 238.
4. Walter Lippmann, 'The Defense of the Atlantic World', in *Force and Ideas: The Early Writings* (Transaction Publishers, 2000).
5. Robert Kaplan, 'The Return of Marco Polo's World and the U.S. Military Response'. Center for a New American Security, www.cnas.org.
6. Steve Tsang, *A Modern History of Hong Kong* (I. B. Tauris, 2007), p. 167.
7. Ibid., p. 178.
8. Lee Kuan Yew, *From Third World to First: The Singapore Story 1965–2000* (HarperCollins, 2000), p. 50.

第一章　分裂的神话

1. Pius II, *Opera Omnia*, p. 678.
2. Denys Hay, *Europe: The Emergence of an Idea* (Harper Torchbooks, 1966), p. 125.

3. Herodotus, *Histories* I, 4–5.

4. Voltaire, *History of the Russian Empire under Peter the Great*, vol. I (Werner Company, 1906), p. 39.

5. J. Pocock, 'Some Europes in Their History', in A. Pagden (ed.), *The Idea of Europe: From Antiquity to the European Union* (Cambridge University Press, 2002), p. 58.

6. A. A. Chibilev and S. V. Bogdanov, 'The Europe–Asia Border in the Geographical and Cultural-Historical Aspects', *Herald of the Russian Academy of Sciences* 81 (2011). https://doi.org/10.1134/S1019331611050017.

7. W. H. Parker, 'Europe: How Far?', *Geographical Journal* 126 (1960).

8. Marshall Hodgson, *Rethinking World History: Essays on Europe, Islam and World History* (Cambridge University Press, 2010 [1993]), p. 39.

9. Henry Kissinger, *World Order: Reflections on the Character of Nations and the Course of History* (Allen Lane, 2014), p. 172.

10. Okakura Kakuzo, *The Ideals of the East with Special Reference to the Art of Japan* (John Murray, 1903), p. 1.

11. Hodgson, *Rethinking World History*, p. 45.

12. Hegel, *Lectures on the Philosophy of History* (G. Bell & Sons, 1914), p. 109.

13. Ibid., p. 121.

14. Peter Burke, 'Did Europe Exist Before 1700?', *History of European Ideas* 1 (1980)

15. Wang Hui, *The Politics of Imagining Asia* (Harvard University Press, 2011), p. 4.

16. Lenin, *Collected Works*, vol. 18, p. 164.

17. Juliet Bredon, *Peking* (Kelly & Walsh Ltd, 1922), p. 58.

18. Karl Jaspers, *The Origin and Goal of History* (Routledge, 2014 [1949]), p. 70.

19. Hermann von Keyserling, *Europe*, trans. Maurice Samuel (Cape, 1928), pp. 359–61.

20. Hermann von Keyserling, *The Travel Diary of a Philosopher*, vol. 1 (Harcourt, Brace & Company, 1925), p. 16.

21. Ibid., p. 273.

22. Victor Lieberman, 'Transcending East–West Dichotomies', *Modern Asian Studies* (1997).

23. H. J. Mackinder, 'The Geographical Pivot of History', *Geographical Journal* 23 (1904): 421–37, p. 423.

24. Hodgson, *Rethinking World History*, p. 10.

第二章 竞争性整合

1. Vladislav Surkov, speech at a party meeting for United Russia, 7 February 2006.

2. Fyodor Lukyanov, 'Putin's Foreign Policy: The Quest to Restore Russia's Rightful Place', *Foreign Affairs*, May/June 2016, p. 34, www.foreignaffairs.com.

3. James Reilly, 'China's Economic Statecraft: Turning Wealth into Power', Lowry Institute Analysis, November 2013, p. 5.

4. William J. Norris, *Chinese Economic Statecraft* (Cornell University Press, 2016), pp. 62–3.

5. Anu Bradford, 'The Brussels Effect', *Northwestern University Law Review* (2012).

6. Mark Entin and Ekaterina Entina, 'The European Part of Russia's Geopolitical Project: Correcting the Mistakes. Part 2', Russian International Affairs Council, 29 April 2016.

7. 'Absorb and Conquer: An EU Approach to Russian and Chinese Integration in Eurasia', European Council on Foreign Relations, June 2016.

第三章 新欧亚超级大陆

1. Sergey Karaganov, 'Eurasian Way Out of the European Crisis', *Russia in Global Affairs*, June 2015, p. 16, eng.globalaffairs.ru/pubcol/Eurasian-Way-Out-of-the-European-Crisis-17505.

2. Alfred J. Rieber, *The Struggle for the Eurasian Borderlands* (Cambridge University Press, 2014), p. 103.

3. Dmitri Trenin, 'From Greater Europe to Greater Asia? The Sino-Russian Entente', Carnegie Moscow Center, April 2015, p. 16.

4. Karaganov, 'Eurasian Way Out of the European Crisis', p. 19.

5. Zbigniew Brzezinski, *The Grand Chessboard* (Basic Books, 1997), p. 87.

6. Raymond Aron, *The Dawn of Universal History: Selected Essays from a Witness to the Twentieth Century* (Basic Books, 2002), p. 46.

7. See Alexandre Kojeve, 'Outline of a Doctrine of French Policy', *Policy Review* (2004).

8. Peter Ferdinand, 'Westward Ho: The China Dream and "One Belt, One Road"', *International Affairs* 92 (July 2016): 941–57, p. 954.

9. Halford Mackinder, *Democratic Ideals and Reality* (Henry Holt, 1919), p. 79.

10. James R. Holmes and Toshi Yoshihara, 'China and the United States in the Indian Ocean', *Naval War College Review* 61 (Summer 2008), pp. 53-4.
11. Robert Kaplan, *Monsoon* (Random House, 2011), p. 30.
12. K. N. Chaudhuri, *Trade and Civilisation in the Indian Ocean* (Cambridge University Press, 2014 [1985]), pp. 99, 154-5.
13. Barry Cunliffe, *By Steppe, Desert, and Ocean: The Birth of Eurasia* (Oxford University Press, 2015), p. 25.
14. Janet L. Abu-Lughod, *Before European Hegemony* (Oxford University Press, 1991), pp. 354-61.

第四章　寻找中心

1. Pirouz Khanlou, 'The Metamorphosis of Architecture and Urban Development in Azerbaijan', *Azerbaijan International* 6.4 (Winter 1998): 24-8, p. 24.
2. William Dalrymple, *City of Djinns: A Year in Delhi* (HarperCollins, 1993), p. 9.
3. Louise Mackie and Jon Thompson, *Turkmen: Tribal Carpets and Traditions* (University of Washington Press, 1980), p. 43.
4. Peter Frankopan, *The Silk Roads: A New History of the World* (Bloomsbury, 2015), Preface.
5. Ptolomy, *Geographia* 1.11.
6. Sir Henry Yule (trans. and ed.), *Cathay and the Way Thither: being a collection of medieval notices of China*, vol. II, (London, 1866), p. 559.
7. Wang Jisi, ' "Marching Westwards": The rebalancing of China's geostrategy', in *The World in 2020 According to China*, ed. Shao Binhong (Brill Online, 2014), p. 134.
8. Owen Lattimore, *Pivot of Asia: Sinkiang and the Inner Asian Frontiers of China and Russia* (AMS Press, 1975), p. 16
9. James Millward, *Eurasian Crossroads: A History of Xinjiang* (Columbia University Press, 2017), p. 126.
10. Leonid Brezhnev, *The Virgin Lands* (Progress Publishers, c.1978), pp. 14-17.
11. Mukhamet Shayakhmetov, *The Silent Steppe*, trans. Jan Butler (Stacey International, 2006), p. 31.
12. Alexander Solzhenitsyn, *Rebuilding Russia: Reflections and Tentative Proposals* (Farrar, Straus and Giroux, 1991), pp. 7-8.

第五章 中国的梦想

1. William Gibson, 'Modern Boys and Mobile Girls', *Guardian*, 31 March 2001.
2. Martin Jacques, *When China Rules the World* (Penguin Press, 2009), p. 107.
3. Stalin, *Works*, vol. XI, p. 258.
4. Arnold Toynbee, *A Study of History*, vol. 8 (Oxford University Press, 1954), p. 135.
5. Wang Yiwei, *The Belt and Road Initiative: What Will China Offer the World in Its Rise* (New World Press, 2016), pp. 65–70.
6. Valerie Hansen, *The Silk Road: A New History* (Oxford University Press, 2012).

第六章 岛屿之争

1. Alexander Gabuev, 'Friends with Benefits? Russian–Chinese Relations after the Ukraine Crisis', Carnegie Moscow Center, 2016.
2. Bobo Lo, 'A Wary Embrace: What the China–Russia Relationship Means for the World', Lowry Institute Papers, April 2017.
3. Salvatore Babones, 'Russia's Eastern Gambit', *Russia in Global Affairs*, Sept. 2015, p. 140, eng.globalaffairs.ru/number/Russias-Eastern-Gambit-17704.

第七章 俄罗斯战略东移

1. Vadim Rossman, 'Lev Gumilev, Eurasianism and Khazaria', *East European Jewish Affairs* 32 (2002): 30–51.
2. Sergey Lavrov, 'Russia's Foreign Policy in a Historical Perspective', *Russia in Global Affairs*, March 2016, eng.globalaffairs.ru/number/Russias-Foreign-Policy-in-a-Historical-Perspective-18067.
3. Perry Anderson, 'Incommensurate Russia', *New Left Review* 94 (July–Aug. 2015), pp. 36–7.

4. Fyodor Dostoevsky, *A Writer's Diary*, trans. Kenneth Lantz, 2 vols. (Northwestern University Press, 1993–94 [orig. written 1873–81]), p. 1374.

5. Raymond McNally and Richard Tempest (eds.), *Philosophical Works of Pyotr Chaadayev* (Kluwer Academic Publishers, 1991), pp. 23–4.

6. Tomás Masaryk, *The Spirit of Russia*, vol. 1 (Allen & Unwin, 1919 [1913]), p. 331.

7. Marlène Laruelle, *Russian Eurasianism: An Ideology of Empire* (Johns Hopkins University Press, 2008), pp. 38–9.

8. Nikolai Sergeyevich Trubetzkoy, *The Legacy of Genghis Khan and Other Essays on Russia's Identity*, edited by Anatoly Liberman (Michigan Slavic Publications 1991 [1925]), p. 167.

9. Ibid., pp. 183–4.

10. Ibid., p. 198.

11. Ibid., p. 220.

12. Igor Davkin, ' "If Russia is to be saved, it will only be through Eurasianism", An Interview with L. N. Gumilev', *Russian Studies in Philosophy* (Winter 1995–96), p. 76.

13. Mark Bassin, Sergey Glebov and Marlène Laruelle (eds.), *Between Europe and Asia: The Origins, Theories, and Legacies of Russian Eurasianism* (University of Pittsburgh Press, 2015), p. 193.

14. Fyodor Lukyanov, 'Building Eurasia and Defining Russia', in *Russia's 'Pivot' to Eurasia* (European Council on Foreign Relations, 2014), p. 22.

15. Armen Grigoryan, 'Armenia: Joining under the Gun', in *Putin's Grand Strategy: The Eurasian Union and its Discontents* (Central Asia-Caucasus Institute and Silk Road Studies Programme, 2014).

16. Vladimir Lukin, 'Looking West from Russia: The Eurasianist Folly', *The National Interest*, November–December 2015.

17. Norman Davies, *Europe: A History* (Oxford University Press, 1996), p. 11.

18. Vitaly Tretyakov, *Rossiiskaya Gazeta*, 2 June 2005.

19. Fyodor Lukyanov, 'Russia–EU: The Partnership that Went Astray', *Europe–Asia Studies* 60 (2008):1107–19, p. 1117.

20. Kadri Liik, 'How to Talk with Russia', European Council on Foreign Relations, 18 December 2015, p. 2, http://www.ecfr.eu/article/commentary_how_to_talk_to_russia505.

21. Arkady Ostrovsky, *The Invention of Russia* (Atlantic Books, 2015), p. 318.

22. Joseph Brodsky, 'The View from the Merry-Go-Round', UNESCO *Courier*, June 1990.

23. Gleb Pavlovsky, *The Russian System: A View from the Inside* (Europe, 2015).
24. Vladimir Sorokin, 'Let the Past Collapse on Time!', *New York Review of Books*, 8 May 2014.

第八章 欧亚大陆隧道

1. Şener Aktürk, 'The Fourth Style of Politics: Eurasianism as a pro-Russian rethinking of Turkey's geopolitical identity', *Turkish Studies* 16.1 (2015).
2. *Atatürk'ün Bütün Eserleri*, 12 (1921–22), (Kaynak Yayınları, 2003), p. 297.
3. M. Şükrü Hanioğlu, *Atatürk: An Intellectual Biography* (Princeton University Press, 2017 [2013]), p. 218.
4. Alexander Herzen, *A Herzen Reader*, trans. and ed. Kathleen Parthé (Northwestern University Press, 2012), p. 125.
5. Charles Mismer, *Souvenirs du monde musulman* (Hachette, 1892), p. 110.
6. Quoted in *The Modern Middle East: A Sourcebook for History* (Oxford University Press, 2006), p. 410.
7. John Stuart Mill, *On Liberty* (Yale University Press, 2003 [1859]), pp. 135–6.
8. *Guardian*, 3 April 2007.

第九章 欧洲半岛

1. Italo Colantone and Piero Stanig, 'Global Competition and Brexit', BAFFI CAREFIN Centre Research Paper No. 2016-44, November 2016.
2. Ivan Krastev and Mark Leonard, 'The New European Disorder', European Council of Foreign Relations, 20 November 2014.
3. European Stability Initiative, 'Why People Don't Need to Die in the Aegean – a Policy Proposal', 17 November 2015.

后 记

1. William H. McNeill, *The Rise of the West* (University of Chicago Press, 1992 [1963]), pp. 694–5.

Note: Page numbers in bold refer to illustrations

abstraction, and modernization 29
Aegean Sea 19–20
  migration across 250–51
Afghanistan
  migration from 251
  Soviet invasion of 5
Ahmad, Jalal 23
Aixstrom, German microchip
    equipment firm 236
Akçura, Yusuf 217–18
Albania, and refugee crisis 248
algorithms, and automated rules 232
Aliyev, Heydar, President of
    Azerbaijan 72
Alyat, port, Caspian Sea 89, 91
Andaman archipelago 63
Anderson, Perry 179–80
Arad, Arefe, artist 33, 34
Arctic Ocean, navigability 60–62
Arkhangelsk, Russia 61, 62
Armenia
  and Eurasian Economic Union 189
  and Karabakh 72
  and Udi Christians (Azerbaijan) 76
Aron, Raymond 56
artificial intelligence
  and autonomous rules 228–9

China and 113–14
  image recognition 114–15, 116
  speech recognition 113, 114–15
Ashgabat, Turkmenistan 95,
    97–8
Asia
  early relations with Europe 3,
    19–20
  effect of on European identity
    31–2
  as European idea 22
  and European modernization 26,
    118–19
  modern addiction to change
    117–18
  modern economic power 1
  and role of science 24–5
  see also China; Eurasia; India;
    Japan
Asian civilization, in contrast with
    European 24–5
Astrakhan 168–9, 173
Atatürk (Mustafa Kemal)
  modernizing reforms 222–3
  on Turkey as Asian 219
Atlantic ocean, and concept of the
    West 5–6

Avaza, Turkmenistan 95, 96, 96, 97–8
aviation, and EU emissions trading scheme 43
Azerbaijan 18–19, 71–81, 189
Azov, Sea of 19–20

Babilunga, Professor Nikolay 46
Baidu Institute of Deep Learning, Beijing 113–17
Baku, Azerbaijan 10, 77–80
Bamboo Curtain 4
Barber, Lionel 258
Barroso, José Manuel, President of European Commission 36, 37
Baryatinsky, Field Marshal 54
Băsescu, Traian, President of Romania 37
Belarus 195
  and Eurasian Economic Union 188, 189
'Belt and Road Initiative' 13–14, 128–36, 137–45
  alternative models for 145–7
  ambition of 132–6
  and economic power 141–2
  Khorgas 128–32, 128, 130
  Xinjiang 105–6
Berdymukhamedov, Gurbanguly, President of Turkmenistan 96
Berlin Wall 4
Betelgeriev, Khusein 205
Black Sea 20
Blackwater security company (US) 132
Bolsheviks 191–2
Bolshoy Ussuriysky Island (at Amur and Ussuri confluence) 159–65
  Russian-Chinese border 162–5
  symbolism at 163–5, 163

Borissov, Boyko, Prime Minister of Bulgaria 248
Bradford, Anu 42
Bredon, Juliet 26
Breedlove, Philip, NATO commander in Europe 50
'Brexit' referendum 230–31, 253, 254
  options for UK 258
Brezhnev, Leonid, and Kazakhstan 107
British Empire 11
British Secret Intelligence Service (MI6) 50
Brodsky, Joseph 196
Brzezinski, Zbigniew 55
Buddhism
  expansion of 32
  in Republic of Kalmykia 171
Bulgaria, and refugee crisis 248
Burma 31

Calicut, India 64
Cameron, David, UK Prime Minister 37
capitalism 25
  in modern Asia 35–6
Caspian Sea 89–95
  as centre point 99–100
  and competitive integration 94–5
  Russian navy in 94–5
  shipping across 90–91
Caucasus 81–9
  as borderland 83–5
  languages 76, 82
  views of history 79–80
Cerar, Miro, Slovenian Prime Minister 247
Chaadayev, Pyotr, 'Philosophical Letter' 180–81

chaos and power
European Union and 232, 249–50
Russian perception of 194–9
Chechnya 199–207
China 31, 52
and access to Indian Ocean 63
acquisition of European
manufacturers 236–7
armed forces 157
and artificial intelligence 113–14
and borders 143
collective view in 115, 117, 125
communism 122–6
and dream of rejuvenation 124–7
economic power 40–41, 53, 141–2
and EU regulatory power 43,
236–7
and Eurasian Economic Union
188–9
Great Wall 185
and Marxist materialism 122–3
and modern technology 35–6,
118
modernization 30
and Mongolia 144–5
new political influence 40–41,
57–8
north-east border with Russia
159, 166–7
and oil and gas pipelines 92
outward investment by 7, 40–41,
58, 155
preference for practice over ideal
model 141–2
rejection of Western political
models 5, 126–7
relations with Pakistan 133,
134–5
relations with Russia 54–5,
123, 155

relations with USA 53, 57–8,
156, 239
and Silk Road 8, 60
and Ukraine 155, 156–7
view of Eurasia 59, 60
view of European project
239–40
view of world order 8, 13–14,
127, 138, 143–4
and Xinjiang 105–6
see also 'Belt and Road Initiative';
Chinese empire
China Development Bank 134
'Chinese Dream' 124–7
and Yiwu market 152–3
Chinese empire 24
pre-modern stagnation 224–5
reaction to dominance of West 257
Chinese Navy 157
Chongqing, China 132
Christendom, Europe and 18
Christians, Udi people in
Azerbaijan 75–7
Christophe de Margerie, ship 61
Circassia, Circassians 85–9
Clark, Christopher, The
Sleepwalkers 248
climatic border, Eurasia 185
Cold War 4, 5
colonialism, and modernization 25
communism
and borders with capitalist
states 4
Chinese 122–6
Russian 119–22, 192
Communist Party of China,
rejection of Western political
values 125–7
competition 256
and international politics 39

欧亚大陆的黎明 .. 探寻世界新秩序

competitive integration 40
  Caspian Sea 94–5
Constantinople, fall of (1453) 17–18
  see also Istanbul
convergence and divergence 66–7
Coromandel 64
Crimea, Russian annexation 155
Croatia, and refugee crisis 247
Cultural Revolution, China 122
cyber-attacks, and modern
  conflicts 50

Dalrymple, William 81
data processing, regulations on
  protection and privacy 44
Davies, Norman 191–2
Davutoğlu, Ahmet, Turkish Prime
  Minister 215
Dede Korkut, Book of 98, 99
deep learning, artificial intelligence
  114–15
Didiev, Abubakar 205
divergence and convergence 66–7
division of labour, and global value
  chains 139–40
Doklam plateau 134
Don, River 20
Dostoevsky, Fyodor 180
Dumas, Alexandre 75
Dvorkovich, Arkady 155

economic power
  China 40–41, 53, 141–2
  of EU regulations 41–4
economic revolution, European 23–4
Egypt, and Roman Empire 19
Eisenstein, Sergei, Alexander
  Nevsky (film) 176–7
emissions trading 43
energy security 9

energy supplies
  across Eurasia 55, 59
  see also oil and gas pipelines
Enlightenment
  as European development 23–4
  and view of Asia 24, 25–6
Erdoğan, Recep Tayyip, President
  of Turkey 93–4
  and agreement with Russia
  220–21
  and failed coup (July 2016) 212,
  213–14
  and Perinçek 219–20
  popularity with working classes
  209, 211
  relations with Putin 215–16
Esendere, on Turkish-Iranian
  border 243–4
Eurasia
  climatic border 185
  Russian critics of 191
  Russian cultural view of 182–7
  search for centre 89–104
Eurasian borderlands 10
  and boundary of EU 238, 241–2
  definitions of boundary 20–22
  flows across 9
  and start of major wars 233
  see also Moldova; Transnistria;
  Ukraine
Eurasian Economic Union 14, 131,
  133, 187–91
  and European Union 190–91,
  234–5
'Eurasian', use of term 2–3
  as direct challenge to EU 187–8
Eurasianism
  Russian 182–7
  Turkish 217–22
Eurocentrism 65–6

Europe
    Christendom and 18
    and concept of ideal model 141
    defined in opposition to Asia 19–
        20, 22, 31–2, 237–8
    dominance of 119
    earliest references 25
    Enlightenment view of Asia 24,
        25–6
    modern technological
        conservatism 117–18
    political rules and ideas 12–13
    possibility of reversion 26–7,
        240, 242–3
    relationship to Eurasia 60
    and role of USA in the concept of
        the West 5–6
    self-image of change and progress
        229–30
    suspicion of Russia 180
    technological development
        (Enlightenment) 23–4,
        119–20
    see also European Union; West,
        the
European civilization, contrasted
    with Asian 24–5
European Council on Foreign
    Relations 233
European hegemony
    and contact with Asia 3
    loss of 9–10
European Union
    American view of 8
    border policy 244–7, 249–50
    and Brexit 230–31
    and Caspian pipelines 92, 93, 94
    crises (external causes) 229, 230,
        241–2
    decline of power 51, 240

    eastern (Eurasian) borders 7–8,
        238, 241–2
    eastward expansion 36–7, 38, 40,
        186–7
    economic policy 231
    and Eurasian Economic Union
        190–91, 234–5
    Fukuyama on 226
    and globalization of European
        project 238–40
    Growth and Stability Pact 229
    and immigration rules 231–2
    inflexibility 231
    need for political capacity 242
    Neighbourhood Policy 40
    refugee flows into 50, 53, 55
    refugee quota system 227–8,
        245, 246
    regulatory imperialism 41–4
    relations with Turkey 213,
        214–15, 217, 252
    and Russia 59, 190
    strains of integrationist project
        56–7, 242–3
    as system of rules 227–32, 235–6
    view of Chinese Belt and Road
        project 133, 135
    and view of Eurasian integration
        233–7, 241–2
    view of world 8, 37–8, 51–3
experimentation, as scientific
    ideal 29

Fars News Agency, Iran 220
Faymann, Werner, Austrian
    Chancellor, and refugee
    crisis 249
financial crisis (2007–8) 53, 241
Financial Times 258
    on Brexit 253

欧 亚 大 陆 的 黎 明 : 探 寻 世 界 新 秩 序

First World War, and role of USA in The West 5–6
flag manufacturers, China 149
France, and China 40–41
Frankopan, Peter, *The Silk Roads* 98–9
FSB (Federalnaya Sluzhba Bezopasnosti), Russian secret service 160
Fuad Pasha, Ottoman Foreign Minister 223–4
Fukuyama, Francis 35
  The End of History and the Last Man 225–6
Gagauzia, region of Moldova 48
Gazprom 155
Genghis Khan, Russian Eurasianist view of 182–3, 185
geopolitics
  and Belt and Road project 137–8
  and EU view of Russia 234
Germans, in Kazakhstan 109
Germany
  view of China 233, 235, 236–7
  view of Eurasian integration 233–7
  view of Russia 233, 234–5
Germany, Nazi, and ambitions in Eurasia 56–7
Gheysen, Karl, Khorgos Gateway 130, 131
Gibson, William 117
global warming, and Arctic Ocean 61
globalization 39, 40
  European project and 238–40
  and global value chains 139–40
  and non-military wars 50
  and Yiwu Futian market 149–50

Goethe, Johann Wolfgang von, *Wilhelm Meister's Apprenticeship* 242
Góis, Bento de, explorer 103
Gramsci, Antonio 255
Greece
  debt crisis 229
  migrants to Greek islands 250–51
Greeks, ancient, and concept of Asia 19–20
Grozny, Chechnya 199–207
  Akhmat Fight Club 201–3, 202
  new building 203–4, 204
  Special Forces 201, 203
Guangzhou trading city 148
Gülen, Fetullah 212–13
Gülen movement, Turkey 212–14
Gulf Co-operation Council 58
Guliyev, Agha Bala 80
Gumilev, Lev 174
  Eurasianism 184–5, 186

Hegel, G.W.F. 24, 224
Heixiazi *see* Bolshoy-Ussuriysky Island
Herodotus 19
Herzen, Alexander 181, 223, 225
hierarchy, and rules 197
history
  and end of Western development 223–6
  Russian geopolitical use of 174–9
Hodgson, Marshall 32
  on boundary of Europe and Asia 21–2
  and industrialized Europe 24
Hong Kong, Eurasian identity 10–11
Hormuz, Strait of 63
Hungary, and refugee crisis 247
Huntington, Samuel 35

Hunza Valley 101
hybrid countries (on borders of
    EU) 251

Ibraghimov, Rizvan 205
Ignatiev, Vitaly, Foreign Minister of
    Pridnestrovian Republic 47
immigration
    and EU border policy 244–7,
        249–50
    EU rules 231–2
    illegal (into Turkey) 244
    see also refugee crisis
India 28, 58
    and Chinese Belt and Road
        project 133–4
    and EU regulatory power 44
    as sea power 62–4
Indian Ocean, trade routes 62–4
individualism 29–30
Indonesia 1, 11
industrial policy
    Chinese 140–41
    transnational 140
industrial revolution 24
information, and non-military
    wars 50
integration
    economic 138
    and non-military conflict 50–51
International Centre for Border
    Cooperation, Khorgas 146–7
international politics
    and competition 39
    and refugee crisis 252
internet
    China and 116–17
    and modern conflicts 50
Iran
    border with Turkey 243–4

contemporary art 33–5, 34
    and oil and gas pipelines 92–3
    and Turkey 220
Iraq war, and decline of Western
    power 8–9
Iron Curtain 4
Islam
    in Azerbaijan 77
    in Chechnya 203
    in Europe 17–18
    as instrument of progress 223–4
    political 55
    in Turkey 209, 210, 221
Islamic radicalism 9
isolation, and universalism 51
Istanbul 10
    Çarşamba neighbourhood 210
    Çukurbostan 210–211
    Eurasia Tunnel 208
    Fatih neighbourhood 209, 210
    Nişantaşi
        neighbourhood 209–210
    and Ottoman Empire 20
    religious killings 210
Itil, lost city on Silk Road 168,
        169–74
Ivanov, Gjorge, President of
        Macedonia, and refugee crisis
        249
Ivanov, Igor, Russian Foreign
        Minister 193
Ivashov, General Leonid 221

Jacques, Martin 117–18
Japan
    and modern technology 35–6
    modernization 30
    Tokugawa period 31
    and Western modernity 25,
        120–21

欧 亚 大 陆 的 黎 明 · 探 寻 世 界 新 秩 序

Jaspers, Karl 26
Jews and Judaism
   community at Qirmizi Qesebe,
      Azerbaijan 73–5
   Khazaria 174–5
Juncker, Jean-Claude, President of
   European Commission 190
   and refugee crisis 247, 248

Kadyrov, Akhmad, President of
   Chechnya 200
Kadyrov, Ramzan, President of
   Chechnya 200, 202, 203,
      204–6
Kakuzo, Okakura 22–3
Kaplan, Robert 63–4
Karabakh (Nagorno-Karabakh) 189
   war in 71–2
Karaganov, Sergey 54
Karakoram highway 101
Karlov, Andrey, Russian
   Ambassador in Turkey,
      assassination 221
Kashgar, Xinjiang 105
Kazakevichevo, Russian-Chinese
   border 161–4
Kazakhstan
   and Chinese Belt and Road
      project 132
   Chinese migration to 106
   ethnic and cultural mix 108–112
   and Eurasian Economic Union
      188–9
   independence 108–9
   and Khorgos 129, 131, 132
   nomads 106–8
   and oil and gas pipelines 92
   and Xinjiang 106
Kemal, Namik, 'Progress' (1872
   essay) 224

Kentau, Kazakhstan 109–112
Keyserling, Hermann 27–8
Khabarovsk, Russian Far East 159,
   160, 164
Khanna, Parag, Connectography 61
Khazar empire 169–70, 173
   as Jewish state 174–5
Khlebnikov, Velimir 171
Khorgas/Khorgos, on Chinese-
   Kazakh border 128–32, 128,
      130, 145, 146
   International Centre for Border
      Cooperation 146–7
Khrushchev, Nikita 179
Kilinç, General Tuncer 217
Kipling, Rudyard 25
Kirkenes, Norway 61
Kissinger, Henry 22
Klitschko, Vitali, Ukrainian
   opposition politician 37
Koreans, in Kazakhstan 109
Kozak, Dmitry, and constitution for
   Moldova 48
Kozhinov, Vadim 186
Krasnodar, Russia 85
Krastev, Ivan 243
Krusanov, Pavel, The Bite of an
   Angel 158
Kuka, German robot maker,
   Chinese takeover of 236
Kupchan, Charles 2
'Kurban Said', Ali and Nino novel
   (1937) 81–2
Kurds, Turkish conflict with
   219, 244
Kyiv (Kiev), Ukraine 10
Kyivan Rus 170, 173,
   175–6
Kyrgyzstan, and Eurasian
   Economic Union 188, 189

languages, Caucasus 76
Lattimore, Owen, on Xinjiang 104
Lavrov, Sergey, Russian Foreign
    Minister, use of history 175–9
Lee Kuan Yew, Singapore 12
Lenin, V.I. 25, 122
Leonard, Mark 243
Lieberman, Victor 31
'line struggle', concept of 123
Lippmann, Walter 6
Lisbon Treaty (2007) 242
Llewellyn, Ed, chief of staff to
    David Cameron 231–2
Lombok, Strait of 63
Lu Fuqiang, military analyst 134
Lukin, Vladimir 191

Macedonia, and refugee crisis 249,
    250, 251
Mackinder, Halford 31–2, 60
Makerova, Susanna 85, 87
Malacca, Strait of 62, 63, 64
Malaysia 11
Malik, Ashok, Times of India 133
Malmström, Cecilia, European
    Commissioner for Trade 236
Malofeyev, Konstantin 199
Mansoor, Sahil 148, 149, 150–51
Mao Zedong, and modernization
    122
maps and atlases, view of world
    from 65
marble, white
    from north Vietnam 98
    use in Turkmenistan 95, 96, 97–8
Maritime Silk Road project 137
Marshall Capital company 199
Marx, Karl 122
Masaryk, Tomás, The Spirit of
    Russia 181–2

media, control of, in China 126
Medvedev, Dmitry, Russian Prime
    Minister 62
Merkel, Angela, German
    Chancellor, and refugee crisis
    247, 248–9, 250
Middle East 32
    as arc of instability 55
    Chinese and Indian
        infrastructure projects 58
    and medieval world order 66
Milanović, Zoran, Croatian Prime
    Minister 249
military power
    Chinese armed forces 156–7
    European 24, 119
    and non-military conflict 50–51
    Russian 50, 86, 195
    Turkish 212–13
Mill, John Stuart, On Liberty
    224–5
Millionka, Vladivostok 166–7, 167
Minsk protocol 48
mobile communications, China
    116–17
modernity
    and ritual 117
    social 36
    universal development and 35
    Western 25, 34–5
modernization
    and experimentation 29
    as universal 28
Modi, Narendra, Indian Prime
    Minister 149
Mogherini, Federica, EU High
    Representative for Foreign
    Policy 248
Moldova 38
    and Transnistria 45–9

索

引

Monchegorsk, cargo ship 61
Mongolia 144–5
Mongols
  in Khazaria 173
  Russian Eurasianist view of
    176–7, 183–4
Monnet, Jean, *Memoirs* 239
Montesquieu (Charles-Louis de
    Secondat) 24
Muhammad, Shah of Khwarezm 90
Muhannad, restaurant at Yiwu
    market 152–3
Mukhtarov, Murtuza 80
Murmansk, Russia 61–2
Muscat 63
Muslim empires, reaction to rise of
    West 256–7
Muslims, Chinese, at Yiwu market
    151–3
Mussolini, Benito 120

nation states 31
National Development and Reform
    Commission (China) 134, 136
NATO
  Russian view of expansion
    178–9
  Turkish membership 216, 221
Nazarbayev, Nursultan, President
    of Kazakhstan 106, 132
Nazarenes, in Azerbaijan 77–9
Neft Dashlari, off-shore oil
    platform, Caspian Sea 91
neutrality, Russian view of 39
Nevsky, Alexander 176–7
Nicobar archipelago 63
Nietzsche, Friedrich, *Thus Spake
    Zarathustra* 225
Ningbo port 150
nomads, Kazakhstan 106–8

Obama, Barack, US President,
    and American relations with
    Asia 6
Oghuz Turks 98, 99
Oğur, Yıldıray 213
oil and gas pipelines
  Caspian region 92–4
  North and South Stream (from
    Russia) 59, 93–4
  Power of Siberia 155
  TurkStream 93–4
oilfields, Caspian Sea 91–2
Oman, Hindu community in 63
Orbán, Viktor, Hungarian Prime
    Minister 37
Ostrovsky, Arkady, *The Invention
    of Russia* 195
Ottoman Empire 17, 58

Pakistan
  and Chinese Belt and Road
    project 132–3, 134–5
  migration from 251
Pamir Mountains 103–4
Panesh, Saida 87–9
Pavlovsky, Gleb 197–8
Peking, Treaty of (1860) 159
Pelevin, Victor, *The Sacred Book of
    the Werewolf* 197
Perinçek, Doğu, Turkish Vatan
    Party 218–22
Persians, ancient 19
Peter the Great, Tsar of Russia 122,
    184
Phoenicians 19
Pius II, Pope (Enea Silvio
    Piccolomini), *De
    Constantinopolitana Clade* 18
Poltava, battle of (1709) 21
Poly Group (Chinese) 62

Portugal, early traders and
    explorers 63–4
power
    chaos and 232, 249–50
    hard and soft 41
    political, and economic
        integration 138
    of prestige 24
    and Russian management of
        chaos 194–9
    see also economic power;
        military power
Pridnestrovie see Transnistria
Ptolemy, Stone Tower 100, 101
Pushkin, Alexander 183
Putin, Vladimir, President of Russia
    on Chechnya 199–200
    and Erdoğan 215–16
    and Eurasian Economic Union
        187–8
    on exercise of power in Russia
        194–6
    and gas pipelines 94
    and Greater Eurasia 55, 59–60
    and investment in Arctic 61–2
    manipulation of chaos 198–9
    view of EU single market 44
    view of world order 39–40

Qirmizi Qesebe, Azerbaijan 73–5
Quilon, port of (Malabar coast) 64

Raffles, Stamford 12
Rama, Edi, Albanian Prime
    Minister, and refugee crisis 248
Ramana, Azerbaijan 18–19
Razin, Stepan, pirate 90
refugee crisis 9, 53
    and EU border policy 245–7
    EU quota system 227–8, 227

and non-military conflict 50
    proposal for 246–7
    response of EU leaders to 247–52
refugees, from Middle East 50, 53,
    55, 250
ritual, importance of, in China 117,
    144
Roman Empire 18–19
Rompuy, Herman Van, President of
    European Council 36–7
Rubanov, Andrei, Chlorophyllia
    158–9
rules
    autonomous 227–32
    EU assumption of universal
        framework of 235–6
    Russian view of Western values
        and 194–9
Russia 20, 168, 181, 193
    borderlands 48–9
    chaos and power 194–9
    and China in literature 158–9
    and Chinese Belt and Road
        project 133
    and Circassia 86–7
    eastern regions 155, 159
    and EU regulatory power 43–4, 56
    and Eurasian Economic Union
        14, 187–91
    Eurasianists 182–7
    European knowledge of 20
    Europeanization 21, 184
    German (EU) view of 233, 234–5
    and Greater Eurasia 54–7, 59–
        60, 185–6
    and Kazakhstan 154–5
    and regional Customs Union
        (2010) 38
    relations with China 54–5, 154–
        67, 191

Russia – (cont.)
  relations with EU 38, 157–8,
    186–7, 189, 190
  relations with Europe 179–87
  relations with Turkey 93, 215,
    220–21
  Slavophiles 181–2
  and Syria 94–5, 220
  and Trans-Caspian oil and gas
    pipelines 92–3
  and Transnistria 45–9
  and Ukraine 38
  view of rules and values 194–9
  view of world order 8–9, 52,178–9
  and Western model of
    modernization 177–9, 192–3
  and Western political values 5, 9,
    156, 193–4
  Westernizers 181
  see also Soviet Union
Russian Jewish Congress 174
Russian Revolution 191–2
Rutte, Mark, Prime Minister of
  Netherlands 37

Samosdelka, site of Itil 169–73, 172
Sargsyan, Serzh, President of
  Armenia 189
Sarkozy, Nicolas, President of
  France 40–41
Saudi Arabia 58
science
  and European style 27
  see also artificial intelligence;
    technology
scientific progress 29
scientific revolution 23–4
sea freight 132
Second World War 6
  and modern world order 255

Serbia, and refugee crisis 251
Seyit Jamal-ad-Din Mosque,
  Ashgabat 99
Shanghai Cooperation
  Organization 216, 221
Shayakhmetov, Mukhamet, The
  Silent Steppe 107
Siam (Thailand) 31
Siliguri Corridor 134
Silk Road 8
  alternative models for 145–6
  Chinese vision for renewal of 135
  and cultural exchange 136
  Itil (Khazar capital) 168, 169–74
  Pamir Mountains 104
  Turkmenbashi 95
  see also 'Belt and Road Initiative'
Singapore, Eurasian identity
  11–12
Skibinski, Eugeniusz 80
Smith, Adam 24
Snegur, Mircea, President of
  Moldova 47
social evolution 88–9
social modernity 36
Solzhenitsyn, Alexander 108
Sorokin, Vladimir 199
  The Blizzard 158
  Blue Lard 158
  The Day of the Oprichnik 145,
    161
South China Sea 142
South Korea, modernization 30
Southern Gas Corridor, plans 92
Soviet Union
  communism 119–22, 192
  and Kazakhstan 107–8
  Lavrov's view of collapse 178
  Putin's view of disintegration
    40, 190

relations with capitalist states
4–5
see also Russia
spirituality, nature of Russian 177,
197
Stalin, Joseph 121–2
Stein, Aurel 101
steppe 64
Stone Tower, as centre point of
Eurasia 100–101
Strahlenberg, Philip von 21
Suleiman the Magnificent,
Ottoman Sultan 46
Sunda, Strait of 63
Surkov, Vladislav 39, 197
Sviotaslav, Prince of Kyivan Rus 170
Syria
businessmen in China 153
refugees from 50, 53
Russian intelligence bases in
Latakia 220
Russian intervention 94–5

Taghiyev, Haji Zeynalabdin 80
Tagore, Rabindranath 3, 23
Tanizaki, Junichiro, *Naomi* (novel)
120–21
Tanpınar, Ahmet Hamdi
A Mind at Rest 24–5
The Time Regulation Institute 223
Tarsa Pir temple, Azerbaijan 77–9,
80
Tashkurgan, Xinjiang
as centre point of Eurasia 101,
103–4
mixture of races 103
technology
and Enlightenment development
23–4
in modern Asia 35–6, 117–18

Tehran Museum of Contemporary
Art 34
Thailand 31
Tiepolo, Giambattistaa 23
totalitarianism 120
Toynbee, Arnold 19
toys, at Yiwu market 150, 151
trade
and logistics 131–2
and reciprocity 239–40
tariffs 139, 188
trans-Eurasian 128–32
and value chains 139–40
see also Khorgas; Yiwu Futian
market
Trans-Siberian railway 154
Transnistria 45–9
Russian troops in 45, 48
transport infrastructure
Silk Road Economic Belt 145
see also Khorgas
Tretyakov, Vitaly 193–4
tribute system 143–4
Trubetzkoy, Prince Nikolai
Sergeyevich
and Eurasianism 182–4,
185, 186
The Legacy of Genghis Khan
182–3
Trump, Donald, US President
election 149, 253,
254–5
on Putin 254–5
rejection of liberalism
255, 256
Turkey 9, 208–212
Atatürk's reforms of calendar
and time 222–3
attraction of Eurasia for 217–18
border with Iran 243–4

欧 亚 大 陆 的 黎 明 ： 探 寻 世 界 新 秩 序

Turkey – (cont.)
    and Caspian pipelines 93–4
    class in 209–210
    economic links with EU 222
    and EU refugee crisis 249,
        250–52
    failed coup (July 2016) 212–14,
        219, 220
    and Iran 220
    membership of NATO 216, 221
    relations with EU 213, 214–15,
        217, 252
    relations with Russia 93, 215,
        216–17, 218, 220
    and Shanghai Cooperation
        Organization 216, 221
    strands
        of national identity 217–18
    and Syria 215
    Syrian refugees in 250
    and United States 219, 220
    see also Istanbul
Turkistan, Kazakhstan 109, 110
Turkmenbashi, Turkmenistan 92, 95
Turkmenistan
    and Caspian Sea 90
    and oil and gas pipelines 92
TurkStream gas pipeline 93–4
Tusk, Donald, European Council
    President 250

Udi people (Christian), Azerbaijan
    75–7
Uighur Autonomous Region see
    Xinjiang
Ukraine 9, 191
    China and 155, 156–7
    effect of crisis on Europe 135
    and EU association agreement
        36–7

and Eurasian Economic Union
    133
and Moldova 48
and Russia 38
United Kingdom
    'Brexit' referendum 230–31, 253,
        254
    and new Eurasia 258
    post-Brexit options 258
United States 7, 120
    and Cold War 4, 5
    divisions within 255–6
    effect of Chinese trade surplus on
        53
    election of Donald Trump 253, 254
    and EU regulatory power 42–3
    Fukuyama on 226
    move towards defensive
        nationalism 58, 255–7
    relations with Asia 6–7
    relations with Europe 6–7, 8
    role in concept of the West 5–6
    see also West, the
universal development
    concept of 27
    modernity and 35
universalism, and isolation 51
Ural Mountains 21
Urumqi, Xinjiang 105
Ustaosmanoglu, Mahmut 210
Uzbekistan, and oil and gas
    pipelines 92

value chains
    global industrial 139–40
    and Yiwu Futian market 152
Vassilyev, Professor Dmitry
    Viktorovich 169–74
Vatan Party, Turkey 218, 219–20,
    222

图书在版编目（CIP）数据

欧亚大陆的黎明：探寻世界新秩序 / (葡) 布鲁诺·玛萨艾斯著；刘晓果译. -- 北京：社会科学文献出版社，2020.5

书名原文：The Dawn of Eurasia: On the Trail of the New World Order

ISBN 978-7-5201-6284-5

Ⅰ.①欧…　Ⅱ.①布…　②刘…　Ⅲ.①国际关系-研究　Ⅳ.①D81

中国版本图书馆CIP数据核字（2020）第028757号

欧亚大陆的黎明：探寻世界新秩序

著　　者 /	〔葡〕布鲁诺·玛萨艾斯（Bruno Maçães）
译　　者 /	刘晓果
出 版 人 /	谢寿光
责任编辑 /	周方茹
文稿编辑 /	黄　丹
出　　版 /	社会科学文献出版社·联合出版中心（010）59367151
	地址：北京市北三环中路甲29号院华龙大厦　邮编：100029
	网址：www.ssap.com.cn
发　　行 /	市场营销中心（010）59367081　59367083
印　　装 /	北京盛通印刷股份有限公司
规　　格 /	开　本：880mm×1230mm 1/32
	印　张：14.25　字　数：199千字
版　　次 /	2020年5月第1版　2020年5月第1次印刷
书　　号 /	ISBN 978-7-5201-6284-5
著作权合同登记号 /	图字01-2017-4124号
定　　价 /	78.00元

本书如有印装质量问题，请与读者服务中心（010-59367028）联系

Vietnam 31
Vilnius Eastern Partnership summit
    (2013) 36–7, 40
Vladikavkaz, Russian Caucasus 83–4
Vladivostok 20, 165–7
    Millionka neighbourhood
        166–7, 167
Volga river delta 168, 171
Volodymyr, Prince of Kyiv 176
Voltaire 20
Voronin, Vladimir, President of
    Moldova 48

Wahhabi radical Islam 257
Wakhan corridor 101
Wang Hui
    on contrast of Asia with Europe
        24–5
    on wealth in China 123
Wang Jisi, Professor 104
Wang Wen 137, 138
Wang Yiwei, on Belt and Road
    135, 142
wars, non-military 49–50
WeChat, Chinese mobile messaging
    app 116–17
Weigel, Theo, German Finance
    Minister 229
Wen Jiabao, Chinese Premier 41
West, the 5–6
    appeal to rules and values 194,
        196, 197
    aversion to instability and
        conflict 195
    defensiveness against global
        shifts 256–8
    and end of historical development
        223–6

'Western Question', Russian
    response to 119–22
women, in Iran 33
world order
    Chinese view of 8, 13–14, 138,
        143–4
    Russian view of 8–9, 39–40, 52,
        178–9
    West and 255–6

Xi Jinping, President of China 43
    and 'Chinese Dream'
        123–7, 152
    and Russian investment in
        Arctic 62
    vision of Belt and Road 136
    and Yiwu Futian market 152
Xinjiang
    borders 154
    as centre of Eurasia 104–8
    see also Tashkurgan

Yanukovych, Viktor, President of
    Ukraine 36–7, 191
Yaroslav, Grand Prince of Kyiv
    175–6
Yeltsin, Boris 195, 197
Yiwu (Futian) International Trade
    City 147–53
    Indian district 148–9
Yoga system, India 28
Yuanqing Lin 113,
    114–15
Yukichi, Fukuzawa 25
Yuksekova, Turkey 244

Zhang Yansheng 136
Zuo Zongtang, General 105